DIE unterschätzten
STÄDTE IN DEUTSCHLAND

Inhalt

DIE UNTERSCHÄTZTEN 15 STÄDTE ZUM ENTDECKEN

Der Städtekompass
S. 4

Bamberg
S. 6

Bonn
S. 22

Bremen
S. 38

Erfurt
S. 54

Frankfurt am Main
S. 70

Karlsruhe
S. 86

Lübeck
S. 102

Mannheim
S. 118

Münster
S. 134

Regensburg
S. 150

Rostock
S. 166

Saarbrücken
S. 182

Schwerin
S. 198

Stuttgart
S. 214

Trier
S. 230

Impressum
S. 248

Der Städtekompass

Bremen In der weltoffenen Hansestadt lässt sich's entspannt leben. In den Speichern und Schuppen der Industrie- und Hafenviertel wird gewohnt, gefeiert und Kunst gemacht.

Erfurt Beine ins Wasser strecken und Seele baumeln lassen, den großen Namen und Traditionen folgen oder ins bunte Treiben eintauchen? Erfurt lässt viele Freiheiten …

Bonn Ihre Entthronung als Hauptstadt hat Bonn erstaunlich gut verkraftet. Und nun? Ist sie mit ihrer entspannten Atmosphäre und der Nähe zu Rhein, Siegerland und Niederrhein als Reiseziel beinahe ein Geheimtipp.

Der Schlüssel zur Welt — Bremen

ALLES IM FLUSS — Erfurt

Klänge für die Nachwelt — Bonn

Bamberg In einer UNESCO-Stadt wie Bamberg bleiben die historischen Strukturen sichtbar und erlebbar – glücklicherweise. Wie das Geistliche oben auf den Hügeln und das Bürgerliche unten auf der Insel.

PROFI IN DENKMALPFLEGE — Bamberg

WOHIN MÖCHTE ICH?

Salve! — Trier

SCHWÄBISCHE HÖHENFLÜGE — Stuttgart

WIE AUS DEM MÄRCHEN — Schwerin

Trier Trier ist die älteste Stadt Deutschlands. Aber altbacken und verschlafen? Mitnichten! Dafür sorgen schon die vielen Studenten.

Stuttgart Der erste Blick täuscht. Und auch der zweite. Beim dritten entfaltet sich Stuttgarts Schönheit, verborgen hinter Verkehr, Baustellen und der gläsern-gesichtslosen Architektur des Kapitals.

Schwerin Weitläufige, blumengeschmückte Parkanlagen, eine goldglänzende Kuppel, spitz zulaufende Rundtürme und last but not least die Lage auf einer kleinen Insel im Schweriner See – fertig ist das Märchenschloss.

15 unterschätzte Städte zum direkten Eintauchen

Frankfurt am Main Internationalität, Infrastruktur, Innovation – dafür ist die Stadt am Main berühmt. Doch ist sie auch eine Reise wert, kann sie auch atmosphärisch sein, Stimmung zeigen? Absolut!

Karlsruhe Noch heute ist Karlsruhe eine gemütliche Großstadt und die zweitgrößte Baden-Württembergs. 300.000 Menschen leben hier – und trotzdem hat man seine, genau: Ruhe.

Die ganze Welt in einer Stadt

»Immer mit der ...«

Lübeck Der rote Stein ist das Wahrzeichen der ehemaligen Handels- und Hansestadt, aber auch Thomas Mann und der Marzipan bieten Anlass für eine Stippvisite.

Marzipan und Backsteingotik

Mannheim Die Stadt ist grüner als gedacht und bunter als erwartet, und mit einer kleinen Einführung findet man sich auch in den Quadraten zurecht. Verlaufen ist trotzdem erlaubt!

WO DIE FLAMINGOS FRÜHSTÜCKEN

RADTOUR UM DIE STADT

Münster In welcher deutschen Stadt gibt es mehr Fahrräder als Einwohner? Genau, in Münster! Ein Mekka für Radfahrer also, nicht nur auf der Lindenallee, die sich wie ein grüner Gürtel um die Altstadt legt.

DIREKT MAL HIN

ERFRISCHEND ANDERS :-)

Regensburg Regensburg hat geschafft, was nicht allen Städten mit großer Vergangenheit gelingt: die wunderschöne Altstadt zu erhalten und gleichzeitig attraktiv zu sein für junge Einwohner und Gäste.

Saarbrücken Saarbrückens Trumpf: gelassene Lebensfreude, gepaart mit Geselligkeit, Kultur und kulinarischen Genüssen. »Saar-voir-vivre« nennen die Saarländer diese besondere Melange.

Rostock In Rostock lohnt sich beides, und es lässt sich obendrein leicht kombinieren: Hansestadt und Seebad liegen nur ein paar S-Bahn-Stationen voneinander entfernt. Wo es schöner ist, darf jeder selbst entscheiden.

Warum Bamberg?

Haus zum Einhorn am Grünen Markt 3

Kunstgeschichte für Lebenskünstler?

Nicht nur für sie. In einer UNESCO-Stadt wie Bamberg bleiben die historischen Strukturen ewig sichtbar und erlebbar – glücklicherweise. Wie das Geistliche oben auf den Hügeln und das Bürgerliche unten auf der Insel. Und es bleibt eine Lebenskunst, diese Welten miteinander zu verbinden. Freilich, so manch gastfreundliche und aussichtsreiche Orte gewähren jedem einen Überblick – auch über die Kunst.

Bamberger Reiter im Bamberger Dom

Die Fresken in der Neuen Residenz

Das ist Bamberg

In Bamberg kommt alles später oder gar nicht, heißt es oft. Einiges kommt zum Glück gar nicht. Das ist auch der Beharrlichkeit zu verdanken, mit der die Bamberger an manchem Althergebrachten festgehalten haben, etwa als es darum ging, die Gärtnerstadt zu bewahren. Aufgrund seiner einzigartigen Stadtlandschaft erhielt Bamberg 1993 den Status eines UNESCO-Weltkulturerbes.

Touristen lieben Bamberg …

… nur manchmal fühlen sich die Bamberger ein bisschen bedrängt, wenn sich die Besucher am Samstagvormittag auf der Oberen Brücke drängen, die durch das Alte Rathaus führt, und die Hotelschiffe im modernen Industriehafen von Saison zu Saison mehr werden. Doch die meisten Bamberger haben Geduld mit Gästen; das fällt allen auf, die einen Einheimischen nach dem Weg fragen.

Eine gastfreundliche Stadt

Gastfreundschaft wird in der Stadt groß geschrieben, augenfällig in der stattlichen Anzahl von Wirtshäusern, Bierkellern, Weinstuben oder Cafés. Besonders hoch ist hier die Brauereidichte. Diese produzieren ungewöhnliche Biersorten mit Namen wie Rauchbier, Schwarzbier oder Zwickel. Etwas Besonderes sind die Biergärten auf den Brauereikellern, kurz ›die Keller‹. Im Sommer locken nicht nur das kühle Getränk, sondern auch manch herrliche Ausblicke von Bierkellern und Caféterrassen über die Hügel.

Stadt, Hügel, Fluss

Das Zentrum der Denkmalstadt liegt auf Hügeln und Inseln, mit zahlreichen romantischen Brücken und Stegen, zwischen der Regnitz und dem im 20. Jahrhundert fertiggestellten Main-Donau-Kanal. Bamberg bezaubert durch seine wunderbare, von Mittelgebirgen umgebene Lage, nämlich auf den Terrassen des Steigerwaldes, südlich der Haßberge und westlich der Fränkischen Schweiz. Viele erinnert das an Florenz und die Toskana, und auch sonst wird gern der Vergleich mit Italien bemüht. Die Bergstadt liegt auf sieben Hügeln, worauf sich Bambergs Ruf als ›fränkisches Rom‹ gründet.

Bamberg

Alles erlaubt! Denkmalamt und Eigentümer waren einverstanden mit dem Graffiti-Projekt der Kunstdidaktik-Studenten im Domgrund.

Weniger beleuchtet; aber sonst wird's im Mittelalter nicht viel anders ausgesehen haben, wenn die Domherren auf dem Weg in ihre Kathedrale gewesen sind.

Ein Lob auf Heinrich II.

Die Entwicklung Bambergs zu einer der wohlhabendsten Städte des Heiligen Römischen Reichs deutscher Nation und zu einer der Metropolen des Mittelalters ist Kaiser Heinrich II. zu verdanken, der Bamberg zur Kaiser- und Bischofsstadt erkor. Er etablierte ein sehr begütertes Bistum, pflegte beste Kontakte zum Papst und wurde zusammen mit seiner Gemahlin Kunigunde heiliggesprochen. Heinrich sorgte neben dem Domstift für Klostergründungen mit weithin sichtbaren Bauten und schuf damit ein Stadtpanorama, das als einmalig gilt. Das Bamberg von heute ist im Grunde noch immer katholisch geprägt – und das Glockengeläut zur Mittagsstunde unüberhörbar. An der katholischen Kirche kommt hier keiner vorbei, auch wenn die Statistik nur noch knapp über 50 % Katholiken verzeichnet.

Eine Denkmalstadt voller Leben

Seine Fülle gut erhaltener und sehenswerter alter Bauten innerhalb der Grundstruktur einer mittelalterlichen Stadt macht Bamberg zu einem der wenigen Flächendenkmale in Deutschland. Das 425 ha große, zusammenhängende Denkmalareal wird vorbildlich gepflegt – wirkt dabei aber kein bisschen museal, sondern ist mit Leben erfüllt. Dafür sorgt schon die Studentenschar: Ihr verdankt Bamberg sein lebendiges, junges Flair – denn auch in der vorlesungsfreien Zeit ist fast jeder sechste Bamberger ein Student. Übrigens gibt es an der Universität einen eigenen Lehrstuhl für Denkmalpflege. Unter anderem fertig ausgebildete Architekten und Ingenieure können hier einen interdisziplinären, international anerkannten Masterstudiengang absolvieren.

Engagierte Bürger

Der Autoverkehr ist ein immer größer werdendes Problem für die engen Altstadtgässchen, trotz Einbahnstraßenregelungen und rund 70 km Fahrradwegen. Doch eine Stadtautobahn, die die Kulturlandschaft zerstört hätte, konnte gestoppt werden. Seit der Anbindung an die Hochgeschwindigkeitsstrecke Berlin–München gilt es nun nur noch, die Stadt vor den Störungen der bis zu 300 km/h schnellen Züge zu bewahren.

Flanieren durch Bamberg

Altes Rathaus auf der Regnitzbrücke

1. TOUR

Das Herz der Stadt erlaufen –
Von der Fischerei bis ins Mühlenviertel

Fischerei? Das ist in Bamberg kein Gewerbe, sondern eine Straße. Schön historisch – ebenso wie die vielen Brücken, das Rathaus und die Stadtresidenz im Mühlenviertel.

2. TOUR

Den Fluss stets im Blick –
Rundweg durch den Hain

Der Hain ist die grüne Oase in der Bamberger Innenstadt, von Wasser umspielt und mit ganz viel Platz zum Entspannen.

3. TOUR

Zum höchsten Punkt der Bamberger Welt –
Auf die Altenburg

Was tut man nicht alles für einen weiten Blick. Beim Wandern hoch zur Altenburg lohnt schon allein der Weg dorthin.

Von der Fischerei bis ins Mühlenviertel

Das Herz der Stadt erlaufen

Fischerei? Das ist in Bamberg ein fast ausgestorbener Berufsstand und zugleich eine ruhige Straße. Eben schön historisch – wie das Brückenrathaus und die Stadtresidenz im Mühlenviertel.

Es gibt noch einen gewerblichen Flussfischer in ›Klein-Venedig‹. Aber es gibt keine historischen Brücken in Bamberg, höchstens historische Flussübergänge. Die Brücken, selbst die am Brückenrathaus, wurden am Ende des 2. Weltkriegs von der Wehrmacht gesprengt. Die danach wiedererrichteten Brücken mussten inzwischen durch Neubauten ersetzt werden. Auch die am Alten Rathaus sind bis auf ihre erhaltene Ummantelung vor wenigen Jahren neu gebaut worden, da die Vorgängerinnen nicht mehr tragfähig waren.

Reger Hafenbetrieb – es war einmal

Am Kranen weisen zwei fest installierte schwenkbare Lastkräne darauf hin, dass hier, am Beginn des Ludwig-Donau-Main-Kanals, früher ein reger Hafenbetrieb herrschte. Ähnliches gilt für die barocke Fleischhalle, erkennbar an dem rötlichen Ochsen über dem früheren Haupteingang.

Unmittelbar am Wasser wohnte man in Bamberg nicht zum Vergnügen; Fischer und Schiffer verdienten auf der Regnitz ihren Lebensunterhalt.

Das ehemalige Schlachthaus steht auf Steinbögen, die vom Wasser durchflossen werden. Heute herrscht hier eifrige Gelehrsamkeit, denn in den Gebäuden mit der Fleischhalle ist eine Teilbibliothek der Otto-Friedrich-Universität untergebracht. Zur Universität gehört heute auch das in der Renaissance erbaute ›Hochzeitshaus‹ (Am Kranen 12).

Rathaus mit Insellage

Schon vom Kranen aus wird das Alte Rathaus sichtbar, das scheinbar von der Unteren Brücke und den beiden Bögen der Oberen Brücke im Lot gehalten wird, in Wahrheit aber auf einer Insel im Fluss thront. Erstmals erwähnt im 14. Jh., wurde es immer wieder erneuert und umgebaut – Inbegriff bürgerlichen Selbstbewusstseins an der Grenze zwischen der Inselstadt der Bürger und dem Herrschaftsgebiet der Bischöfe in der Bergstadt. Bei den Illusionsmalereien an den Längsseiten lohnt es sich, genau hinzusehen: Spielerisch gehen sie an manchen Stellen in plastische Darstellungen über, etwa wenn das Bein eines Engels aus dem bemalten Putz herausragt. Barockmeister Johann Baptist Anwander hat zur Bergseite hin die Trauer um den Tod des Fürstbischofs Johann Philipp Anton von Franckenstein dargestellt. Im Osten, zur Stadt hin, ist der Einzug seines Nachfolgers Franz Konrad von Stadion zu sehen.

So schön, dass man sich die Aussicht am liebsten angeln und mit nach Hause nehmen würde.

Brücke an Brücke

Richtig angenehm ist es, in der warmen Jahreszeit bis in die Nacht hinein im Café Bassanese auf dem westlichen Brückenbogen sitzend ein Eis zu genießen. Den östlichen Brückenbogen der Oberen Brücke ziert eine Kreuzigung von Leonhard Gollwitzer (1715), geschützt von einem Gitter. Auf der befremdlich ›betonierten‹ Unteren Brücke blickt mild die Bistumsheilige Kunigunde, Gemahlin Kaiser Heinrichs II., auf die Passanten. Es ist die Kopie einer barocken Skulptur (1744/45), die als einzige von fünf Figuren erhalten blieb, nachdem 1784 ein Eisstau die Brücke zum Einsturz gebracht hatte. Die echte Kunigunde befindet sich heute in der Kirche St. Jakob. Ein Original – und noch dazu modern – ist das Schädel-Fragment ›Centurione I‹ des Bildhauers Igor Mitoraj auf der Ostseite der Brücke. Die historischen Häuser an den Einmündungen der Brücken stehen alle recht gewagt am Wasser und haben ihre Eingänge jeweils auf Brückenhöhe. Das Anwesen Karolinenstraße 1 aus der Mitte des 16. Jh. – mit vorgeblendeter Barockfassade– erstreckt sich gar bis zum nächsten Flussübergang, dem Geyersworthsteg, der geradewegs zum Schloss Geyersworth führt, der ehemaligen Stadtresidenz des Fürstbischofs. Mit Anbruch des 18. Jh. verlor das Schloss diese Bedeutung, weil die Neue Residenz auf dem Domplatz bezugsfertig war. Es ist heute ein Verwaltungsgebäude und im Besitz der Stadt.

»NEUE ANGENEHME WOHNUNG BEZOGEN MIT HERRLICHER AUSSICHT IN BERG UND TAL. AUCH EIN POETENSTÜBCHEN DABEI!«

E. T. A. Hoffmann

Zwischen den Wasserläufen

Das Geyerwörthschloss liegt auf einer Flussinsel, auch einige frühere Mühlen stehen ähnlich wie das Alte Rathaus mitten im Wasser. Beim nahen Tourismus & Kongress Service im ehemaligen Stadtbad kann man gut weitere Infos über Bamberg erhalten. Nicht weit davon ist das Zentrum Welterbe Bamberg eingezogen, das den Erhalt des Welterbes ›Bamberger Altstadt‹ im Blick hat. Dazwischen steht die Großplastik ›Langsamer Traum‹ von Rui Chafes (*1966).

Rundweg durch den Hain
Den Fluss stets im Blick

Der Hain ist eine der grünen Oasen Bambergs, die in der Innenstadt beginnt, von Wasser umspielt wird und ganz viel Platz zum Entspannen bietet.

Ein Rundweg durch den Hain, der sowohl für Spaziergänger wie auch für Fahrradfahrer oder Jogger geeignet ist, beginnt an der alten Walkmühle der Tuchmacher, also am Mühlwörth und somit in unmittelbarer Nachbarschaft der Schleuse 100. Sehr schön ist der Blick übers Wasser zum Internationalen Künstlerhaus Villa Concordia. Im Sommer gibt es eine kleine Fähre – das Übersetzen dauert nur wenige Minuten.

Wo einst die Mühlen klapperten ...

Er ist schon vom Weitem zu hören – der tosende Wasserfall, dem man auf der Brücke über dem Walkspund ›gefährlich‹ nahe ist. Der Walkspund ist ein Wehr, mit dem das Flusswasser für die Walkmühle und andere Mühlen abgeleitet wurde. Direkt an die Brücke schließt sich stadtauswärts und somit flussaufwärts der Weg auf einem schmalen Damm an, der den Linken Regnitzarm vom tieferen Hollergraben trennt. Alte Linden mit dicken Stämmen säumen den Weg (Stengelallee) neben dem akkurat begrenzten Flussbett. Es ist der letzte Abschnitt des Ludwig-Donau-Main-Kanals, für den auf der anderen Seite des Flusses auch ein Treidelpfad (Oberer Leinritt) angelegt wurde, auf dem Pferde die Frachtschiffe in beide Richtungen mit Seilen zogen. Die Treidelpfade sind heute allesamt Radwege.

Hinaus zur Inselspitze

Sportlich golfen im Miniaturformat: Der Hain-Park erlaubt es, Trägheitsmomente zu überwinden.

Die Stengelallee führt unmittelbar zu einer Flussbadestelle samt Planschbecken und Spielplatz, dem seit 1935 bestehenden Hainbad. Im benachbarten Bootshaus des Ruderclubs lässt es sich wunderbar im Biergarten am Fluss eine Pause einlegen, bevor es auf dem sonnenbeschienenen Dammweg weitergeht. Schattiger verläuft ein Parallelweg links davon, vorbei am Denkmal für König Ludwig II. von Bayern. Nach etwa einem halben Kilometer erreichen Sie den Übergang vom Theresien- in den weitaus größeren Luisenhain. Im Anschluss an den Monopteros, ein rundes Säulentempelchen, das schon 1804 aus dem Park am Schloss Seehof hierher versetzt worden war, sowie dem ehemaligen Wehr zum Hollergraben quert der Weg eine künstlich gestaltete Wasserlandschaft, die (leider) unter einer Stadtautobahn liegt.

Auf Dichters Spuren im Luisenhain

Dahinter weitet sich der Blick auf die für Freizeitaktivitäten gern genutzte Schillerwiese. Der einen Kilometer lange Uferweg hinaus nach Bug überrascht zudem mit einem Dichter-Denkmal, auf dem E.T.A. Hoffmanns nächtliche Begegnung mit dem sprechenden Hund Berganza verewigt ist. Den Uferpfad liebte Hoffmann für seine Buger Ausflügen. Bald schon ist die Nepomuk-Statue erreicht. Von hier aus ist es nicht mehr lang bis zur Inselspitze. Dort teilt sich die Regnitz in den Linken und Rechten Regnitzarm. Letzterer bildet seit 1962 den Zufluss zum Main-Donau-Kanal. Zugleich wurde zwischen dem Luisenhain und dem Stadtteil Bug ein Hochwassersperrtor errichtet. Wer mag, kehrt hier im Café Lieb ein, spielt eine Runde Minigolf oder mietet sich ein Tretboot (Verleih bei der Christophorus-Statue).

Typisch Theresienhain: ein schmaler Damm, darin verwurzelte Bäume und die gemächlich fließende Regnitz, die sich an den diversen Wehren jedoch in einen reißenden Strom verwandelt.

Wunder aus Flora und Fauna

Zurück zur Innenstadt können Sie von der Inselspitze aus dem Uferweg am Rechten Regnitzarm folgen. Gut 300 m nach dem Jahnwehr, das nicht zu verfehlen ist, geht es links in den Botanischen Garten und zum idyllischen Hainweiher, auf dem im Sommer zahlreichen Seerosen blühen. Ein Garten mit akkurat abgezirkelten Beeten tut sich in der Nähe auf, dazwischen eine Sonnenuhr und dahinter ein ›idyllisches‹ Häuschen mit Toiletten. Rechter Hand vom Hainweiher erstreckt sich das weiträumige Gelände des Bamberger Tennisclubs.

Sie wurde bereits 1840 erbaut: Die Schleuse 100 ist heute noch funktionsfähig.

Musik und Bildende Kunst

Vom Tennisclub aus geht es entlang der Festwiese, ein beliebter Ort zum Grillen, zu dem über hundert Jahre alten Musikpavillon. Derzeit hat der Künstler Adelbert Heil darin sein Atelier. Er ist jedoch nicht der Schöpfer der beiden Sphinx-Figuren, die so markant die Treppe flankieren. Woher sie stammen, weiß keiner so richtig. Schön als Hintergrund für Musik- und Tanzveranstaltungen sind sie trotzdem.

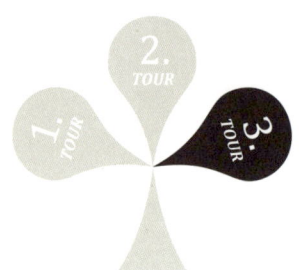

Auf die Altenburg
Zum höchsten Punkt der Bamberger Welt

Wer wahrt nicht gern den Überblick? Hoch oben auf der Terrasse der Altenburg wird die Stadt überschaubar. Es reicht aber schon der kleine Aussichtsturm über dem früheren Bärenzwinger, von dem aus sich der Steigerwald auftut – schwindelerregend schön.

Die Wanderung zur Altenburg beginnt erwartungsgemäß unten, ist etwa 3 km lang und führt ab der Altenburger Straße bergauf. Das zieht sich hin, ist aber abwechslungsreich. Startpunkt ist am Vorderen Bach – eingezwängt zwischen Domberg und Kaulberg. Und ja, man kann natürlich auch das Auto nehmen und rechts unterhalb des letzten steilen Anstiegs zur Burg parken (Treppenweg durchs Altenburger Wäldchen) oder zum Besuch des Restaurants bis ganz hinauf fahren.

Stille Gassen und stiller Grund

Die kleinen Gassen sind eng bebaut, und das vielfach in barocker oder älterer Manier, zumal wenn man sich gleich rechts dem Aufgang zur Domburg zuwendet. Gegenüber ragt ein herrschaftliches Gebäude auf: der Alte Ebracher Hof des 17. Jh., eine Dependance der Zister-

Ein schräger Blick von unten tut's auch, mögen manche meinen; doch ein freier Blick von oben hat entschieden mehr für sich.

zienserabtei Ebrach. Eine Ecknische birgt eine spätbarocke Figurengruppe von Daniel Friedrich Humbach: Christus neigt sich vom Kreuz herab dem heiligen Bernhard von Clairvaux entgegen. Bernhard war Zisterzienser, zudem Mystiker und lebte zwischen 1090 und 1153, ja, er hielt sich im Jahr 1135 sogar einmal in Bamberg auf. Hinter dem Alten Ebracher Hof erhebt sich übrigens der Neue Ebracher Hof des 18. Jhs. (schon am Kaulberg). Die gepflasterte Gasse führt mal links, mal rechts ums Eck, und mit einem Mal ist der Fuß- und Radweg flankiert von den großzügigen Gartenanlagen der Domherrenhöfe.

Stetig dem Ziel entgegen

Schräg gegenüber vom Domgrund hat die Straße zur Altenburg ihren Anfang (s. Hinweisschild). Zunächst haben Sie einen Gehsteig zur Verfügung, müssen aber weiter oben, wo die Häuser freien Feldern weichen, teilweise darauf verzichten. Ein Zwischenziel ist auf halber Höhe der Ausblick auf das herrliche kleinteilige Panorama der Kirchen-, Kloster- und Stadtlandschaft. Das ist an diesem Ort wirklich unvergleichlich, denn es zeigt noch immer, wie der mittelalterliche Stadtkern in die freie, also unbebaute Landschaft übergeht. Durch das unter Naturschutz stehende Altenburger Wäldchen mit seinen hohen Laubbäumen geht es (vom Parkplatz unterhalb aus) nun weiter hinauf zur Burg. Kurz vor dem Ende des Aufstiegs biegt rechts ein Seitenweg ab, der nach etwa 30 m zum Grab des Arztes Adalbert Friedrich Marcus führt. Im Jahr 1801 konnte er die Altenburg käuflich erwerben und sie so vor dem Verfall bewahren.

Ein wenig idealisiert ... wie in einem Märchenbuch

Oben angelangt

Mit ihren hohen Mauern und ihrem tiefen Graben macht die Altenburg einen trutzigen Eindruck. Ihre Bedeutung als Festungsbau hat die Burg aber schon längst verloren, obwohl selbst heute noch eine Kanone im Tordurchgang lauert. Über die ehemalige Zugbrücke gelangt man in das Torhaus, das außer dem Turm und einigen Mauern vom mittelalterlichen Bestand übrig geblieben ist. Der imposante Bergfried stammt noch aus der Zeit um 1400 und ist für Besucher bisweilen geöffnet, schwindelfrei sollte man aber sein. Der größere Teil der Umfassungsmauern mit ihren Türmen geht im Kern ebenfalls auf das Spätmittelalter zurück. Das Hauptgebäude verdankt sein Entstehen allerdings der Burgenromantik des 19. Jh. Dessen großer Saal kann für Feiern gemietet werden. Gekocht wird vom Küchenteam des Restaurants Altenburg, in dem es sich vorzüglich speisen lässt. Beliebt ist im Sommer auch der Biergarten im Burghof – er rühmt sich als der höchst gelegene Biergarten Bambergs.

Das Altenburger Wäldchen und die umgebenden Wiesen sind ein Naturschutzgebiet ersten Ranges, das zum europaweiten Netzwerk FFH (Flora-Fauna-Habitat) gehört. Auf den Wiesen leben stark gefährdete Schmetterlingsarten wie der Helle und der Dunkle Wiesenkopf-Ameisenbläuling oder der Schlehen-Zipfelfalter. Der Weg um den ganzen Berg herum, durch einen märchenhaften Wald, ist schon eine kleine Wanderung wert.

Besuch ›beim Poldi‹, gestern und heute

Durch die bleiverglasten Scheiben des Restaurants streift der Blick den alten Bärenzwinger unter dem kleinen Aussichtsturm. Dort wurde früher ein Burgbär namens ›Poldi‹ gehalten. Gewiss, des Bären Leben war sehr eingeschränkt, obgleich er zur Freude des Publikums gern rohe Eier im Stehen auffing. 1982 musste er von seinen Altersleiden erlöst werden. Aber: Sein präparierter Kopf ist den Bambergern im Naturkunde-Museum als wehmütige Erinnerung geblieben.

Augen auf in Bamberg

Der Vogelsaal im Naturkundemuseum Bamberg

Bamberger Museumslandschaft

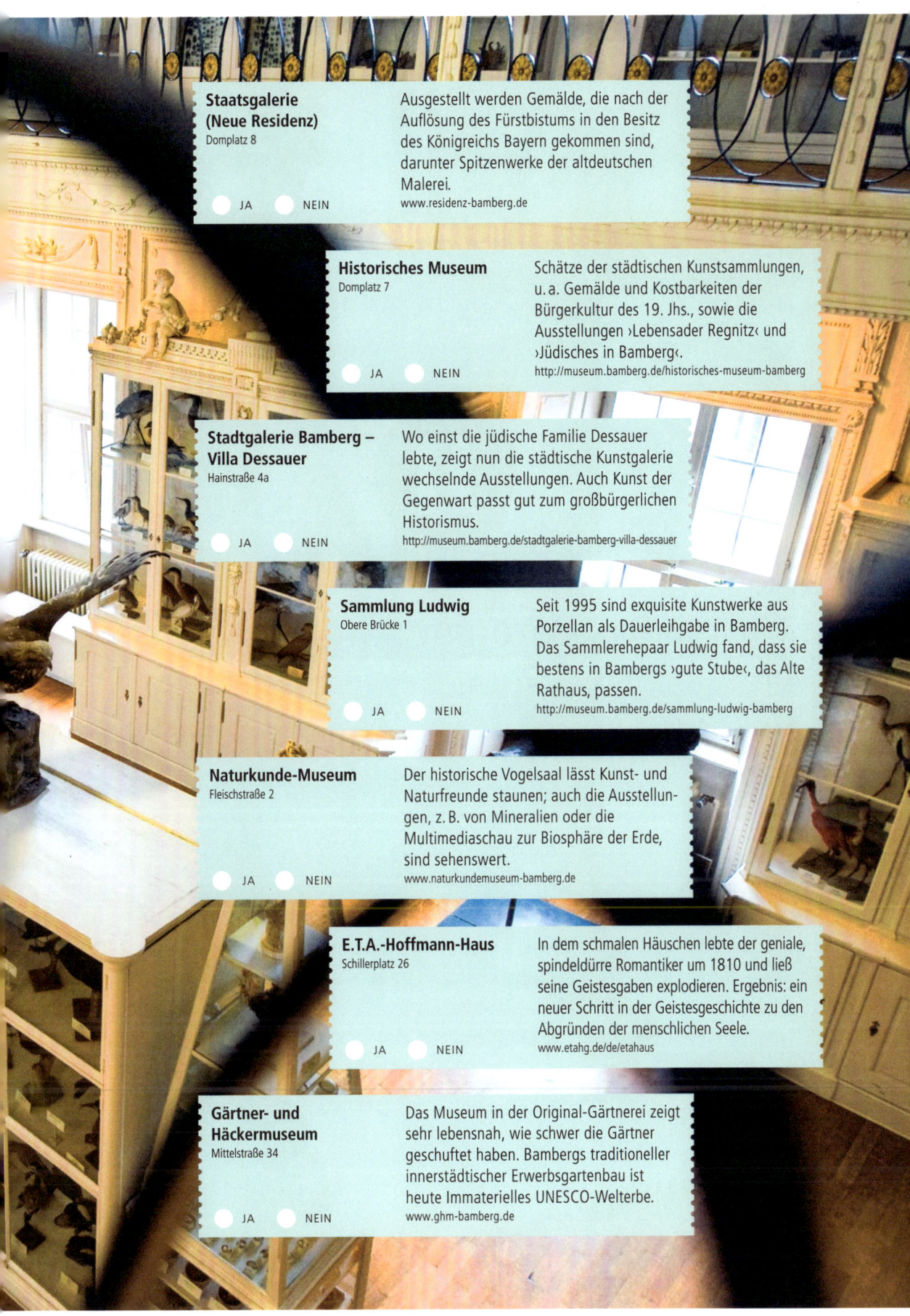

Staatsgalerie (Neue Residenz)
Domplatz 8

Ausgestellt werden Gemälde, die nach der Auflösung des Fürstbistums in den Besitz des Königreichs Bayern gekommen sind, darunter Spitzenwerke der altdeutschen Malerei.

○ JA ○ NEIN
www.residenz-bamberg.de

Historisches Museum
Domplatz 7

Schätze der städtischen Kunstsammlungen, u.a. Gemälde und Kostbarkeiten der Bürgerkultur des 19. Jhs., sowie die Ausstellungen ›Lebensader Regnitz‹ und ›Jüdisches in Bamberg‹.

○ JA ○ NEIN
http://museum.bamberg.de/historisches-museum-bamberg

Stadtgalerie Bamberg – Villa Dessauer
Hainstraße 4a

Wo einst die jüdische Familie Dessauer lebte, zeigt nun die städtische Kunstgalerie wechselnde Ausstellungen. Auch Kunst der Gegenwart passt gut zum großbürgerlichen Historismus.

○ JA ○ NEIN
http://museum.bamberg.de/stadtgalerie-bamberg-villa-dessauer

Sammlung Ludwig
Obere Brücke 1

Seit 1995 sind exquisite Kunstwerke aus Porzellan als Dauerleihgabe in Bamberg. Das Sammlerehepaar Ludwig fand, dass sie bestens in Bambergs ›gute Stube‹, das Alte Rathaus, passen.

○ JA ○ NEIN
http://museum.bamberg.de/sammlung-ludwig-bamberg

Naturkunde-Museum
Fleischstraße 2

Der historische Vogelsaal lässt Kunst- und Naturfreunde staunen; auch die Ausstellungen, z. B. von Mineralien oder die Multimediaschau zur Biosphäre der Erde, sind sehenswert.

○ JA ○ NEIN
www.naturkundemuseum-bamberg.de

E.T.A.-Hoffmann-Haus
Schillerplatz 26

In dem schmalen Häuschen lebte der geniale, spindeldürre Romantiker um 1810 und ließ seine Geistesgaben explodieren. Ergebnis: ein neuer Schritt in der Geistesgeschichte zu den Abgründen der menschlichen Seele.

○ JA ○ NEIN
www.etahg.de/de/etahaus

Gärtner- und Häckermuseum
Mittelstraße 34

Das Museum in der Original-Gärtnerei zeigt sehr lebensnah, wie schwer die Gärtner geschuftet haben. Bambergs traditioneller innerstädtischer Erwerbsgartenbau ist heute Immaterielles UNESCO-Welterbe.

○ JA ○ NEIN
www.ghm-bamberg.de

II
Pausieren in Bamberg

Kreuzgang des Karmelitenklosters

Die Terrassen des Klosters Michelsberg sind besonders im Herbst ein farbenprächtiger Ort – und ein guter Ausgangspunkt für einen Spaziergang im Klosterwald.

GEZÄHMTE NATUR

Klosterterrassen
Die Terrassenanlage des Klosters auf dem Michelsberg verdankt ihr Entstehen im 18. Jh. zweier Benediktineräbte. Wer dem Besucherstrom oben auf der Aussichtsplattform entgehen will, geht einfach eine oder zwei Etagen tiefer – den reizvollen Blick über die Stadt kann man auch von hier genießen. Schön ist es, eingerahmt von zwei Pavillons zwischen den heckengesäumten Pfaden lustzuwandeln und dann am Walfischbrunnen innezuhalten oder mitten durch den linken Pavillon in den ganz ruhigen klösterlichen Obstgarten am Reuthersberg zu gehen.
Nordöstliche Terrasse des ehemaligen Klosters

STADTNAH UND DOCH ABGESCHIEDEN

Brunnental und Waldwiese
Schön ist vom Kloster St. Michael aus ein kurzer Abstieg in das Ottobrunnen-Tal zu einer barocken Wegkapelle mit Quellwasser, einer Statue des heiligen Bischofs Otto und zwei knorrigen Linden. Hinter dem Klostertor geht es einfach nach rechts und dann gleich links hinunter ins Tal. Unterhalb des Klinikums am Michelsberg führt der Weg in westlicher Richtung weiter durch einen Hohlweg auf eine große Hangwiese und über Wiesenpfade in den nahen Michelsberger Klosterwald. An den Linden beginnt ein Literaturpfad in drei Stationen. Die Texte werden immer wieder ausgewechselt. Die Michelsberger Waldwiese zählt zum europäischen Naturschutzverbund Flora Fauna Habitat; häufig sind hier seltene Schmetterlinge und Wildbienen zu beobachten.
Ottobrunnen

NACHHALTIG BADEN

Bambados
Mit Stolz verweisen die Betreiber darauf, dass es sich bei ihrem Bad um das erste Passivhaus-Hallenbad in Europa handelt, dessen Energiebedarf fast nur aus nachwachsenden Rohstoffen gewonnen wird. Vor allem aber hat es viel für Wasserfreunde zu bieten: eine großzügige Freibad-Poollandschaft samt 50-m-Becken, tolle Rutschen und einen schönen Sauna- und Wellnessbereich zum Entspannen.
Pödeldorfer Str. 174

UNTER GELEHRTEN

Innenhof des Karmelitenklosters
Eine ›geheime‹ Rückzugsmöglichkeit ist der parkartige Innenhof der Fakultät der Geistes- und Kulturwissenschaften, umschlossen von den Gebäuden des ehemaligen Karmelitenklosters und der Martinskirche. Hier können Sie auf einer Bank unter dem mächtigen Schwarznussbaum eine Pause einlegen. Im Herbst lässt er die reifen Nüsse krachend zu Boden fallen, und der Innenhof ist zeitweilig gesperrt.
Portal Ecke An der Universität/Jesuitenstr. oder Fleischstr., Durchgang neben Naturkunde-Museum

FÜRSTBISCHÖFLICHE LEBENSKUNST

Das fürstbischöfliche Jagdschloss Seehof ist der absolute Höhepunkt am Hauptsmoorwald nordöstlich der Stadt, der den Schlosspark von Süden her begrenzt. In dem großen Park mit historischen Wasserspielen gibt es lauschige Plätzchen in natürlicher Umgebung, sofern man nicht das Kaffeehaus in der barocken Orangerie bevorzugt.
Schloss Seehof

Warum Bonn?

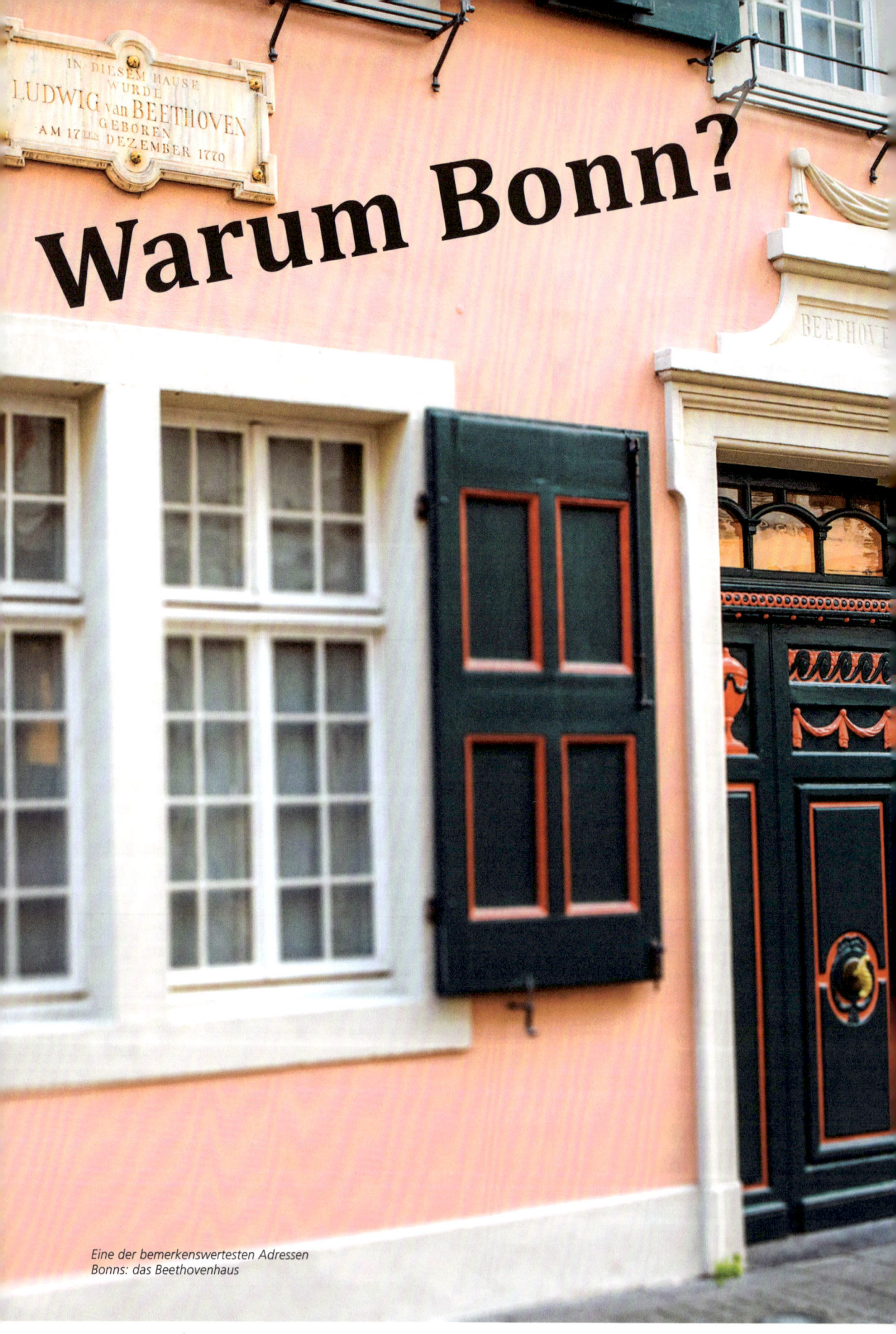

Eine der bemerkenswertesten Adressen Bonns: das Beethovenhaus

Quicklebendig, auch ohne Hauptstadtstatus

›Fällt die Stadt in die Bedeutungslosigkeit und Beschaulichkeit der 1940er-Jahre zurück?‹ Das war die große Frage, als vor gut 20 Jahren die Hauptstadtfrage endgültig zugunsten Berlins entschieden wurde. Ganz im Gegenteil: Die hohe Lebensqualität und die hervorragende Infrastruktur ziehen nach wie vor Studierende, Familien und Firmen an. Mit ihrer gelassen-weltmännischen Atmosphäre und der Nähe zu romantischem Rhein, Siegerland und Niederrhein ist Bonn ein perfektes Zuhause – und als Reiseziel beinahe ein Geheimtipp.

Henry Moores Skulpur »Two Large Forms« vor dem ehemaligen Bundeskanzleramt

Bonn auf einen Blick

Welchen Stellenwert Bonn einst hatte, zeigt sich im Untergrund der Stadt: Die in den 1950er- bis 70er-Jahren gebauten, mit glasierten bunten Fliesen oder lackierten Metallpaneelen ausgestatteten U-Bahn-Stationen können mit denen jeder Weltstadt mithalten. Ein persönliches Highlight: die U-Bahn-Haltestelle Heussallee/Museumsmeile mit ihren durchgehend gelben, schwarz verfugten Paneelen.

ZENTRUM UND CASTELL

Angeschmiegt an das linke Rheinufer liegt das historische und auch heutige Zentrum Bonns – das sich in die quicklebendige Innenstadt und das deutlich ruhigere Castell teilt. Von Germanenstämmen und Römern als militärischer Stützpunkt genutzt, schützten auch in Mittelalter und der frühen Neuzeit mächtige Festungsmauern die prachtvolle Residenzstadt der Kölner Kurfürsten und nutzten die strategisch günstige Flusslage, um Zölle zu erheben und regen Handel zu treiben.

Der Handel steht auch heute noch im Fokus des Bonner Zentrums, das sich trotz einiger mittelalterlicher, barocker und wilhelminischer Gebäude in erster Linie in der erneuernden, zukunftsweisenden Architektur der 1950er- und 60er-Jahre präsentiert. Wer nur wenig Zeit hat, beginnt hier seine Entdeckungstour. Um sicher zu gehen, dass er nicht nur die wichtigsten Sehenswürdigkeiten kennenlernt, sondern vor allem die liebenswert-entspannte Stimmung der Stadt und ihrer Bürger.

NORD-, WEST- UND SÜDSTADT

Die historische, zumeist gründerzeitliche Bausubstanz ist der Grund dafür, dass Nord-, West- und Südstadt zu den schönsten und beliebtesten (Wohn-)Vierteln der Stadt zählen. Im Halbkreis umschließen sie das Zentrum, doch während die Nordstadt einst

Die streng lineare Gestaltung der Bonner U-Bahn-Stationen wird durch kräftige Farben aufgelockert.

kleinbürgerliches Arbeiterviertel war und dort auch heute eher Handwerker als Akademiker leben, beherrschen in West- und Südstadt wilhelminische Prachtbauten das Straßenbild und bilden Deutschlands größtes zusammenhängendes Gründerzeitviertel. Allen drei Stadtteilen aber ist mit der Vielzahl von Restaurants, Cafés und Bars und den kleinen Lädchen eine heimelige Lebendigkeit gemein. Und das wiederum ist der Grund, dass die drei Viertel zu den angesagtesten der Stadt zählen. Hier tummelt sich alles, was vom lässig pulsierenden Großstadtleben nicht genug bekommen kann.

POPPELSDORF

Es ist das Viertel der Akademiker und Studierenden, wenn auch nur erstere sich die Mieten in dem beliebten Stadtteil leisten können. Doch an der Rheinischen Friedrich-Wilhelms-Universität, die hier in weiten Teilen ansässig ist, und vor allem in den unzähligen Bars und Restaurants von Poppelsdorf vermischen sich die unterschiedlichen akademischen Reifegrade in freundschaftlichem Diskurs. Am Abend begeben sich die Professoren und Dozenten dann in ihre Altbauwohnungen, während es die Studenten ins benachbarte Endenich zieht, dem aufstrebenden Szene- und Kulturviertel mit seinen alternativen Clubs.

KESSENICH UND GRONAU

Die beiden Stadtteile im Süden Bonns, zwischen dem Rhein im Osten und dem Kottenforst im Westen gelegen, könnten unterschiedlicher nicht sein. Gronau, in dem das einstige Bundesviertel liegt, trumpft mit herrschaftlichen Villen, breiten Alleen, erstklassigen Museen und einigen restlichen Bundesministerien auf, während Kessenich in weiten Teilen einer Kleinstadt, wenn nicht gar einem Dorf gleicht. Gerade darin liegt der Reiz, einen Spaziergang durch beide Stadtteile zu machen und zu entdecken, wie eng die großstädtische Art Bonns schon immer dem dörflich-rheinischen Leben verbunden war.

BEUEL

Am rechten Rheinufer und über drei Brücken und einige Fähren mit dem linksrheinischen Bonn verbunden liegt Beuel, ein Gemenge zusammengewachsener einstiger Rheindörfer, die zwischen 1952 und 1969 Stadtrechte besaßen und dann in die Hauptstadt eingegliedert wurden. Beuel ist berühmt: einerseits, weil hier die rheinländische Weiberfastnacht erfunden wurde, indem die Beueler Damen sich im 19. Jahrhundert aktiv in den (Herren-)Karneval einmischten, andererseits, weil im Ortsteil Pützchen alljährlich im September »Pützchens Markt« stattfindet, eine der größten Kirmessen Deutschlands.

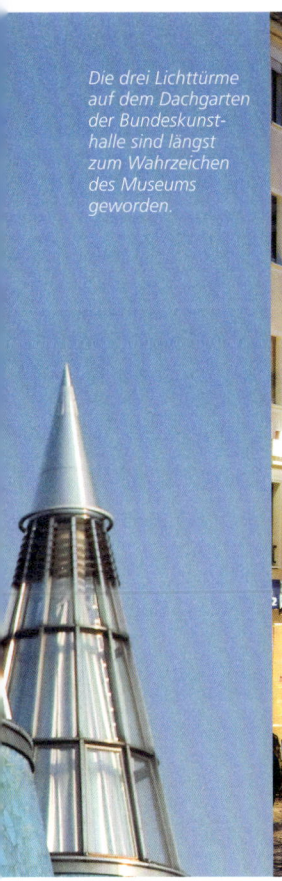

Die drei Lichttürme auf dem Dachgarten der Bundeskunsthalle sind längst zum Wahrzeichen des Museums geworden.

Die Bonner Fußgängerzone ist die älteste des Landes.

Die Wandfresken der Doppelkirche St. Maria und Clemens zeigen die Zerstörung Jerusalems und die Verbannung des Volkes Israel.

Flanieren durch Bonn

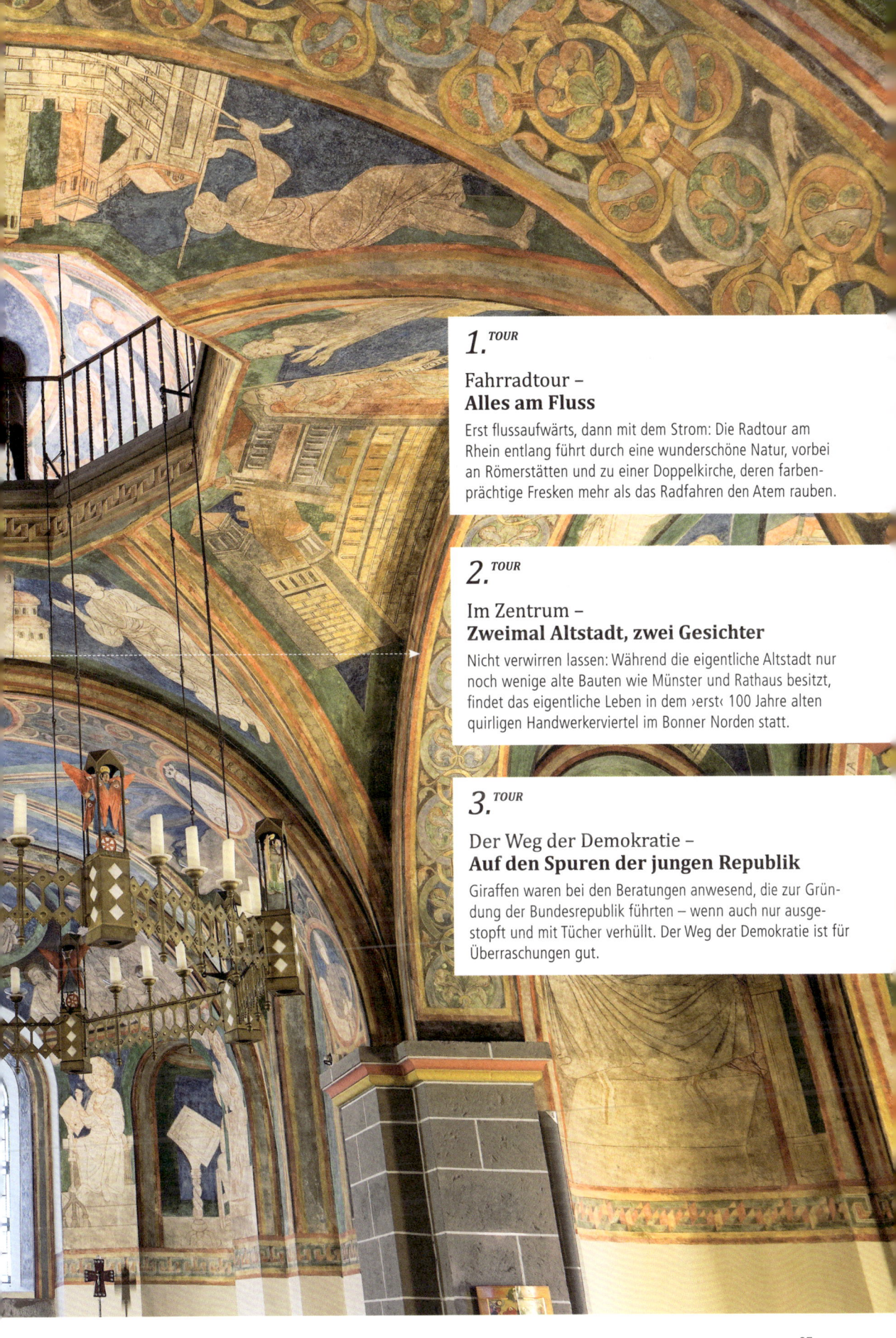

1. TOUR

Fahrradtour – Alles am Fluss

Erst flussaufwärts, dann mit dem Strom: Die Radtour am Rhein entlang führt durch eine wunderschöne Natur, vorbei an Römerstätten und zu einer Doppelkirche, deren farbenprächtige Fresken mehr als das Radfahren den Atem rauben.

2. TOUR

Im Zentrum – Zweimal Altstadt, zwei Gesichter

Nicht verwirren lassen: Während die eigentliche Altstadt nur noch wenige alte Bauten wie Münster und Rathaus besitzt, findet das eigentliche Leben in dem ›erst‹ 100 Jahre alten quirligen Handwerkerviertel im Bonner Norden statt.

3. TOUR

Der Weg der Demokratie – Auf den Spuren der jungen Republik

Giraffen waren bei den Beratungen anwesend, die zur Gründung der Bundesrepublik führten – wenn auch nur ausgestopft und mit Tücher verhüllt. Der Weg der Demokratie ist für Überraschungen gut.

Fahrradtour
Alles am Fluss

Der Weg ist einfach zu finden: Zuerst geht es mit dem Strom, dann gegen ihn und zuletzt noch einmal flussabwärts. Also kann man sich ganz auf die Umgebung, den Fluss, die Stadt und die Bewegung konzentrieren. Fahrradfahren ist in Bonn – trotz manch eines Berges – immer ein Genuss. Diese Tour aber, entlang dem Rhein, vor dieser wunderbaren Kulisse und auf bestens ausgebauten Wegen ist schlichtweg traumschön.

Unterhalb der Beethovenhalle geht's los. An der Stelle, an der bereits im 1. Jahrhundert vor Christus westgermanische Stämme siedelten, eine frühe Militärbasis gründeten und sich noch im Barock eine Bastion erhob, erstreckt sich heute der denkmalgeschützte Komplex aus Konzert- und Veranstaltungssälen. Die Bonner Bürger hatten in den 1950er-Jahren über eine Millionen Deutsche Mark zusammengetragen, um der jungen Hauptstadt ein angemessenes Konzerthaus zu sichern. Der Radweg folgt auf der linken Uferseite dem Flusslauf.

Durchs Römerlager nach Graurheindorf

Gleich hinter der Beethovenhalle beginnt Bonn-Castell. Auch hier lag eine antike Militärbasis, allerdings eine römische, von der noch einige Namen und die Rekonstruktion eines römischen Baukrans zeugen, der bei einem kleinen Abstecher nach links besichtigt werden kann. Und auf dem Gelände des heutigen Freibads Römerbad, das kurz vor der Friedrich-Ebert-Brücke liegt, badeten tatsächlich bereits die Römer.

Unter der Brücke hindurch geht es nach Graurheindorf, wo kurz – den Wegweisern zur Fähre folgend – der Containerhafen umfahren werden muss, um dann das für diese Region so typische Straßendorf zu durchqueren und am Flussufer schließlich auf die Fähre nach Mondorf zu stoßen. Schon August Macke ließ sich von diesem Ufer inspirieren; sein Gemälde ›Der Rhein bei Hersel‹ ist im Kunstmuseum Bonn ausgestellt.

Eine Ahnung von Niederrhein

Mit der Fähre den Rhein querend, verlassen Sie vorübergehend Bonn, um im Niederkasseler Ortsteil Mondorf anzulanden. Auf der Fähre offenbart sich der Landschaftswechsel deutlich. Nach Bonn zurückblickend recken sich die namensgebenden Berge des Siebengebirges gen Himmel, ein Blick flussabwärts zeigt die beginnende Weite des Niederrheins.

Hier, wo die Sieg in den Rhein mündet, wird es spätestens Zeit, eine Pause einzulegen – an den Flüssen findet sich der ein oder andere schön gelegene Biergarten.

Die Rad-Wegweiser Richtung Bergheim und dann Schwarzrheindorf/Beuel führen anschließend auf die L269. Sie müssen sich entscheiden, ob Sie ein Stückchen durch die fabelhafte Siegaue radeln möchten, per Gierfähre (also einer die Flussströmung nutzende motorlose Fähre und noch dazu eine der ältesten noch erhaltenen dieses Fährtyps) die Sieg überqueren, oder erst auf der Straße über das Flüss-

Gänse fahren seltener mit, doch Fußgänger, Radfahrer und Autos setzen mit den Rheinfähren täglich mehrfach über den Rhein.

Auf dem Jüdischen Friedhof in Schwarzrheindorf verwittern die schlichten Grabsteine mit der Zeit, denn nach jüdischem Brauch sollen die Gräber sich selbst überlassen bleiben.

chen setzen, um anschließend nach rechts zurück zum Rheinufer zu gelangen. Nun geht es stromaufwärts und hinter der Friedrich-Ebert-Brücke am alten jüdischen Friedhof vorbei bis nach Schwarzrheindorf. Unweit eines Römerdenkmals an der Uferpromenade lohnt ein weiterer Stopp für einen Blick über den Fluss.

Mit Bonn verlässt der Rhein das Mittelrheintal, das in seinem oberen Teil zum Weltkulturerbe zählt, und tritt ins Norddeutsche Tiefland ein, wodurch er zum Niederrhein wird.

Hier, in Schwarzrheindorf, ist die niederrheinische Schönheit und Ruhe zum ersten Mal offensichtlich. Der breite Fluss ist gesäumt von flachen, sandigen Ufern, die in weite Überschwemmungswiesen übergehen. Zurück auf der Promenade darf ein Abstecher zur Schwarzrheindorfer Doppelkirche St. Maria und St. Clemens nicht versäumt werden: Durch eine niedrige Pforte gelangt man in den herrlich von Zeder und Mammutbaum beschatteten Vorhof und betritt die untere, dem heiligen Clemens geweihte Kapelle. Wie die darüber liegende, über eine schmale Wendeltreppe erreichbare Oberkirche, die unter dem Patronat Marias und Johannes' steht, ist sie über und über mit bunten originalen Fresken ausgestattet.

Ein romanisches Kleinod auch von außen: die Doppelkirche St. Maria und St. Clemens

Das Siebengebirge im Blick

Der Weg weiter in Richtung Siebengebirge durchquert den Bonner Stadtbezirk Beuel, ein Gefüge zusammengewachsener kleiner Rheindörfer wie auch einstiger Industriegelände. Letztere wurden teils zu Kulturbetrieben wie der Brotfabrik, ein Kulturzentrum der Off-Szene mit angeschlossenem Kino, umgewidmet. Das Rheinufer bietet einen großartigen Blick auf das Bonner Zentrum und das Siebengebirge und geht bald in den rechtsrheinischen Teil der Rheinaue mit Biergarten über, von wo aus Sie auf die Konrad-Adenauer-Brücke gelangen. Hinter der Brücke querten einst Eisenbahnen per Eisenbahnfähre den Fluss, doch von der einstigen Trajektrampe zeugt nur noch eine abschüssige Wiese, die den Abstecher nicht lohnt.

Auf demokratischem Weg zurück

Von der Konrad-Adenauer-Brücke führt der Weg zunächst in die Rheinaue, Freizeitpark der Bonner. Weiter geht es erneut den Rhein entlang flussabwärts mit Aussicht auf den Langen Eugen, das frühere Abgeordnetenhaus der Bundeshauptstadt, und andere Teile des einstigen Regierungsviertels bis zum Alten Zoll, einem der hübschesten Plätze der Stadt. Ein Spurt die Treppen hinauf wird mit einem letzten Blick auf den Rhein und seinen Bonner Lauf belohnt. Im angrenzenden Biergarten ist nun Erholung von den rund 26 abgefahrenen Kilometern angesagt.

Im Zentrum
Zweimal Altstadt, zwei Gesichter

Bonn hat zwei Altstädte: Die historische, aus den germanischen und römischen Siedlungen entstandene Altstadt, unmittelbar am Rhein gelegen, die ein paar der wichtigsten Sehenswürdigkeiten beherbergt, und das Gebiet, das die Bonner heute als Altstadt bezeichnen. Die quicklebendige Nordstadt nämlich mit ihren verwinkelten Gassen, die Studenten und Alteingesessenen, Handwerkern und Geschäftsleuten, Bars und Kneipen eine Heimat gibt und die mehr als jedes andere Viertel die aufrichtige und weltoffene Art der einstigen Hauptstadt repräsentiert.

Die alte Altstadt: das Münster und das große Shoppen

Münsterplatz und Münster stehen im Mittelpunkt der eigentlichen Bonner Altstadt, die aber von den Einheimischen nur Zentrum genannt wird. Das Gebiet wurde nach dem Zweiten Weltkrieg größtenteils im Stil der Zeit neu aufgebaut. Doch das Münster mit seinem einzigartigen romanischen Kreuzgang zeigt noch sein mittelalterliches Gesicht, während das berühmte Beethovendenkmal vor dem Fürstenberg-Palais den Münsterplatz dominiert. Ein Großteil der Altstadt, die

Das Alte Rathaus, Rokoko-Prachtbau und zugleich romantische Kulisse für die Cafés auf dem Marktplatz. Doch jedes Jahr am 11.11. geht's hier turbulenter zu. Dann wird vor dem Rathaus die Karnevalssession eröffnet.

sich über den Markt mit dem Alten Rathaus bis zum Alten Zoll am Rhein und zum Kurfürstlichen Schloss – einst Residenz der Kölner Kurfürsten, heute Hauptgebäude der Rheinischen Friedrich-Wilhelms-Universität – erstreckt, ist Fußgängerzone. Übrigens die erste Deutschlands, eröffnet 1967. Ein Streifzug durch die Innenstadt ist also auch immer mit dem geschäftigen Treiben der Einkaufenden in den großen Stores und den üblichen Filialketten, die hier ansässig sind, verbunden.

Das Kreuzberg von Bonn: die mit alten Kirschbäumen durchzogene Altstadt im Bonner Norden

Die neue Altstadt: sympathische Läden, gründerzeitliche Fassaden und August Macke

Ganz anders die weit jüngere Altstadt, die gleich hinter dem modernen Koloss des Stadthauses beginnt: Sie wurde als Arbeiterviertel ab den 1870er-Jahren erschlossen und hat sich diese Ausstrahlung bis heute bewahrt. Es ist das Gemenge aus Werkstätten und angeschlossenen Handwerkerläden, Cafés, inhabergeführten Geschäften, Restaurants und Wohnhäusern, die die gründerzeitliche Altstadt wohl zum liebenswertesten Viertel der ganzen Stadt macht. Ein Viertel, in dem man sich zu leben wünscht.

Einer der zentralen Plätze der Altstadt ist der Vorplatz des denkmalgeschützten Frankenbads, einem Hallenbad aus den 1960er-Jahren. Zur Mittagszeit treffen sich hier die Altstädter zur Pause, den Lunch aus einem nahen Imbiss in der Hand, allein oder in Grüppchen sitzend, plaudernd, lesend oder einfach die Nachbarn beobachtend.

Doch selbst die Nordstadt hat ihre Sehenswürdigkeiten: Zu denen zählt der wunderbar stille Alte Friedhof mit seiner Kapelle aus dem 13. Jahrhundert (die Stein für Stein in der Kommende in Ramersdorf ab- und auf dem Friedhof wiederaufgebaut wurde) ebenso wie das Frauenmuseum, in dem nur Kunst von Frauen ausgestellt wird. Und natürlich das August-Macke-Haus: Der Expressionist lebte und arbeitete am Hochstadenring und hinterließ ein ganz eigenes Bild seines Viertels: beispielsweise die Blicke aus seinem Atelierfenster mit dem Titel ›Marienkirche in Bonn mit Häusern und Schornstein‹ und ›Spielende Kinder im Garten‹, die im Kunstmuseum Bonn bzw. im August-Macke-Haus zu sehen sind.

»... MEIN VATERLAND, DIE SCHÖNE GEGEND, IN DER ICH DAS LICHT DER WELT ERBLICKTE, IST MIR NOCH IMMER SO SCHÖN UND DEUTLICH VOR MEINEN AUGEN...«

Ludwig van Beethoven

Der Weg der Demokratie

Auf den Spuren der jungen Republik

Sie war immer als Provisorium geplant, die Bundeshauptstadt Bonn. Schon in der Präambel des 1949 verabschiedeten Grundgesetzes war die zeitliche Begrenzung dieses Status festgeschrieben. Dass dieses Provisorium vierzig Jahre andauern sollte, damit rechnete bei Staatsgründung niemand. Die Orte dieser Gründungs- und Demokratiegeschichte sind zu einem Großteil noch vorhanden, zwar oft umgewidmet, aber sichtbar. Und sie erzählen Geschichte und Geschichten, die auf einem gemütlichen Spaziergang erforscht werden können.

Begonnen hat die Geschichte der Bundeshauptstadt Bonn im Lichthof des wunderbaren Museum König: Die Giraffen und anderen Exponate des Naturkundemuseums waren mit Tüchern verhangen; nichts sollte den Parlamentarischen Rat im Jahr 1948 von seiner Aufgabe ablenken, einen neuen westdeutschen Teilstaat zu bilden. Hier begann mit einem Festakt die Arbeit des Rates, die anschließend im Bundeshaus – 1930 als Pädagogische Akademie am Rheinufer errichtet – fortgesetzt wurde.

Diese beiden Stationen geben sehr grob zwei Eckpunkte des Bonner Bundesviertels vor. Hier, im Ortsteil Gronau, atmet beinahe jeder Pflas-

Für Einsicht und Durchsicht: Die durchgehenden Glasfassaden des Kanzlerbungalows sollten auch nach außen Signalwirkung haben.

terstein Republikgeschichte – und wird gut auf dem Weg der Demokratie dokumentiert.

Wohnen und Arbeiten der Regierung

Dort liegt die eindrucksvolle Villa Hammerschmidt, bis heute Wohn- und Amtssitz der Bundespräsidenten in Bonn. Der großartige, unter Bundeskanzler Ludwig Erhardt von Architekt Sep Ruf errichtete Kanzlerbungalow, Empfangs- und Wohnhaus der Bundeskanzler zwischen 1964 und 1999, steht nahebei und zeigt, wie Helmut Schmidt, Helmut Kohl und ihre Vorgänger einst lebten. Bei der Besichtigung – die gut geplant und angemeldet werden muss und unter strengen Sicherheitsauflagen stattfindet – kann man Loki Schmidts Teeküche (die First Lady wollte das Abendbrot für sich und ihren Mann selbst zubereiten) ebenso bewundern wie die pfälzisch-gemütliche Sitzgruppe Helmut Kohls. Und wie wenig Platz für Kinder in einem Kanzlerhaushalt ist, glaubt erst, wer die äußerst beengten Kinderzimmer des Bungalows betritt.

I INSIDER

Wer den Kanzlerbungalow von innen besichtigen möchte, muss sich mindestens 5 Arbeitstage (besser früher) vor der Besichtigung über das Haus der Geschichte Bonn (www.hdg.de/haus-der-geschichte/historische-orte/kanzlerbungalow) anmelden und zur Besichtigung Personalausweis oder Pass mitbringen.

Aber auch für die Abgeordneten war gesorgt: erste Abgeordnetenwohnungen entstanden ab 1949 in der Reutersiedlung, ab 1960 kamen 65 Abgeordnetenwohnungen an der Saemischstraße hinzu. Gearbeitet wurde hingegen im Langen Eugen, heute UN Campus und Bonner Sitz der Vereinten Nationen, der auch nahe dem einstigen Bundestag und für die Zeit von 1986 bis 1992 dem Alten Wasserwerk als Ausweichbundestag liegt.

> **WEG DER DEMOKRATIE**
>
> Alle Stationen des Wegs der Demokratie sind auf der Internetseite www.wegderdemokratie.de zu finden. Aber man kann sich genauso gut treiben lassen – immer wieder weisen Schilder auf Gebäude, Denkmäler oder Straßen hin, die unsere Demokratiegeschichte mitgeschrieben haben.

Klein-Amerika am Rhein

Ein Kleinod abseits des zentralen Wegs der Demokratie ist die Amerikanische Siedlung in Plittersdorf. Wer Zeit und Muße hat, kann durch den Rheinpark am Fluss entlang in die ehemalige amerikanische Siedlung Bonns laufen, deren Zentrum die amerikanisch-protestantische Kirche, die Stimson Memorial Chapel, bildet. Die Siedlung mit ihren ehemaligen Wohnhäusern für die Bediensteten der amerikanischen Botschaft ist ein wichtiges Zeitzeugnis für den Machtanspruch der Amerikaner nach dem Zweiten Weltkrieg einerseits und ihren Demo-

Stehengeblieben aus längst vergangenen Zeiten: zweisprachiger Wegweiser in der Amerikanischen Siedlung

> **HAUS DER GESCHICHTE**
>
> Das Haus der Geschichte an der Museumsmeile sollte man nicht verpassen, zählt es doch mit Recht zu den meistbesuchten Museen in Deutschland. Die Exponate aus über 70 Jahren deutscher Geschichte sind phänomenal. Sie wecken viele Erinnerungen und geben fundiert Einblicke.

kratie- und Lebensartimport andererseits. Noch immer sind manche Hinweisschilder zuerst in englischer, dann in deutscher Sprache verfasst und weisen auf den Schulweg und den längst verschwundenen amerikanischen Kindergarten hin.

Augen auf in Bonn

Kunst- und Ausstellungshalle der Bundesrepublik Deutschland an der Museumsmeile

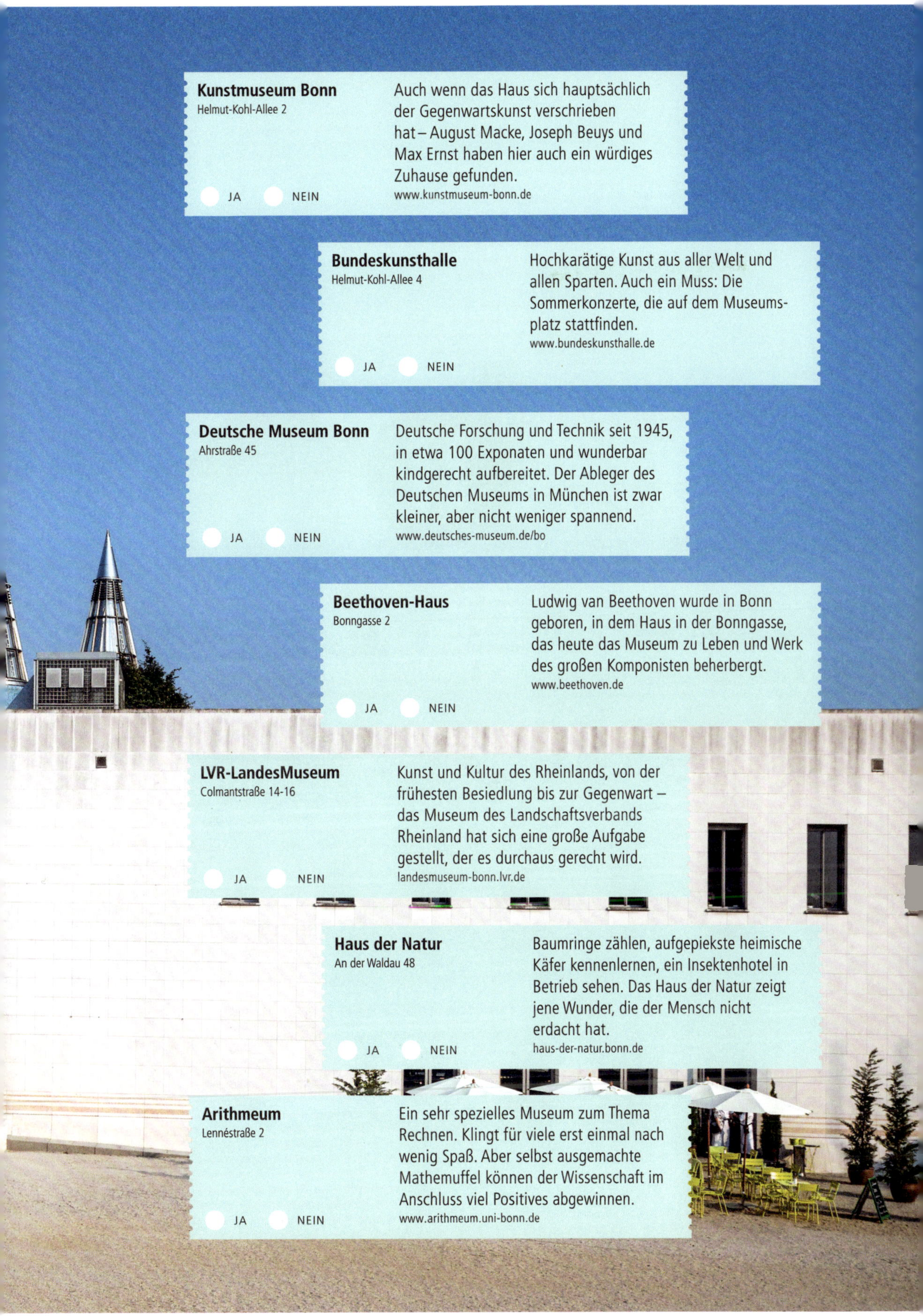

Bonner Museumslandschaft

Kunstmuseum Bonn
Helmut-Kohl-Allee 2

Auch wenn das Haus sich hauptsächlich der Gegenwartskunst verschrieben hat – August Macke, Joseph Beuys und Max Ernst haben hier auch ein würdiges Zuhause gefunden.
www.kunstmuseum-bonn.de

◯ JA ◯ NEIN

Bundeskunsthalle
Helmut-Kohl-Allee 4

Hochkarätige Kunst aus aller Welt und allen Sparten. Auch ein Muss: Die Sommerkonzerte, die auf dem Museumsplatz stattfinden.
www.bundeskunsthalle.de

◯ JA ◯ NEIN

Deutsche Museum Bonn
Ahrstraße 45

Deutsche Forschung und Technik seit 1945, in etwa 100 Exponaten und wunderbar kindgerecht aufbereitet. Der Ableger des Deutschen Museums in München ist zwar kleiner, aber nicht weniger spannend.
www.deutsches-museum.de/bo

◯ JA ◯ NEIN

Beethoven-Haus
Bonngasse 2

Ludwig van Beethoven wurde in Bonn geboren, in dem Haus in der Bonngasse, das heute das Museum zu Leben und Werk des großen Komponisten beherbergt.
www.beethoven.de

◯ JA ◯ NEIN

LVR-LandesMuseum
Colmantstraße 14-16

Kunst und Kultur des Rheinlands, von der frühesten Besiedlung bis zur Gegenwart – das Museum des Landschaftsverbands Rheinland hat sich eine große Aufgabe gestellt, der es durchaus gerecht wird.
landesmuseum-bonn.lvr.de

◯ JA ◯ NEIN

Haus der Natur
An der Waldau 48

Baumringe zählen, aufgepiekste heimische Käfer kennenlernen, ein Insektenhotel in Betrieb sehen. Das Haus der Natur zeigt jene Wunder, die der Mensch nicht erdacht hat.
haus-der-natur.bonn.de

◯ JA ◯ NEIN

Arithmeum
Lennéstraße 2

Ein sehr spezielles Museum zum Thema Rechnen. Klingt für viele erst einmal nach wenig Spaß. Aber selbst ausgemachte Mathemuffel können der Wissenschaft im Anschluss viel Positives abgewinnen.
www.arithmeum.uni-bonn.de

◯ JA ◯ NEIN

Liegewiese der Rheinische Friedrich-Wilhelms-Universität Bonn

II
Pausieren in Bonn

Das sieht nach Ruhe und Erholung aus: der Kottenforst südwestlich von Bonn.

GROSSSTADTOASE

Hofgarten
Im Bonner Hofgarten geht es ein bisschen zu wie auf einer Sommerwiese im Allgäu: Überall wimmelt es und bewegt sich, die große Hofgartenwiese scheint zu summen, zu leben. Nur sind es dort nicht Hummeln und Schmetterlinge, sondern Studierende, Touristen und alteingesessene Bonner Bürger, die ihre Jacken im Gras ausbreiten, am Abend ein Bierchen mitbringen, miteinander reden, spielen, lesen. Und wie auf der Wiese im Allgäu ist dieses Gewusel und Treiben nicht anstrengend oder gar nervtötend – es ist vielmehr der Inbegriff von Großstadtsommer, in dem man trotz aller Geräusche sogar kurz einnicken kann, bevor man zu einer neuen Tour oder einem Museumsbesuch aufbricht.

MIT WEITBLICK

Alter Zoll
Der Blick von der alten Wehranlage hinab auf Fluss und Umgebung ist atemberaubend, der Platz im Biergarten unter der dickstämmigen Platane grandios und erholsam. Wer einen Platz ergattert hat, der mag hier so bald nicht mehr aufstehen. Muss er auch nicht: Der Biergarten ist in der Regel bis Mitternacht geöffnet, und zu Bier und Wein gibt's ein paar kleine Häppchen zu essen. Direkt nebenan auf dem Bouleplatz kann jeder gerne bei einer Partie zusehen und vielleicht sogar mitspielen.
Brassertufer

GROSSE PAUSE

Kottenforst
Wer eine ganz große Pause braucht, Ruhe und Natur sucht, der geht in Bonn in den Kottenforst. Selbst an den Wochenenden findet sich in dem 40 km² großen Naturschutzgebiet im Bonner Südwesten, einst von dem Kölner Kurfürst Clemens August zur Parforcejagd angelegten Waldgebiet, Einsamkeit und Friede und eine für das dicht besiedelte Rheinland wilde, urwüchsige Natur. Stieleichen-, Hainbuchen- und Winterlindenwälder lassen sich im Kottenforst ebenso entdecken wie der Schwarzspecht und – mit sehr viel Geduld und Glück – der Feuersalamander. Die breiten Alleen des Kottenforsts sind übrigens ideales Gebiet für eine erholsame Radtour.

BLUMENPRACHT & BAUKUNST

Poppelsdorfer Schlossgarten
Im Botanischen Garten, gelegen in den Grünanlagen des einstigen Lustschlosses Clemensruh in Poppelsdorf, lässt sich wunderbar entspannen. 1300 Blütenpflanzen machen den Alltag vergessen; der Kopf wird frei beim Durchstreifen des Arboretum und der vielen Gewächshäuser, in denen man von den kleinsten Sukkulenten bis zur riesigen Victoriaseerose fremde Welten entdecken kann; und der Körper erhält schließlich Nahrung in der alten Remise des Schlosses.
Meckenheimer Allee 169

DIES- UND JENSEITS DES RHEINS

Rheinaue
Sommerkonzerte, Bootfahren auf dem Auensee, Rhein in Flammen und jeden dritten Samstag im Monat ein riesiger Flohmarkt – die 160 ha große Rheinaue, 1979 im Zuge der Bundesgartenschau angelegt, ist der Freizeitpark, das Naherholungsgebiet und Treffpunkt der Einheimischen am Wochenende. Der Park erstreckt sich beidseits des Rheins und ist über die Konrad-Adenauer-Brücke verbunden.

Warum Bremen?

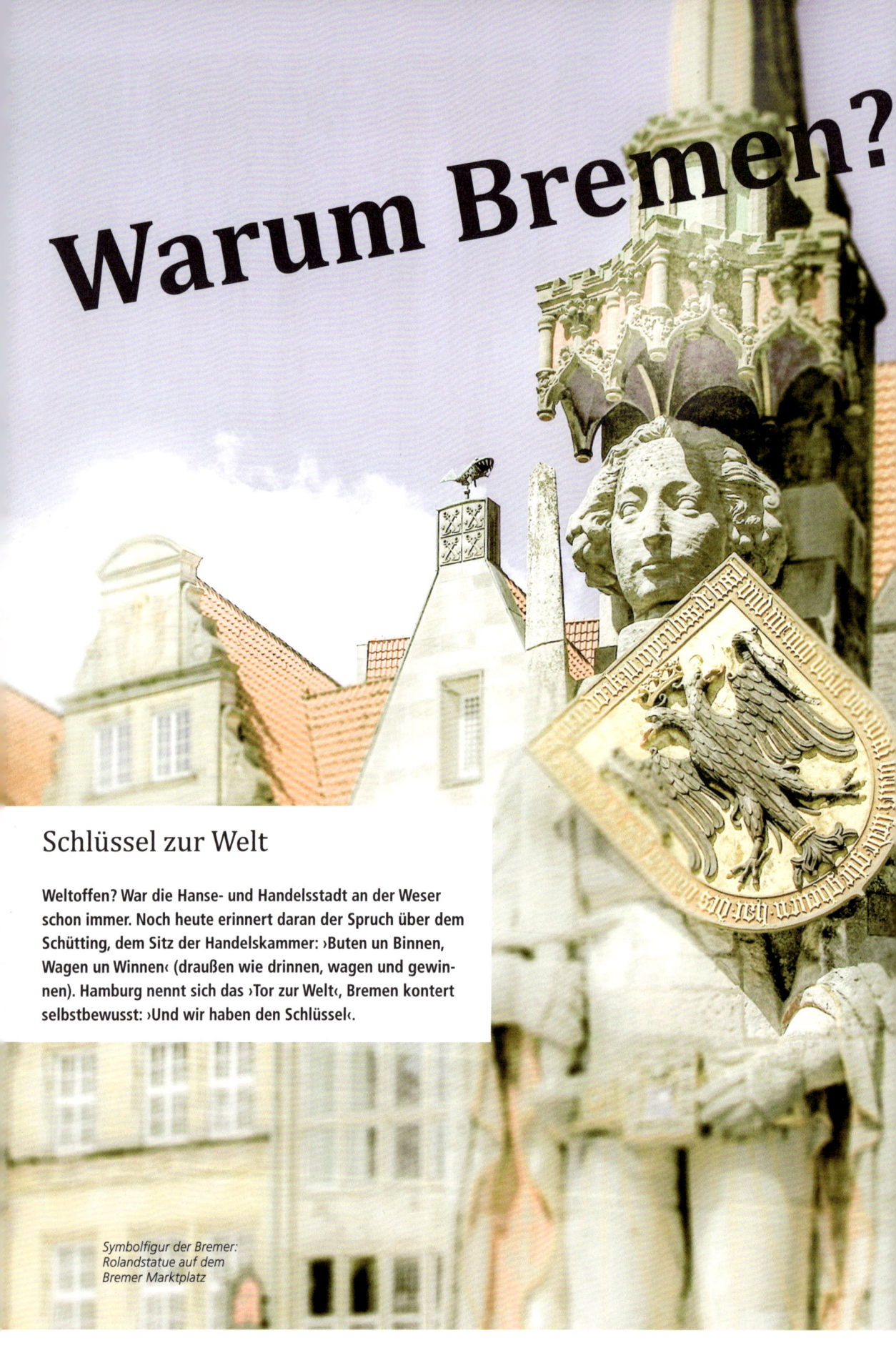

Schlüssel zur Welt

Weltoffen? War die Hanse- und Handelsstadt an der Weser schon immer. Noch heute erinnert daran der Spruch über dem Schütting, dem Sitz der Handelskammer: ›Buten un Binnen, Wagen un Winnen‹ (draußen wie drinnen, wagen und gewinnen). Hamburg nennt sich das ›Tor zur Welt‹, Bremen kontert selbstbewusst: ›Und wir haben den Schlüssel‹.

Symbolfigur der Bremer: Rolandstatue auf dem Bremer Marktplatz

Chillen am Weserstrand

Bremen auf einen Blick

Bremen zieht sich … Um die 40 km erstreckt sich die Hansestadt beidseits entlang der Weser. Alte innerstädtische Viertel, einstige Dörfer, die im 19. Jh. wohlhabende Bremer für ihre Landsitze auserkoren, Industrie -und Hafenviertel, moderne Technologieparks – und immer noch Bauernland.

ALTSTADT

Die Altstadt erstreckt sich zwischen Weser und den Wallanlagen, die entlang der einstigen Stadtmauer verlaufen. Herz der Stadt ist der Marktplatz mit Rathaus und Roland, beide Weltkulturerbe der UNESCO, und den Bremer Stadtmusikanten. Hier beginnt auch die Böttcherstraße mit Paula-Modersohn-Becker-Museum und Roselius-Haus. Nächstes Ziel ist dann Bremens ältestes Viertel, der Schnoor. Kurz hinter der St.-Martini-Kirche beginnt an der Weser die Ausgehmeile Schlachte. Vor ihr liegt auf der Weserinsel die Weserburg, Museum für moderne Kunst.

VON DER SCHLACHTE ZUR ÜBERSEESTADT

Hinter der Schlachte erstreckt sich das Stephaniviertel (bis 1305 außerhalb der Stadtmauern). Hier lebten Seeleute, Fischer und Handwerker, dann überwiegend Arbeiter in engen Häusern, die als Gängeviertel gruppiert waren. Die heutige Bebauung rund um die Kulturkirche St. Stephani erinnert noch ein wenig an die alten Zeiten. Nur ein Katzensprung ist es von hier in die Überseestadt, wo sich aus dem ehemaligen Freihafen ein gemischtes Quartier mit neuen Bauten, alten Speichern, Schuppen und Hafenanlagen entwickelt.

OSTERTOR UND STEINTOR

Ostertor und Steintor sind als das ›Viertel‹ bekannt. Den Übergang von der Innenstadt ins Ostertor prägt die Kulturmeile mit der Kunsthalle Bremen, dem Theater am Goetheplatz, dem Gerhard-Marcks- und dem Wagenfeld-Haus. In dem trendigen Viertel sehen Sie typische Bremer Häuser, können ganz unterschiedliche Galerien besuchen, shoppen, essen und trinken, tauchen ein in eine Mischung aus junger und inzwischen saturierter Szene, alteingesessenen Bremern und Menschen mit Migrationshintergrund.

Das Universum Science Center und der Fallturm Bremen

Livemusik muss nicht immer in einer Kneipe spielen.

NEUSTADT

Auf der linken Weserseite legte man um 1623–25 im Bereich der heutigen Neustadtcontrescarpe und des Neustadtwalls eine Stadtbefestigung ähnlich der auf der Altstadtseite an. Nach ihrer Schleifung entstanden hier ein Arbeiterviertel (u. a. Zigarrenmacher, Bierbrauer) und Wohnquartiere des Mittelstands. Die handwerklich-industrielle Tradition belegen noch die Produktionsstätten der Brauerei Anheuser-Busch InBev (früher Beck & Co.) oder das alte Gebäude der Remmer Brauerei (heute Städtische Galerie). Der wesernahe Bereich wird bei Studenten und jungen Familien immer beliebter.

OBERNEULAND MIT ROCKWINKEL

Diese beiden bei der Kultivierung des Hollerlandes entstandenen Dörfer sollten zu einer beliebten Sommerfrische wohlhabender Bremer werden. Ab dem 19. Jh. entstanden Gutshäuser und herrschaftliche Landsitze. Viel Grün prägt den Stadtteil, etwa mit Heinekens Park, Höpkens Ruh und Rhododendronpark.

SCHWACHHAUSEN

Das einstige Marschenbauerndorf entwickelte sich ab der zweiten Hälfte des 19. Jh. in ein vornehmes Wohngebiet mit Villen und großzügigen Bremer Häusern. Die Villenarchitektur dominiert an Parkallee, Schwachhauser Heerstraße und Schwachhauser Ring. In den Seitenstraßen finden sich schöne Bremer Häuser. Jenseits von Bürgerpark und Stadtwald schließt sich der zum Stadtteil Horn-Lehe gehörende Technologiepark Universität Bremen an. Hier liegt auch das Universum Bremen und ragt der Fallturm Bremen in den Himmel.

WALLE

Walle war in früheren Zeiten ein kleines Dorf mit Rittergut. Gegen Ende des 19. Jh. wandelte es sich in ein Arbeiterviertel, geprägt von Industrie- und Hafenanlagen. Spuren der linken Bremer Arbeitertradition finden sich auf dem Waller Friedhof, wo die Toten der Räterepublik ruhen, und in dem Volkshaus (Hans-Böckler-Str. 9/Ecke Auf dem Kamp). Einige der von den Nationalsozialisten zerstörten hoetgerschen Fassadenskulpturen der früheren Gewerkschaftszentrale gestaltete Manfred Lohrengel nach.

ST. MAGNUS UND VEGESACK

St. Magnus kam 1939 zu Bremen. Den Stadtteil am Fluss Lesum prägen ab dem 19. Jh. prachtvolle Villen wohlhabender Bremer Bürger und der Knoops Park, benannt nach dem Kaufmann Ludwig Knoop. In Vegesack legte Bremen 1619 den ersten künstlichen Hafen Deutschlands an. Seit den Werftschließungen (A.G. Weser 1983, Bremer Vulkan 1996) erlebt der Stadtteil einen Niedergang, hat aber maritimes Flair. Hier liegt das Schulschiff Deutschland.

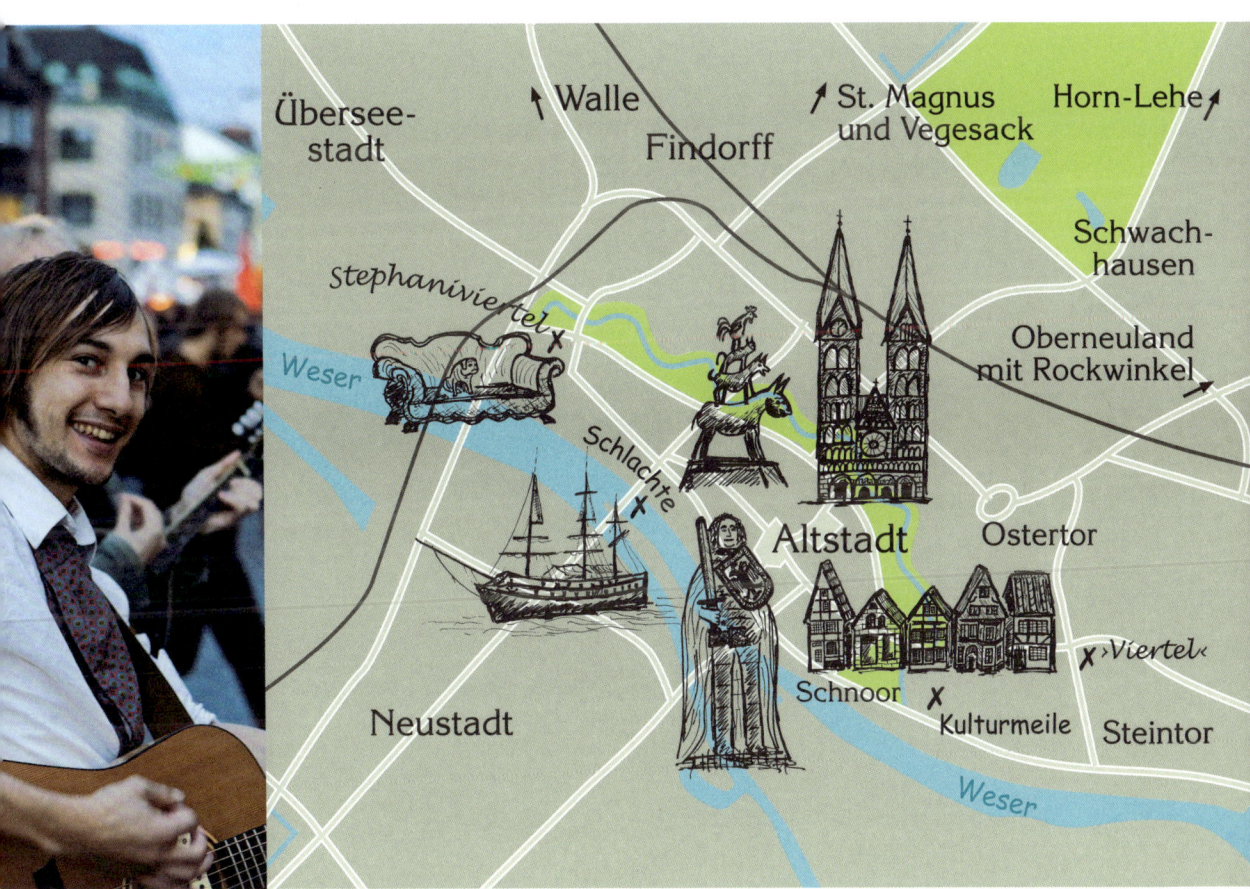

Flanieren durch Bremen

1. TOUR
2. TOUR
3. TOUR

Ein seltener Moment im Schnoor: Nur wenige Menschen sind in der schmalen Gasse unterwegs, wo sich in den kleinen, alten Häusern viele Lokale und Läden angesiedelt haben.

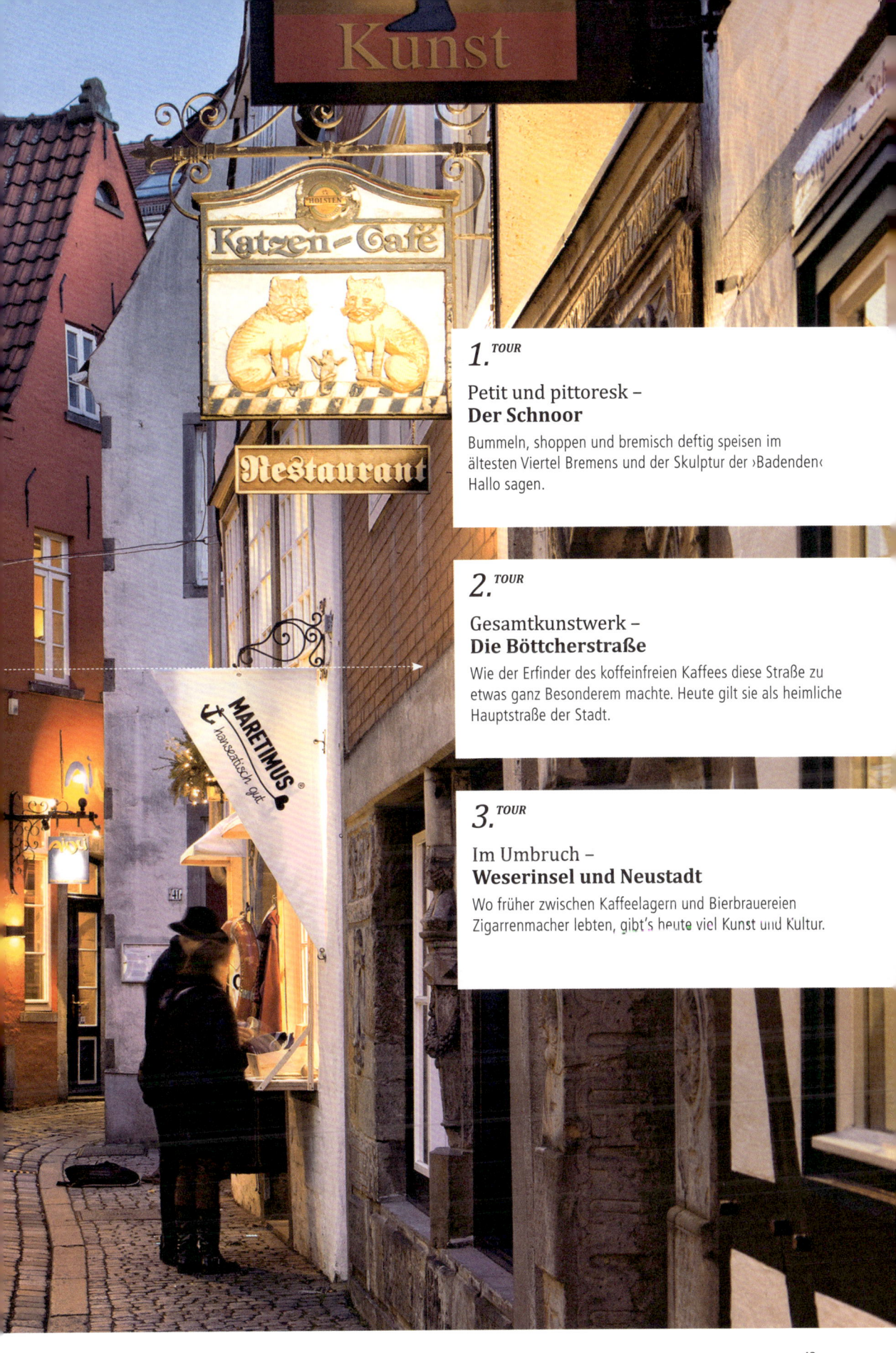

1. TOUR

Petit und pittoresk –
Der Schnoor

Bummeln, shoppen und bremisch deftig speisen im ältesten Viertel Bremens und der Skulptur der ›Badenden‹ Hallo sagen.

2. TOUR

Gesamtkunstwerk –
Die Böttcherstraße

Wie der Erfinder des koffeinfreien Kaffees diese Straße zu etwas ganz Besonderem machte. Heute gilt sie als heimliche Hauptstraße der Stadt.

3. TOUR

Im Umbruch –
Weserinsel und Neustadt

Wo früher zwischen Kaffeelagern und Bierbrauereien Zigarrenmacher lebten, gibt's heute viel Kunst und Kultur.

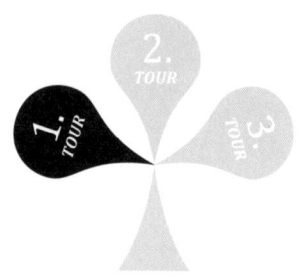

Der Schnoor
Petit und pittoresk

Winzige Häuschen reihen sich wie Perlen an der Schnur, bergen Galerien, Kunsthandwerks- und Antiquitätenläden, Cafés und Restaurants. Das älteste Stadtviertel Bremens, einst das Zuhause von Seeleuten, Fischern und Handwerkern, die im Bereich des Balge-Hafens lebten, lädt heute zum Bummeln und Stöbern ein.

Das Stöbern in den unzähligen Lädchen sollte jedem selbst überlassen sein, denn ob der Vielfalt an Kuriosem und Schönem geht vielleicht das Augenmerk für Geschichte und Geschichten verloren – und die sind es allemal wert, erzählt zu werden.

Katholiken und Juden

Von der Balgebrückstraße aus führen Stufen hinab ins Schnoor-Viertel zu St. Johann. Die backsteinerne Hallenkirche ist der einzige im reinen hochgotischen Stil erhaltene Sakralbau Bremens. Ursprünglich Kirche eines Franziskanerklosters, was die schlichte Gestaltung erklärt, dient die 1689–1748 von den Hugenotten genutzte Kirche seit 1823 der katholischen Gemeinde als Gotteshaus.

Häuschen im Schnoor

Durch die Straße Lange Wieren (*wieren* = Draht), vorbei an dem Lädchen Schnoorkrämerei & Schiffsproviant kommt man in die Kolpingstraße. Hier entstand im Jahr 2002 das katholische Birgittenkloster (Nr. 1c), seit der Reformation der erste Schwesternkonvent in Bremen. Am Haus Kolpingstraße 4 (früher Gartenstr. 6) erinnert eine Gedenktafel an die Synagoge, die in der Reichspogromnacht 1938 geplündert und in Brand gesteckt wurde, wobei fünf Menschen den Tod fanden. Das zugehörige Rosenak-Haus wurde ebenfalls geplündert und zwangsarisiert. Zwar erhielt die Jüdische Gemeinde Bremen das Haus später zurück, musste es aber ebenso wie das Synagogengrundstück aus Geldmangel verkaufen.

Sinnesfreuden

In einem Haus aus der Zeit um 1630 (später mehrfach umgebaut) tischt der traditionsreiche Gasthof zum Kaiser Friedrich deftige bremische Küche auf und treffen sich Bremer Honoratioren. Ein paar Schritte weiter südlich öffnet sich ein kleiner Platz mit der Brunnenskulptur ›Die Badenden‹ von Jürgen Cominotto. Die Skulptur bezieht sich auf die hier einst ansässigen *staven* (beheizte Bäder) für die ›kleinen Leute‹. Doch sollen diese nicht nur Hort der Hygiene, sondern wohl auch und eher Stätte ›sittenlosen Treibens von Männern und Frauen‹ gewesen sein.

Einen Blick verdient das Schifferhaus (Stavendamm 15) von 1630, ab 1919 bis Mitte des 20. Jh. ein Kolonialwarengeschäft, wo rund um die Uhr Proviant an die Schiffer verkauft wurde.

›Segg mal, kannst mi nich'n halwen Groschen lenen, ick schrief dat in min Hauptbook in.‹ Hinter der Holzpforte wartet ein Bremer, besser: ein Schnoor-Original auf die Besucher, allerdings nur in Gestalt einer Bronzeskulptur. Heini Holtenbeen (Jürgen Heinrich Keberle) war seit einem Sturz mit einem lahmen Bein geschlagen und auf einen Stock angewiesen, verdiente sich sein Geld durch kleine Handlangertätigkeiten und durch Almosen. Die wollte er als Darlehen verstanden wissen, behauptete er doch stets, sie dereinst zurückzuzahlen …

Wie Perlen an der Schnur

Am Café Tölke, wo Wiener Flair herrscht, zweigt die Gasse Schnoor ab. Ein Bummel hier hindurch bedeutet erst recht hin- und hergerissen

Zeit zum Bummeln und Schauen, den Blick aufs Detail richten, auf die Häuschen, Lädchen – auch jenseits der Hauptgasse Schnoor wie hier im Gässchen Wüstestätte.

zu sein. Schaut man mehr auf die kleinen Häuser selbst, wie sie sich aneinanderschmiegen, schief und pittoresk – oder lässt man sich von den unzähligen Lädchen locken, stöbert und genießt?

Jenseits der Süsterstraße verdient der Schnoor 15 einen Blick. Das wohl älteste Haus im Viertel wurde 1512 über einem mittelalterlichen Kellergewölbe erbaut, die Fassade geht auf das Jahr 1600 zurück. Das Haus Schnoor 9 datiert von 1621. Es weist einen stark ausgeprägten Vorsprung, eine sogenannte Utlucht, auf, die wie Sonnenuhr und Zierpforten aus dem 18. Jh. stammt. Gegenüber stehen die letzten innerstädtischen Fachwerkhäuser Bremens. Vermutlich bereits aus dem 16. Jh. stammt das Haus mit Ladeluke am Giebel und zweigeschossigem Erker. Wer hier, am Schnoor 38, durch das Renaissanceportal geht, tritt in einen winzigen Gang und gelangt zum Katzen-Café, das kein Kaffeehaus, sondern ein elegantes Restaurant ist, und zu den schönen Wohnhäusern der Wüstestätte. Den ungewöhnlichen Namen trägt die Gasse, weil das Areal nach einem Brand Mitte des 17. Jhs. lange unbebaut blieb.

Der Schnoor mündet auf die Marterburg – wieder ein eigenartiger Name, der auf die Matten, die Mehlsilos der Müller zurückgeht. Hier errichtete Thomas Klumpp postmoderne, farbenfrohe Häuser – fast so schmal wie die alten Schnoorhäuser. Über die bildschöne Gasse Hinter der Balge erreicht man wieder die Schnoor-Gasse. Schräg gegenüber steht vor dem Institut für niederdeutsche Sprache e. V. (Schnoor 41) der Ottjen-Alldag-Brunnen von Klaus Homfeld. Er erinnert an Georg Droste (1866–1935) und dessen plattdeutschen Roman ›Ottjen Alldag‹, die Geschichte einer Kindheit in Bremen.

»ROLAND MIT DE SPITZEN KNEE:
SEGG MOL,
DEIT DI DAT NICH WEH?«

Volksreim auf den Bremer Roland

Die Böttcherstraße
Eine Straße als Gesamtkunstwerk

Zum Bummeln lädt die Böttcherstraße ein, ein weitgehend in Backstein ausgeführtes architektonisch-skulpturales Gesamtkunstwerk und Kunsthandwerksparadies, untrennbar verbunden mit den Namen Ludwig Roselius und Bernhard Hoetger. Hier befindet sich auch das Paula-Modersohn-Becker-Museum.

Die Böttcherstraße, eine nur gut 100 m lange Fußgängergasse, führt vom Marktplatz zur Martinistraße Richtung Weser. Vermutlich wurden hier im Mittelalter Schiffe gebaut, denn für 1317 ist die Straße als Hellinchstrate (Hellingstraße, Helling = Werft) belegt. Später wurde sie in Bodekerstrate (Böttcherstraße) umbenannt. Böttcher fertigten hier Fässer, die für den Warentransport benötigt wurden.

Roselius als Mäzen

Die heutige Böttcherstraße verdankt die Stadt dem Bremer Kaffeekaufmann und Mäzen, dem Erfinder des koffeinfreien Kaffees (Kaffee HAG), Ludwig Roselius. 1902 erwarb er das heutige Roselius-Haus von 1588, alle übrigen Häuser stammen aus den Jahren 1922–31. Roselius wollte nach dem Ersten Weltkrieg mit der Gasse als Gesamtkunstwerk ein Zeichen setzen: mit Rückgriff auf Vergangenes in die Zukunft weisen. Mit dem Aufbau beauftragte er als Hauptarchitekten Alfred Runge, Eduard Scotland, Carl Eduard Eeg sowie den Allrounder und Bildhauer Bernhard Hoetger. So finden sich hier historisierende und – dank Hoetger – expressionistisch-avantgardistische Elemente vereint.

Ein Versuch der Anbiederung

Vom Markt kommend, markiert Hoetgers strahlend-goldenes Relief ›Der Lichtbringer‹ (1936) den Beginn der Böttcherstraße. Es zeigt den hl. Michael als Drachentöter, was Hoetger damals als ›Sieg unseres Führers über die Mächte der Finsternis‹ verstanden wissen wollte. Doch Hitler lehnte die Architektur der Straße als ein Werk, das von Unkenntnis des Nationalsozialismus zeuge, ab. Hoetgers Arbeit galt nun als ›entartet‹. 1943 flüchtete er in die Schweiz.

Roselius, Paula und Hoetger

Dahinter erstreckt sich rechts das HAG- oder Sieben-Faulen-Haus (Runge & Scotland, 1924–27) mit Arkaden und Treppengiebeln, auf denen Skulpturen der Sieben Faulen zu entdecken sind.
 Das Paula-Becker-Modersohn-Haus gegenüber konzipierte Hoetger 1926/27. Im Innenhof stehen einige seiner Plastiken. Das Gebäude selbst birgt das Paula-Modersohn-Becker-Museum. Roselius hatte das Haus für seine Werksammlung der 1907 jung verstorbenen Worpsweder Malerin bauen lassen. Der mit Paula befreundete Hoetger errichtete es in expressionistischem Stil. Das weltweit erste einer Malerin

Gülden glänzt ›Der Lichtbringer‹ über dem Eingang zur Böttcherstraße. Leider war Hoetgers Intention, als er das Relief schuf, nicht goldglänzend, sondern braundumpf.

gewidmete Museum zeigt Gemälde, Zeichnungen und Grafiken der Künstlerin sowie die umfangreichste Sammlung an Skulpturen, Gemälden und Zeichnungen Hoetgers. Paula Modersohn-Becker, die erst nach ihrem Tod gebührende Würdigung erfuhr, gilt als Wegbereiterin der Moderne in der Kunst.

Direkt (Durchgang) mit diesem Gebäude verbunden ist das Roselius-Haus mit dem Ludwig Roselius Museum. Roselius hatte sich 1902 überreden lassen, das Renaissancehaus, dessen Grundmauern ins 14. Jh. datiert werden, zu erwerben. 1928 ließ er es von Eeg umbauen und als Museum einrichten. Das Museum spiegelt den Wohnstil der Bremer Kaufleute wider. Roselius trug eine enorme Sammlung an Möbeln, Fayencen, Gläsern, Holzskulpturen und Gemälden zusammen, darunter Arbeiten von Tilman Riemenschneider (16. Jh.) und den Cranachs.

Lob der Faulheit

Der Handwerkerhof birgt Kunsthandwerksläden und -werkstätten sowie Hoetgers Sieben-Faulen-Brunnen. Er illustriert eine Sage von Friedrich Wagenfeld, die erzählt, dass Faulheit erfinderisch macht: Sieben als faul verschriene Bremer Brüder fanden in ihrer Heimatstadt keine Arbeit und zogen deshalb in die Welt hinaus. Zurückgekehrt führten sie bequeme Neuerungen ein: bohrten einen Brunnen, um nicht Wasser aus der Weser heranschaffen zu müssen, pflanzten Bäume, um nicht im Wald Holz schlagen zu müssen usw. Aber auch das wurde ihnen als Faulheit ausgelegt – manchmal braucht der Mensch halt länger, den Sinn von Innovationen zu erkennen, Erfindergeist wertzuschätzen …

Hier geht's in den Himmel(ssaal) in Hoetgers Haus Atlantis.

Glockenspiel und Ozeanbezwinger

Es folgt, leicht zurückversetzt, das Haus des Glockenspiels, 1922–24 von Runge & Scotland für die Bremen-Amerika-Bank umgebaut. Zum Klang eines Meißener Glockenspiels dreht sich das Mittelstück des halbrunden Eckturms und Hoetgers zehn holzgeschnitzte und bemalte Tafeln der Ozeanbezwinger erscheinen. Sie zeigen See- und Luftfahrer von Erikson und Kolumbus bis Lindbergh und Eckener. Im Hoetgerhof finden sich weitere Arbeiten des Bildhauers.

ROBINSON CRUSOE UND BREMEN

Gegenüber dem Haus des Glockenspiels steht das Haus St. Petrus, von Runge & Scotland als Haus der Gastronomie erbaut – und heute noch entsprechend genutzt. Daran grenzt das Robinson-Crusoe-Haus. Wohl jeder kennt Daniel Defoes Roman ›Robinson Crusoe‹. 1719 schuf der Kaufmann und Schriftsteller die Figur des Robinson Kreutzner (Crusoe), Sohn eines in England lebenden Bremer Kaufmanns. Für Roselius stand Robinson für hanseatischen Pioniergeist und so trägt das Haus dessen Namen. Im Parterre findet alljährlich ein kunsthandwerklicher Weihnachtsmarkt statt.

Heikle Utopie

Durch einen Torbogen verbunden liegt gegenüber Hoetgers Haus Atlantis (1931). Der Name verweist auf die Intention des Künstlers: Das Haus stellt eine in Architektur gegossene Atlantis-Utopie dar, Ausdruck der politisch heiklen Seiten Roselius'. Er wollte Anhängern einer Germanenkultur, die Atlantis mit Helgoland verbanden (Arier als Atlanter), Räume zur Verfügung stellen. Dennoch gelten Treppenhaus und der Himmelssaal im Obergeschoss als einer der Höhepunkte der deutschen Architektur der Zwischenkriegszeit: Glasbausteine und Stahlbeton sind die prägnanten Baumaterialien.

Weserinsel und Neustadt
Viertel im Umbruch

Die Weserinsel ist grün, auf der Weserinsel wird (teuer) gebaut, Teile der Neustadt wandeln sich allmählich zum neuen ›Viertel‹, wo Wohnraum noch erschwinglich ist, das Leben bunt und multikulti.

Die Bremer Neustadt entwickelte sich aus einer Befestigungsanlage des Dreißigjährigen Krieges. Ab 1642 siedelten hier vor allem Angehörige der ärmeren Schichten. Im 18. Jh. besaßen Bewohner der Altstadt Gärten am Deich und genossen Spaziergänge entlang der Weser. Zu den Berufsgruppen, die hier ansässig waren, gehörten Zigarrenmacher und Bierbrauer. Wer heute vom Teerhof aus über die Weserinsel die Neustadt besucht, trifft auf Spuren dieser Traditionen ebenso wie auf eine junge Kultur- und Kunstszene.

Von Werft und Kaffeelager zu Wohnen und Kunst

Der Name Teerhof erinnert daran, dass hier im Mittelalter Schiffe gebaut wurden, deren Fugen mit Teer abgedicht waren. Später entstand auf dem Areal eine Speicherstadt, die im Krieg weitgehend zerstört wurde. Die geschlossene Wohnbebauung, bemüht, den Charakter der einstigen Speicherstadt aufzugreifen, wirkt leider recht unterkühlt und vermag kein Flair zu vermitteln. Doch von der nördlichen Seite bietet sich ein schöner Blick über die Weser auf die Bremer Altstadt mit Schlachte, Martinikirche und den Spitzen des Doms.

Vier alte Speicher, frühere Kaffeelager, wurden saniert und beherbergen seit 1991 die Weserburg – Museum für moderne Kunst und gegenüber die GAK – Gesellschaft für Aktuelle Kunst.

Bremen und das Wasser

Auf der Altstadtseite führt die Straße Herrlichkeit unter der Wilhelm-Kaisen-Brücke hindurch und mündet in die Werderstraße. Hier steht zur Weser hin das Denkmal für Ludwig Franzius (1832–1903). Es erinnert an den Wasserbauingenieur, der die Weserkorrektion durchführte, mit der die Fließgeschwindigkeit des Wassers erhöht wurde, um eine Versandung zu verhindern. Auf die Bedeutung, die dem Wasser in Bremen zugemessen wird, verweist auch, dass die Deutsche Gesellschaft zur Rettung Schiffbrüchiger (DGzRS) und die Hochschule für Nautik (Teil der Hochschule Bremen) mit dem Olbers-Planetarium hier ihren Sitz haben.

An neuer Wohnbebauung vorbei geht es zur ›Umgedrehten Kommode‹. Der gedrungene Bau, von kurzen Türmchen überragt, ist der älteste Wasserturm (1873) der Stadt – längst aber außer Betrieb.

Zur Neustadt

Wo die Werderstraße in den Kuhhirtenweg übergeht, halten Sie sich rechts und gelangen, quer durch Kleingärten, auf die andere Seite der Weserinsel. Dort führt eine Fußgängerbrücke über die Kleine Weser an das Neustadt-Ufer. Der Weg geht hinunter zum Buntentorsteinweg und dann nach links.

An die Zigarrenmacher erinnert am Buntentorsteinweg ein Denkmal von Holger Voigts – der karge Betonsockel ist beliebte Plattform für andere ›Künstler‹.

Zigarrenmacher, Bierbrauer und noch mehr Kunst

Höhe Kirchweg erinnert eine Skulptur an die Tradition der Zigarrenmacher. Wer erahnen möchte, wie diese einst in einfachsten Verhältnissen lebten, sollte – zurückhaltend – einen Blick in den Dunkakshof mit seinen winzigen Reihenhäusern werfen.

Nun heißt es umkehren und durch den Deichschart (ein verschließbarer Deichdurchbruch) noch einmal zurück auf den Weserdeich, bis der Tom-Pad zur Städtischen Galerie führt. Sie nutzt ein Gebäude der ehemaligen Remmer-Brauerei und zeigt wechselnde Ausstellungen moderner Kunst.

Von hier geht es rechts den Buntentorsteinweg hoch bis zum Theater am Leibnizplatz, der Spielstätte der Bremer Shakespeare Company. Passend dazu steht mitten im Verkehrsgewühl des Platzes die Skulptur ›Der Gaukler‹ des in Worpswede lebenden Bildhauers Christoph Fischer.

Höhe Deichschart führt eine kleine Brücke von der Neustadt hinüber auf die Weserinsel – beliebt bei Spaziergängern, Joggern, Skatern – und weit zum Strand ist es auch nicht.

Ein kleiner Roland

Über den Neustadtswall, dem Verlauf der ehemaligen Stadtbefestigung ein Stück folgend, dann über Piersigweg und Große Krankenstraße geht es zum Neuen Markt – einst Pferde- und Schweinemarkt. Von den alten Gasthöfen der Fuhrleute ist nichts mehr erhalten (obwohl der spätere Reichspräsident Friedrich Ebert eine von ihnen führte). Eine Besonderheit aber ist der kleine Roland von 1738.

Durch die Brautstraße und die Straße Am Deich geht es über eine Fußgängerbrücke, Teerhof und Teerhofbrücke zurück zur Schlachte.

Bremer Museumslandschaft

Focke-Museum
Schwachhauser Heerstraße 240

Bremische Geschichte in Relikten von Rolandkopf bis Borgward-Autos, Bildern, Modellen und multimedial in historischen Gebäuden, die teils aus dem Umland auf das Areal von Gut Riensberg verbracht wurden.

○ JA ○ NEIN   www.focke-museum.de

Krankenhaus-Museum
Züricher Straße 40

Das Museum in historischen Hofgebäuden zeigt 100 Jahre Bremer Psychiatriegeschichte: Behandlungsformen, Biografisches zu Patienten oder Personal, ›Euthanasie‹ zzt. der NS-Herrschaft.

○ JA ○ NEIN   www.kulturambulanz.de

Kunsthalle Bremen
Am Wall 207

Alte Meister, Kunst des 20. Jhs. (Monet, Picasso, Brücke-Maler, Paula Modersohn-Becker), van Goghs ›Das Mohnfeld‹ und neue Medien mit Arbeiten von Piene, Cage und Nam June Paik. Sonderausstellungen.

○ JA ○ NEIN   www.kunsthalle-bremen.de

Schloss Schönebeck
Im Dorfe 3

Das Heimatmuseum im barocken Fachwerkbau von 1682–86 widmet sich Schifffahrt, Fischerei, Walfang und dem 1831 geborenen Vegesacker Afrikaforscher Gerhard Rohlfs.

○ JA ○ NEIN   www.museum-schloss-schoenebeck.de

›Denkort‹ U-Boot-Bunker Valentin
Rekumer Siel

Unter Einsatz von Tausenden von Zwangsarbeitern – mehr als 1100 starben – errichtete die NS-Regierung diese Bunkerwerft: 426 m lang, bis zu 97 m breit. Museum, Infocenter, Gedenkstätte.

○ JA ○ NEIN   www.denkort-bunker-valentin.de

Universum Bremen
Wiener Straße 1a

Silberner ›Walfisch‹ mit interaktiven Exponaten zu Technik (vom Toaster bis zur künstlichen Intelligenz), Mensch und Natur. Wer wollte nicht schon mal gefahrlos erfahren, wie sich ein Erdbeben anfühlt?

○ JA ○ NEIN   www.universum-bremen.de

Weserburg – Museum für moderne Kunst
Teerhof 20

Kunst – Malerei, Installation, Video … – ab 1960 im ersten Sammlermuseum Europas, untergebracht in alten Speicherbauten mitten in der Weser. Von Fluxus über Penck bis Arman oder Richard Long.

○ JA ○ NEIN   www.weserburg.de

II

Pausieren in Bremen

Einfach mal kurz abschalten – auf in den Bürgerpark, und dort nicht auf "Große", aber immerhin auf "Kleine" Fahrt gehen.

Nach dem Trubel der Pariser Weltausstellung (1927) hat der Wisent im Rhododendronpark Ruhe gefunden.

VON BÜRGERN FÜR BÜRGER

BÜRGERPARK
Wilhelm Benque ließ sich bei der Anlage des Bürgerparks (136 ha) vom New Yorker Central Park inspirieren. Weitläufige Grünflächen im Wechsel mit bewaldeten Arealen und Seen, verbunden durch Wege und Wasserläufe. Pflanzen und Sträucher, die Bremer Kaufleute aus Übersee mitbrachten, wurden ebenso integriert wie beeindruckende Gebäude (Parkhotel, Meierei etc.) Brücken, Denkmäler, Brunnen und Bänke. Erhalten wird der Park aus privaten Zuwendungen: Mitgliedsbeiträgen zum Bürgerparkverein, Erlöse aus der jährlichen Bürgerparktombola, Spenden, Vermächtnissen etc.
Eingänge: Hollerallee, Parkallee, Findorffallee

LINDENRONDELL

Höpkens Ruh
1877 vermachte der Bremer Kaufmann Johann Höpken den 7 ha großen Park der Stadt. Gewundene Wege, Hügel, Teiche und Bäche, ein Lindenrondell und eine Eichenallee machen ihn zu einem Kleinod.
Oberneulander Landstr. 69

AZALEEN, RHODODENDREN UND MEHR

Rhododendronpark und botanika
Der Park geht zurück auf einen Wildpark mit Wasserläufen und Baumbestand, Ende des 18. Jh. vom Kaufmann Willy Rickmers angelegt. Ab 1936 wurden Rhododendren und Azaleen gepflanzt. Der Park mit gewaltigen Rhododendren, Stein- und Heidegarten, Botanischem sowie Rosengarten lohnt immer einen Besuch. Ein Traum ist er zur Zeit der Rhododendronblüte (ca. April–Juli, Hochblüte Mitte/Ende Mai–Juni). Die botanika führt in die Vielfalt der Pflanzenwelt ein; Himalaya-Landschaft, Berg-Regenwald Borneos und japanischer Steingarten.
Eingänge: Markusallee 60, Deliusweg 40

KUNST, WASSER UND GRÜN

Wallanlagen
Rund um die Altstadt zieht sich der Park auf dem Areal der Gräben und Wallmauern, die die Stadt einst schützten. Attraktiv und zentrumsnah ist der Bereich vom östlichen Ende bei der Altmannshöhe mit Ehrenmal bis zur Mühle am Wall am Herdentor, wo auch diverse Skulpturen aufgestellt wurden, darunter Jürgen Wallers Mahnmal ›Erinnern für die Zukunft – Lidice‹ und ›Die Liegende‹ von Gerhard Marcks.

ERINNERUNG AN GROSSE BREMER

Riensberger Friedhof
Den parkähnlichen Friedhof mit See und Wasserlauf gestaltete Wilhelm Benque Ende des 19. Jhs. Hier ruhen u. a. Bremer Persönlichkeiten wie der Flugzeugbauer Heinrich Focke, die Bürgermeister Johann Smidt und Wilhelm Kaisen, der Kaffeekaufmann Ludwig Roselius und Bundespräsident Karl Carstens. Besonders sehenswerte Grabmale säumen das nördliche bzw. nordöstliche Seeufer.
Eingänge: Friedhofstr., Riensberger Str., H.-H. Meier-Allee

SURFEN GEFÄLLIG?

Stadtwaldsee (Unisee)
Der Unisee ist nicht nur bei Studenten sehr beliebt. Es gibt einen Einstieg für Surfer, eine DLRG-Station und am Rand des angrenzenden Campingplatzes ein Restaurant.
Hochschulring

Warum Erfurt?

Großes kleines Erfurt

Im späten Mittelalter war Erfurt nach europäischen Maßstäben eine Großstadt – deshalb auch die vielen großartigen Kirchen (immerhin 35!). Und heute? Fragen Sie Einheimische, dann kommen sowohl die Antwort ›ganz sicher eine Großstadt!‹ wie auch ›na klar, eine Provinzstadt!‹. Auf jeden Fall ist jeder eingefleischte Erfurter der Meinung: ›Erford fedsd!‹ (besser laut lesen, dann erschließt sich der Sinn leichter).

Blick auf Dom, St. Severin und Allerheiligenkirche

Till Eulenspiegel soll im 14. Jh. auch in Erfurt seine Späße getrieben haben.

Erfurt auf einen Blick

Wer von Osten her, von der Autobahn A 4, auf die Stadt zufährt, der sieht Erfurt buchstäblich vor sich ausgebreitet. Ich liebe diesen Augenblick, wenn ich aus der Ferne in meine Stadt zurückkehre und mit dem Auto den Haarberg hinabrolle. Von Weitem schon grüßen mich Dom und Severikirche, und die Hochhäuser in der Innenstadt – nun ja, welche Stadt hat nicht ihre Bausünden?

STÖPSEL IM THÜRINGER BECKEN

Die größte Stadt Thüringens liegt im Tal der Gera, die im Thüringer Wald bei Gräfenroda und Geraberg entspringt und etwa 20 km nördlich von Erfurt bei Gebesee in die Unstrut mündet. Inmitten einer flachen Landschaft ruht die Stadt eingebettet zwischen dem Höhenzug des Steigerwaldes und den Erhebungen im Norden, ist sozusagen der Stöpsel im Thüringer Becken.

Die Innenstadt Erfurts erstreckt sich entlang der drei Flussläufe der Gera: Bergstrom, Walkstrom und Flutgraben, die in weitem Bogen von Westen nach Norden die Stadt durchfließen. Begrenzt wird der Innenstadtbereich im Süden und Osten vom Flutgraben, von den Erfurtern liebevoll ›Flunscher‹ genannt, der seit etwa 120 Jahren die Stadt vor Hochwasser schützt. Parallel dazu verläuft der Juri-Gagarin-Ring, dessen – wie der Name schon sagt – ringförmige Anlage zu weiten Teilen der Markierung der ältesten Stadtbefestigung entspricht. Einige Reste dieser Stadtmauer aus dem 12. Jh. sind noch heute zu sehen. Der Juri-Gagarin-Ring bildet im Süden und Osten die Grenze der Altstadt. Wenn man einerseits von Innenstadt und andererseits von Altstadt spricht, dann sind das durchaus zwei verschiedene Bereiche. Im Norden bildet die Blumenstraße die Grenze der Altstadt, im Westen die Biereyestraße hinter der Festung Petersberg. Im Süden und Osten ist der Juri-Gagarin-Ring die Grenze. Alle beschriebenen Sehenswürdigkeiten liegen in diesem Bereich. Wie erkannt man das Gebiet der historischen Altstadt? Wenn die Straßenschilder die Namen mit weißer Schrift auf rotem Grund bekannt geben.

RUND UM DEN DOMPLATZ

Im Westen der Altstadt befindet sich das markanteste Bauensem-

Die Krämerbrücke

Terrasse nördlich der Krämerbrücke

Ü ÜBRIGENS

Auf der 125 m langen Krämerbrücke finden Sie Lädchen, die Nützliches und Schönes anbieten. Fast sieht es aus, als wäre dies eine ›normale‹ Gasse, doch der Schein trügt, es ist wirklich eine Brücke. In Nr. 31 kann man auch einen Blick hinter die Fassade werfen und sehen, wie die Krämer einst wohnten.

ble Erfurts, den Dom St. Marien und die Severikirche. Der fast 4 ha große Domplatz wird im Norden begrenzt vom Landgericht Erfurt, einem Gebäude aus dem 19. Jh., im Osten von Wohn- und Geschäftshäusern aus der Zeit um 1900 sowie von kleinen Fachwerkhäusern, in denen viele Läden und Gaststätten auf Kundschaft warten. Im Süden begrenzen den Domplatz zwei historisch bedeutsame Gebäude: die Grüne Apotheke und eines der ältesten Gasthäuser Europas, der Gasthof Hohe Lilie (1341 erstmals erwähnt). Hier logierte Martin Luther 1522 unter dem Namen Junker Jörg und auch König Gustav II. Adolf von Schweden gehörte 1632 zu den Gästen dieses Hauses.
Gleich westlich des Domplatzes schlägt im Stadtviertel Brühl mit dem Theater Erfurt das kulturelle Herz der Stadt. Erholung verspricht ein Spaziergang im Brühler Garten, der nicht weit entfernt vom Theater liegt. Auf dem Hügel nordwestlich des Dombergs erhebt sich die Zitadelle Petersberg.

FISCHMARKT UND KRÄMERBRÜCKE

Im Zentrum der Altstadt locken Fischmarkt und Krämerbrücke als Hauptattraktionen. Der Fischmarkt trägt zu Recht diesen Namen, denn hier wurde einst mit in der Gera gefangenem Fisch gehandelt. Aber auch Meeresfische aus Nord- und Ostsee bot man feil. Zudem war der Platz, an dem seit dem 13. Jh. ein Rathaus steht, Gerichtsplatz. Umsäumt wird er von zahlreichen Gebäuden aus der Renaissance.
Vom Fischmarkt aus ist schnell die Alte Synagoge und die Krämerbrücke erreicht sowie weiter nördlich das ›lateinische Viertel‹ rund um die Michaelisstraße, so genannt, weil hier die Alte Erfurter Universität angesiedelt war, deren Professoren und Studenten die lateinische Sprache bevorzugten. Vielleicht ist es ein Widerhall des mittelalterlichen studentischen Lebensstils, dass in diesem Bereich auch heute noch mehr Kneipen zu finden sind als anderswo in Erfurt. Auch das Augustinerkloster, Wirkungsstätte des Reformators Martin Luther ist im lateinischen Viertel zu finden.

VON OSTEN NACH SÜDEN: DER ANGER

Von Osten nach Süden führt der Anger quer durch die Altstadt. Er ist die Haupteinkaufsstraße Erfurts. Bereits schon vor ihrer ersten Erwähnung 1196 wurde hier Handel getrieben. Der Anger war der einzige Platz, an dem im Mittelalter Rohwaid verkauft werden durfte. Ein verheerendes Feuer zerstörte 1660 viele Gebäude. Nur einige wenige Bauwerke, das Ursulinenkloster, die Kaufmannskirche, der Bartholomäusturm (Gotik) und das Haus Dacheröden (Renaissance), überstanden diesen Brand unbeschadet.
Im Barock wurden das heutige Angermuseum und das Haus Anger 27/28 errichtet. Die überwiegende Zahl der Wohn- und Geschäftshäuser stammen aus dem späten 19. und frühen 20. Jh.

Flanieren durch Erfurt

1. TOUR
2. TOUR
3. TOUR

Sachzeugnisse des vorherigen friedlichen Zusammenlebens von Christen und Juden in Erfurt werden im Museum Alte Synagoge präsentiert.

1. TOUR

**Lebendiges Denkmal –
Die Krämerbrücke**

Auf der einzigen mit bewohnten Häusern bebauten Steinbrücke nördlich der Alpen gibt's lecker ›Kram‹.

2. TOUR

**Juden in Erfurt –
Alte Synagoge und jüdisches Viertel**

Was für eine Pracht: Im Museum Alte Synagoge ist der Erfurter Schatz zu bewundern.

3. TOUR

**Erfurt ›erfahren‹ –
Mit dem Fahrrad entlang der Gera**

Badesachen einpacken und los geht's: von der Wunschbrücke ins Freibad und dann ab zur Marienthalbrücke – am Wasser radelt sich's leicht.

Die Krämerbrücke
Lebendiges Denkmal

Die perfekte Verbindung von Sightseeing und Shopping – und die wohl beste Schokolade in Erfurt gibt es als Zugabe obendrein. Kunst, Antiquitäten, Schmuck, Münzen – das ist der heute hier angebotene ›Kram‹. Gehandelt wird an dieser Stelle aber schon seit Jahrhunderten. Eine kleine Zeitreise mitten in Erfurt.

Unbestritten das bemerkenswerteste profane Bauwerk Erfurts: die Krämerbrücke, die einzige mit bewohnten Häusern bebaute Steinbrücke nördlich der Alpen. Nachdem es bereits einige hölzerne Vorgängerbauten gegeben hatte, wurde sie 1325 in Stein errichtet und führt über die Gera, die in diesem Bereich Breitstrom genannt wird. Zwei der sechs Sandsteinbögen überspannen die beiden Flussarme des Breitstroms, die anderen führen über Land und ermöglichen so zum Beispiel das Betreten des Dämmchens, der Insel nördlich der Krämerbrücke. Von dort eröffnet sich ein faszinierender Blick auf das 125 m lange und 25 m breite Bauwerk. Ehe die Krämerbrücke ›zu Stein wurde‹, hatten die Krämer an dieser Stelle unter freiem Himmel ihre Verkaufsstände. Erst nach dem großen Stadtbrand von 1472 wurde die Brücke mit 62 schmalen Fachwerkhäusern bebaut, in denen die Krämer auch wohnten. Heute sind es noch 32 an der Zahl, denn im Laufe der Jahrhunderte wurden sie zu größeren zusammengefasst.

Lage ist alles

Die Brücke lag im Verlauf einer der bedeutendsten Handelswege des Mittelalters, der Via Regia. Den Krämern gelang es, eine Art Monopol zu errichten, sie erwirkten vom Rat der Stadt die Zusage, dass nur auf der Brücke mit sogenannten Kramwaren gehandelt werden durfte; die da waren: Gewürze, seidene Bänder, Gold- und Silberwaren.

Die Breite des Weges durch die Häuserflucht lässt erahnen, dass wohl nur Handkarren einst über das Kopfsteinpflaster ratterten. Schwere Fuhrwerke mussten die Furt nördlich der Brücke benutzen, um an das jenseitige Ufer der Gera zu gelangen.

Im Haus der Stiftungen (Krämerbrücke 31) lässt sich auch einen Blick hinter die Fassaden werfen. Hier erfahren Sie Wissenswertes über Geschichte und Architektur der Krämerbrücke und die Wohnverhältnisse der Krämer. Die Stiftung setzt sich für den Erhalt der Brücke und der auf ihr befindlichen Häuser ein. Sie hat die Aufgabe, neben der Nutzung als Wohnraum auch einen dem mittelalterlichen Denkmal entsprechenden Gebrauch der Brückenbauten durch Gewerbe, Handwerk, Ladenlokale, Antiquitätengeschäfte und kleine Galerien bzw. Museen zu ermöglichen. Auch andere Häuser auf der Brücke haben Geschichten zu erzählen. Im Haus zum Affen (Nr. 9) hatte 1635 der Hausherr zur Taufe seines Sohnes geladen. Während der Feier kam es zu einer folgenschweren Auseinandersetzung mit einem betrunkenen Soldaten, der zwei Stadtmusikanten meuchelte. Johann Bach, Großonkel von Johann Sebastian Bach, hörte in Schweinfurt von diesem Ereignis und bewarb sich auf eine der frei gewordenen Stellen als Stadtmusikus.

Auf der Krämerbrücke eine Pause einzulegen ist keine schlechte Idee. Schließlich gibt es genug zu schauen – das geht auch gut im Sitzen.

»ERFURT LIEGT AM BESTEN ORTE, IST EINE SCHMALZGRUBE. DA MUSS EINE STADT STEHEN, AUCH WENN SIE GLEICH WEGBRENNTE.«

Martin Luther

Geschäft auf der Krämerbrücke

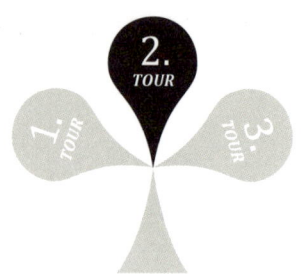

Alte Synagoge und jüdisches Viertel
Juden in Erfurt

Schon vor rund 1000 Jahren lebten Juden in Erfurt – davon zeugt die Alte Synagoge, deren Baubeginn ins 11. Jh. fällt. Das bauliche und kulturelle Erbe der bedeutenden jüdischen Gemeinde Erfurts ist so vielfältig, dass es sogar bald zum UNESCO-Welterbe gehören könnte.

Es ist eine leider nur zu gut bekannte Geschichte: Als 1348 die Pest in Erfurt grassierte, fand man in der jüdischen Bevölkerung den Sündenbock: Man warf ihnen vor, die Brunnen vergiftet zu haben. Ein erstes Pogrom löschte 1349 die gesamte jüdische Gemeinde, die im Stadtzentrum zwischen Rathaus, Krämerbrücke und Michaeliskirche lebte, aus. Die Alte Synagoge wurde zum Lagerhaus umgebaut. Nur wenige Jahre nach dem Pogrom begann die jüdische Bevölkerung Erfurts wieder zu wachsen. Im Laufe des 15. Jh. kippte die Stimmung erneut, 1453 kündigte der städtische Rat den Schutz der Juden auf. In der Folge verließen alle Juden die Stadt. Ihre Häuser wurden verkauft und die Synagoge, die sie Mitte des 14. Jh. hinter dem Rathaus errichtet hatten, zum Zeughaus umgebaut. Erst ab dem späten 18. Jh. durften sich wieder Juden in Erfurt ansiedeln.

Religiöses Zentrum

Die Alte Synagoge trägt ihren Namen zu Recht: Sie ist mehr als 900 Jahre alt und somit eines der ältesten jüdischen Gotteshäusern in Europa. Ihre charakteristische Fassade wurde restauriert.

Die Alte Synagoge wurde zu Beginn der 1990er-Jahre wiederentdeckt und beherbergt heute ein einzigartiges Museum, dessen Hauptattraktion der Erfurter Schatz ist, ein Konvolut aus mehr als 3700 Gold- und Silberstücken. Er wurde 1998 bei Bauarbeiten auf der Ostseite der Michaelisstraße gefunden. Herausragend ist ein jüdischer Hochzeitsring – es gibt nur drei weitere mittelalterliche Exemplare weltweit!

Im Erdgeschoss illustriert eine Dauerausstellung die Baugeschichte, im Obergeschoss werden Handschriften gezeigt, u. a. die älteste im Bestand des Stadtarchivs Erfurt: der ›Erfurter Judeneid‹. Gotische Buchstaben und das Wachssiegel verleihen dem mittelhochdeutschen Dokument eine faszinierende Ausstrahlung. Vor 1200 geschrieben, ist es das älteste Schriftstück, das von der jüdischen Gemeinde Erfurts zeugt, und zugleich der älteste Judeneid in deutscher Sprache. Anstelle des christlichen Schwurs schuf man für Juden eine dreizehnzeilige Formel, die mit Anspielungen auf das Alte Testament vor Meineid warnte, geschworen wurde auf die fünf Bücher Mose. Auch wenn das Dokument nicht dem Aufbau einer Urkunde entspricht, hatte es doch rechtsverbindlichen Charakter. Die Eidesformel ermöglichte jedem Juden vor einem christlichen Gericht den Widerspruch und Rechtsgeschäfte.

Das Ritualbad

Die zur Alten Synagoge gehörende Mikwe, 2007 wiederentdeckt, ist neben Synagoge und Friedhof ein wichtiger Bestandteil und Bezugspunkt im jüdischen Gemeindeleben. Vor allem Frauen nutzten es, weshalb es häufig Frauenbad genannt wird. Es diente zur kultischen Reinigung nach Berührungen mit Toten, mit Blut oder anderem in religiösem Sinne Unreinen. Eine Mikwe wird mit ›lebendigem‹, also fließendem Wasser gespeist. Dieses war hier, nahe der Gera, ausreichend vorhanden. Die mittelalterlichen Steuerlisten verraten, dass die Umgebung der Mikwe dicht bewohnt war. Wie überall im jüdischen Quartier lebten auch hier Juden und Christen Wand an Wand – eine Besonderheit in der Stadt Erfurt, in der es kein Ghetto gab.

Unter dem Naziterror

Die Kleine Synagoge war das religiöse Zentrum der im 19. Jh. wieder anwachsenden Gemeinde. Bald wurde sie aber zu klein. Daher errichtete man 1884 eine Große Synagoge im Stil des Historismus mit einer Kuppel und 500 Plätzen. In der Reichspogromnacht wurde diese von Nationalsozialisten zerstört. Ein Großteil der jüdischen Gemeinde, damals etwa 1000 Menschen, wurde bis 1945 in Vernichtungslager deportiert und ermordet. Etwa 250 Juden konnten auswandern, nur 15 überlebten die Deportation.

Erster Synagogenneubau

Nach dem Zweiten Weltkrieg erhielt die jüdische Gemeinde zunächst Zuwachs, zumeist aus Osteuropa. Doch wanderten gleichzeitig viele Gemeindemitglieder in das neu gegründete Israel aus. Im Ostblock herrschte trotz aller antifaschistischen Parolen ein ausgeprägter Antisemitismus. Dieser drückte sich nicht nur in einer allgemeinen Verunglimpfung des jüdischen Staates aus, sondern führte auch zu antisemitischen Prozessen. 1953 wurden in Prag und Moskau jüdische Intellektuelle angeklagt und zum Tode verurteilt.

Vor diesem Hintergrund verließen etwa zwei Drittel aller in der DDR lebenden Juden ihre Heimat. In Thüringen überlebte nur die jüdische Gemeinde in Erfurt, alle anderen wurden aufgelöst. 1952 wurde an der Stelle der zerstörten Synagoge am Juri-Gagarin-Ring die Neue Synagoge erbaut, der erste Synagogenneubau auf dem Gebiet der DDR.

So lautet die Übertragung des Judeneids: ›Dessen dich dieser beschuldigt, dessen bist du unschuldig, so dir Gott helfe. Gott, der Himmel und Erde geschaffen hat, [dazu] Laub, Blumen und Gras, von denen es zuvor nichts gegeben hat. Und wenn du falsch schwörst, dann verschlinge dich die Erde, die Datan und Abiron verschlang. Und wenn du falsch schwörst, dann überfalle dich der Aussatz, den Naman überstand und den Iezi [= Gehasi] befiel. Und wenn du falsch schwörst, dann vertilge dich das Gesetz, dass Gott Mose auf dem Berge Sinai gab, das Gott selbst mit Fingern auf die steinerne Tafel geschrieben hat. Und wenn du falsch schwörst, dann mögen dich alle Schriften [= Gesetze] zu Fall bringen, die in den fünf Büchern Mose aufgeschrieben sind. Das ist der Judeneid, den Bischof Conrad dieser Stadt gegeben hat‹.

Die Mikwe in der Kreuzgasse gehörte einst zur Alten Synagoge und ist bereits für das 13. Jh. belegt. Lange schlummerte sie im Verborgenen: Erst vor wenigen Jahren stieß man auf die Überreste des Ritualbads.

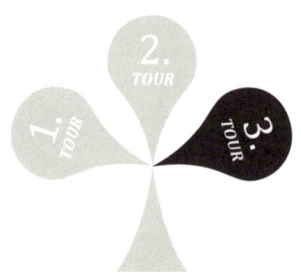

Mit dem Fahrrad entlang der Gera
Erfurt ›erfahren‹

Einfach mal raus? Sich bewegen? Dann steigen Sie doch einfach um und auf: Vom Fahrrad aus zeigt sich Erfurt noch einmal von einer anderen Seite kennen. Immer dem Stadtfluss nach, entdeckt man die schönen grünen Ecken der näheren Umgebung der Stadt.

Lassen Sie die Altstadt hinter sich. Zwar befinden sich hier die meisten Sehenswürdigkeiten, dafür sind aber auch viele Touristen unterwegs. Das Ziel: das Bachstelzencafé am Ende einer gemächlichen 6 km langen Tour. Der Weg beginnt am Hauptbahnhof und verläuft in westliche Richtung durch eine gezogene Parklandschaft direkt am Ufer der Gera.

Ehre, wem Ehre gebührt

Erster Stoff auf dem Weg ist das Denkmal für Richard Breslau (1835–97). Er war Bürgermeister von Erfurt und hat mit viel Engagement den Umbau des einstigen Festungsgrabens zum heutigen Flutgraben vorangetrieben. Seit der Fertigstellung des Flutgrabens 1898 blieb die Stadt weitestgehend von Überflutungen verschont.

Auch das Denkmal für Christian Reichart (1685–1775) liegt auf der Route. Reichart, der am 4. Juli 1685 im Haus zum LohFinken an der Ecke Gartenstraße/Bahnhofstraße geboren wurde, gilt als Wegbereiter des Gartenbaus in Erfurt und Deutschland. Er erwarb seine Kenntnisse als Autodidakt und entwickelte eine Reihe von fortschrittlichen Methoden, die teilweise bis heute angewendet werden. Seine vielfältigen Erfahrungen kann man in seinem sechsbändigen Werk ›Land- und Gartenschatz‹ nachlesen.

Wunschkonzert im Grünen

Wenige Meter weiter geht es über den Wilhelmssteg auf die andere Uferseite. Nun führt der Weg zwischen Flutgraben und Walkstrom entlang. In Fahrtrichtung rechts kommt bald ein kleines, hübsches

Über den Wilhelmssteg geht es in den Luisenpark.

Fachwerkgebäude in Sicht, das einst das Bademeisterhaus des Espachbades war, eines von vier Freibädern in Erfurt. Es wurde Ende des 19. Jh. eröffnet und schloss knapp 100 Jahre später, Ende der 1980er-Jahre, seine Pforten wieder. Heute kann man hier frisch gebackenen Kuchen und eine dampfend heiße Tasse Kaffee genießen, schließlich ist schon ein guter Teil der Tour geschafft.

Durch den Luisenpark führt der Weg weiter zur sogenannten Wunschbrücke. Glaubt man der Sage, gehen die hier geäußerten Wünsche in Erfüllung. Der Weg verläuft über die Brücke nach links weiter durch den Park, bis man nach etwa 100 m rechter Hand auf eine geologische Besonderheit stößt: eine Lösswand.

Nicht weit entfernt finden sich die drei Quellen, die diesem Gebiet seinen Namen gaben: Dreienbrunnen. Auch der Luisenpark gehört zum 3 ha großen Dreienbrunnenpark, der um 1900 angelegt wurde. Aus dem einzigen Mineralbrunnen Erfurts gelangt das Wasser aus Tiefen zwischen 64 und 46 m ans Tageslicht und gilt als gesundheitsfördernd, wie bereits die Brunneninschrift bekannt gibt: ›Wer davon trinkt, wird lange leben / und wenig Geld dem Arzte geben / Drum kommt, ich lad Euch freundlich ein / und trinkt von diesem edlen Wein.‹ Die Brunnenanlage wurde 1912 errichtet und 1992 grundlegend saniert.

Nach der Erfrischung am Dreienbrunnen heißt es umkehren und die Gera am Papierwehr überqueren. Rechts kommt schon das Dreienbrunnenbad in Sicht. Wer Badesachen im Rucksack hat, kann sich hier eine Ganzkörpererfrischung abholen. Das Bad wurde 1888 eröffnet und ist somit das älteste Freibad in Erfurt. In seiner heutigen Form wurde es Anfang des 20. Jh. neu gebaut.

Idylle gefällig? Solch malerische Blicke erhaschen Sie von vielen Brücken über die Gera – hier an der Nonnengasse nahe der Langen Brücke.

Aus dem Wasser auf das Wasser

Nach der Badepause führt der Weg weiter links der Gera in Richtung Hochheim. Nicht weit entfernt vom Dreienbrunnenbad wartet eine weitere sportliche Überraschung: Kanufahren oder Stand-Up-Paddling auf der Gera! Das ist in den Sommermonaten ein echter Spaß und eine Herausforderung an Gleichgewichtssinn und Wagemut. Man hat hier schon einige gestandene Väter ›baden gehen‹ sehen, die versuchten, im Kanu aufzustehen … Leider lässt sich dieser Spaß nur sonntags zwischen 14 und 18 Uhr erleben. Es gibt aber auch geführte Kanufahrten, die bei der Tourist Information Erfurt gebucht werden können.

Bald geschafft!

Radeln Sie weiter auf dem Gera-Radweg Richtung Bischleben. Im Ort folgen Sie dem Radweg, bis Sie eine größere Straße erreichen. Ganz in der Nähe sind das Freibad Möbisburg und die Gaststätte Zur Schuhleiste. Fahren Sie Richtung Möbisburg und biegen vor der Brücke über die Gera nach rechts auf den Radweg ab. Fahren Sie dann bis zur Marienthalbrücke. Diese ließ Reichsgraf Gustav Adolf von Gotter Mitte des 18. Jhs. errichten, denn er wollte trockenen Fußes sein Schloss in Molsdorf erreichen und nicht durch die Furt der Apfelstädt fahren müssen. Der Brückenbau selbst ist sehenswert, und wenn Sie ein Stück flussabwärts das Ufer entlanggehen, sehen Sie, wie die Gera von rechts kommend die Apfelstädt in sich aufnimmt.

Perspektivenwechsel: Eine Paddeltour auf der Gera bietet ganz neue Aussichten auf Stadt und Fluss.

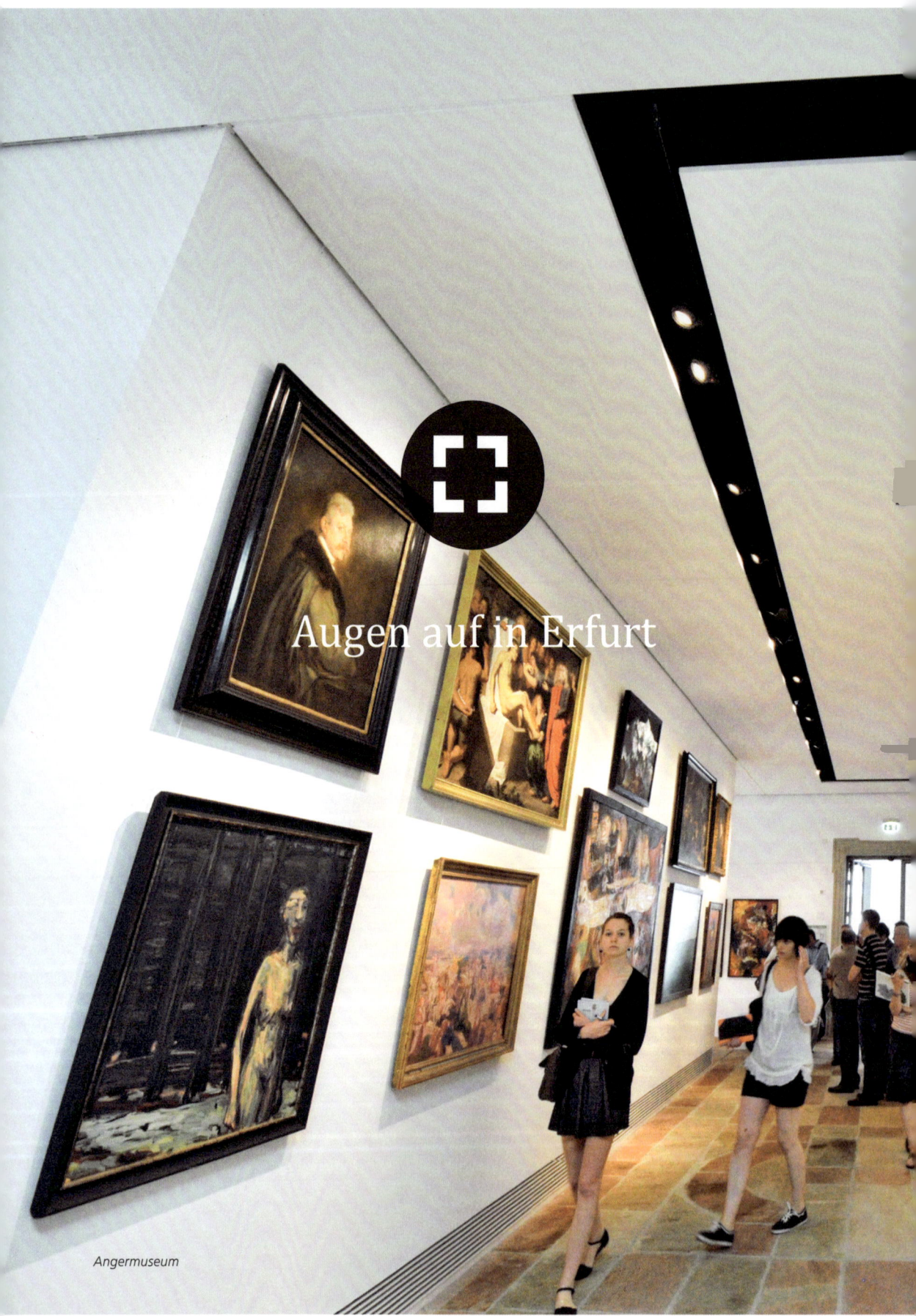

Augen auf in Erfurt

Angermuseum

Erfurter Museumslandschaft

Puppenstubenmuseum
Fischersand 9

Puppenstuben, Puppenküchen, Bauernhöfe und Kaufläden aus der Zeit von 1890 bis 1980 und viele sehenswerte Einzelstücke sind im privaten Puppenstubenmuseum zu bestaunen.

○ JA ○ NEIN www.erfurter-puppenstubenmuseum.de

Born-Senf-Museum
Wenigemarkt 11

Wo kommt der Senf für die Thüringer Bratwurst her? Wie die Gebrüder Born die Produktion von Senf ins Rollen brachten, zeigt eine kleine Ausstellung im Born-Senf-Laden. Hier kann man auch verkosten!

○ JA ○ NEIN born-feinkost.de

Naturkundemuseum
Große Arche 14

Das mehrfach preisgekrönte Museum mit einer riesigen Eiche im Inneren gewährt eine Nahsicht auf Fauna und Flora in Erfurt und Thüringen. Im Keller können Sie auf Noahs Arche mitfahren!

○ JA ○ NEIN www.naturkundemuseum-erfurt.de

Druckereimuseum
Brühler Straße 37

Technisch voll funktionstüchtige Druckereimaschinen von 1860 bis 1930 gewähren einen Blick in die Schwarze Kunst des Druckens. Es gibt auch Veranstaltungen, wo man selber drucken kann!

○ JA ○ NEIN www.stadtmuseum-erfurt.de

Museum Thüringer Volkskunde
Juri-Gagarin-Ring 140a

Was haben unsere Vorfahren ohne Internet und TV den ganzen Tag getrieben? Auch diese Fragen beantwortet das Volkskundemuseum. Bäuerliche Gerätschaften, Trachten und Alltagsgegenstände von früher.

○ JA ○ NEIN www.volkskundemuseum-erfurt.de

Luftschutzkeller im Wigbertihof
Meister-Eckehart-Straße 2

Der 1938 zum Luftschutzkeller umgebaute spätmittelalterliche Hauskeller ist einer der wenigen in Thüringen erhaltenen Schutzräume mit originaler Raumaufteilung und Ausrüstungsteilen.

○ JA ○ NEIN www.stadtmuseum-erfurt.de

Schloss Molsdorf
Molsdorf

Barockes Schlösschen und ein herrlicher Park. Im Museum ist auch die originale Wohnungseinrichtung des Reichsgrafen von Gottern zu sehen, der sich hier sein ›Thüringisches Versailles‹ errichten ließ.

○ JA ○ NEIN www.kunstmuseen.erfurt.de

Erholsam und friedlich ist die Stimmung im prächtigen barocken Schlosspark des Schlosses Molsdorf.

II
Pausieren in Erfurt

Erfurt

Im Hirschgarten sollte einst eine kleineren Ausgabe des ›Palasts der Republik‹ gebaut werden. Bloß gut, dass daraus nichts geworden ist, sonst gäbe es heute hier nicht diesen herrlichen Park.

PLATZ-HIRSCH

Hirschgarten
Von seiner Nachbarschaft, die ›…all sein Thun und Wesen observirte…‹ war der Mainzer Statthalter in der ersten Hälfte des 18. Jh. so genervt, dass er das seinem Palais (heute Sitz des Thüringer Ministerpräsidenten) gegenüberliegende Areal zu einem Park umgestalten und mit Rotwild besetzen ließ. Seither der Name Hirschgarten. Nach vielem Hin und Her wurde der Park in seiner jetzigen Form 2009 eröffnet und ist eine wahre Lichtung im Dschungel der Stadt. Hier gibt es für die Kleinsten Spielgeräte und für die Eltern Cafés am Rande des Parks. Tabaluga, die beliebte KIKA-Figur steht als ›Wächter‹ am Eingang des Grüns an einem der Wachhäuser, die zum Ensemble des Statthalterpalais gehörten. Ein großer Springbrunnen schafft ein angenehmes Mikroklima und für die Geschichtsinteressierten sind auf hochglanzpolierten Stelen die Namen der Häuser aufgeführt, die für diesen freien Platz Platz machen mussten. Der Hirschgarten ist eine wirkliche Oase am westlichen Rand des Angers.
Zwischen Regierungs- und Neuwerkstraße

ENTRÜCKT

Dämmchen
Nördlich der Krämerbrücke, umspült von den beiden Flussläufen des Breitstroms (Gera) ist einer der kleinsten Parks Erfurts, genannt Dämmchen. Hier kann man unter alten Bäumen auf Bänken sitzen, den müden Füßen eine Pause gönnen und nebenbei die Erfurter Enten füttern. Der Blick schweift zu den Armenbursen, jenen Studentenunterkünften der Alten Erfurter Universität, deren Bewohner keine Gebühren zahlen mussten, und zum einstigen Universitätshospital (heute Gasthaus Augustiner). Weiter in nördlicher Richtung ist nach wenigen Metern die Schildchengasse nahe des Augustinerklosters erreicht – einer der schönsten Flecken in Erfurt.

NICHT NUR EINE TERRASSE, SONDERN EIN GANZER GARTEN!

Brühler Garten
1940 zu einem Park umgestaltet war die ehemalige Begräbnisstätte Erfurts Kurgarten und später Lustgarten des Mainzer Statthalters Boyneburg. Einige Grabmale sind noch heute im Park zu finden, wie etwa das von dem bekannten Schinkel-Schüler Friedrich August Stüler gestaltete klassizistische Grabmal für den preußischen Generalstabschef Freiherr Friedrich Karl Ferdinand von Müffling, der sich unter anderem auf dem Gebiet der Kartografie Verdienste erwarb. Ein Konzertpavillon ist Garant für gute Unterhaltung während der warmen Jahreszeit: Es finden regelmäßig Veranstaltungen statt.
Nähe Theater Erfurt/Dorint Hotel am Dom

DOLCE VITA IN ERFURT

Venedig
Das Gebiet östlich der Moritzstraße, beginnend an der Weidengasse bis hin zur Moritzwallstraße wird als ›Venedig‹ bezeichnet. Hier ist eine herrliche Parklandschaft entstanden, die zwischen zwei Läufen der Gera zu Spaziergängen einlädt – Enten füttern inklusive. Übrigens ist der Name Venedig kein Hinweis auf die italienische Lagunenstadt, sondern entstammt dem althochdeutschen Wort fenn (›Sumpf‹ oder ›moorige Niederung‹) und dem mittelniederdeutschen dige, das für ›aufquellen‹ steht.
Innenstadt

Warum Frankfurt am Main?

Wolkenreflektion in einem Hochhaus in der Frankfurter Innenstadt

Mehr als nur Business

Internationalität, Infrastruktur, Innovation – dafür ist die Stadt am Main berühmt. Frankfurt ist eine Handels- und Bankenmetropole. Doch ist sie auch eine Reise wert, kann sie auch atmosphärisch sein, Stimmung zeigen? Absolut! Und nicht nur wegen ihrer ›neuen‹ Altstadt.

Entspannter Blick auf das Bankenviertel

Die Frankfurter Skyline

Das ist Frankfurt

Worauf man in Frankfurt besonders stolz ist? Auf die drei ›I‹: Internationalität, Infrastruktur, Innovation. Frankfurt ist da Klassenprimus: An keiner anderen Universität studieren so viele ausländische Studenten, in keiner anderen Stadt leben so viele Menschen mit ausländischen Wurzeln. Keine andere Stadt ist so leicht erreichbar: Flughafen, Bahnhof – die Tore zur Welt stehen weit offen. In keiner anderen Stadt haben Banken, Handel und Messe eine so lange Tradition. In Sachen Globalisierung liegt Frankfurt also ganz vorn und ist für die Zukunft bestens gerüstet. Nur eines wird Frankfurt immer abgesprochen: Atmosphäre. Ganz klar zu Unrecht.

Hinter der silbern schimmernden Außenhaut, die ja auch ziemlich schön ist, versteckt sich ein Flickenteppich aus Dörfchen, Stadtteilen, Szenevierteln und jeder Menge Grün. Auf Stadtteilfesten wird schon mal der Ochsenkarren durchs Dorf gezogen, gleichzeitig sind die Kulturmeilen und -tempel die kreativsten und avantgardistischsten in ganz Deutschland. Und nun ist wie ein Ufo die neue Altstadt mitsamt nostalgischer Heimeligkeit mitten in der City gelandet.

In den ›normalen‹ Straßen sieht man garantiert mehr Kaftane und Kopftücher als Pelze. 180 verschiedene Nationalitäten leben hier, und jede findet in Frankfurt ein Stück Heimat wieder: in türkischen Domino-Cafés, indischen Lebensmittelgeschäften, spanischen Kitas und japanischen Schulen, orthodoxen Kirchen, polnischen Metzgereien, im Kosmetikshop für Dunkelhäutige oder im English Theatre. In ihren Restaurants kochen Einwanderer ihre eigenen Rezepte. Man muss nur die richtigen Speisekarten verlangen, dann bekommt man auch kein Chop Suey.

Eine Metropole – und das ist Frankfurt ohne Frage – ist nie aus einem Guss. Das zu leugnen und die Kontraste aufzulösen, wäre verschenkt: der Glitzerturm der EZB etwa und ein paar Schritte weiter der windige Flohmarkt auf der Lindleystraße im Ostend, der von Händlern aus Russland, der Ukraine und Bulgarien beschickt wird, oder Stadtteile wie das Gallus mit über 80 % Ausländeranteil in den Schulen und die sauber gefegte Puppenstubenästhetik in der Ostzeil oder die innovativen Gartenstädte vom Beginn des 20. Jh., entworfen von den Avantgarde-Größen der Architektur, und Ebbelwoi-Seligkeit.

Frankfurt am Main

Nirgendwo ist es erholsamer als am Mainufer. Das wissen auch die Jogger und Radfahrer, denen man hier zahlreich begegnet.

Entschleunigung empfohlen: Treffen am Fluss mit Blick auf die früheste Frankfurter Skyline mit Dom, Rententurm und Nikolaikirche

Aufbruchbereit

Die Gegend um Dom und Fahrgasse zeigt am besten den Aufbruchsgeist Frankfurts nach dem Zweiten Weltkrieg. Die schönste und größte Fachwerk-Innenstadt Deutschlands lag damals in Schutt und Asche, doch keiner wollte ihr so richtig auf die Beine helfen. In den 1960er-Jahren liebte man Fassaden aus gebogenem schwarzem Glas, Fassadenschmuck aus schillernden Mosaiksteinchen als ultimativen Luxus. Alles sollte leicht und transparent sein.

Das Neue, Überraschende war Leitmotiv für Frankfurt seit jeher: Wer wusste im Jahr 1442 schon, wo Nischni Nowgorod liegt? In Frankfurt wusste man das. Seit 1240, als Kaiser Friedrich II. Frankfurt das Recht zugesprochen hatte, Markt und Messen auszutragen, war das so. Von Antwerpen und Amsterdam bis nach Rom und Sankt Petersburg und Nischni Nowgorod reisten die Händler. Jährlich wurden Messen ausgerichtet, auf denen Leder, Seide, Stoffe, Juwelen, Gold, Silber, Münzen und Tuche gehandelt wurden. Ab 1485 kamen dann auch Bücher als Handelsgüter hinzu. Wegen der zahlreichen unterschiedlichen Währungen, die in Frankfurt zur Messezeit kursierten, wurde 1585 die Börse gegründet.

Aufbruch heute: In welche Richtung wird sich Frankfurt entwickeln? Werden noch mehr Wohn- und Bankentürme die Silhouette bestimmen? Nun, die Silhouette vielleicht, aber niemals das aufgeschlossene multikulturelle Herz.

Die Bürger und die Kultur

Alle wollen sie das Städel besuchen, ein Konzert in der Alten Oper hören. Doch wer weiß schon, dass sich diese Kulturtempel Stiftungen, also bürgerlichem Engagement, verdanken? Das finanzielle Bemühen Frankfurter Bürger um das kulturelle Leben ihrer Stadt hat eine lange Tradition, besonders auch eine jüdische. In der Zeit von Amschel Mayer Rothschild (1744–1812) gab es 400 jüdische Stiftungen, davon gingen 37 auf seine Familie zurück. Doch begonnen hatte alles mit Wicker Frosch 1246, dessen Konterfei in der von ihm gestifteten Katharinenkirche zu bewundern ist. Später schenkte der in Frankfurt geborene Hofkaplan des Kaisers Karl V. und reiche Erbe der Stadt zusätzlich noch das Hospital zum Heiligen Geist, das es immer noch gibt.

Flanieren durch Frankfurt

1. TOUR
2. TOUR
3. TOUR

Eine Familie von Nilgänsen tummelt sich am Flussufer vor der Skyline der Stadt.

1. TOUR

**Aus alt mach neu mach alt –
Die Altstadt**

Es gab Tage, an denen die neue Altstadt annähernd 9000 Besucher zählte. Richtig alt sind nur einige der Gebäude, doch ein wunderbar historisches Flair verbreiten sie alle.

2. TOUR

**Es glitzert so schön –
Die Skyline**

Die Stadtsilhouette Frankfurts ist im steten Wandel. Vor allem Banken strebten bisher repräsentativ in den Himmel. Seit einigen Jahren wird es aber immer schicker, auch den eigenen Wohnzimmerblick aus schwindelerregender Höhe zu genießen.

3. TOUR

**Großbürgers Glückseligkeit –
Das Westend**

Jenseits der Bürohochhäuser tut sich eine gutbürgerliche und sehr facettenreiche Welt auf – von herrlichen Gründerzeitfassaden über viel Grün wie dem Gute-Laune-Palmengarten bis hin zu Dinosauriern im Senckenberg Naturmuseum.

Die Altstadt
Aus alt mach neu mach alt

Sie ist der unschlagbare Tourismus-Star Frankfurts: die neue Altstadt zwischen Dom und Römer. Für die stetig wachsende Zahl an Gästen zeichnet hauptsächlich sie verantwortlich. Altstadtführungen gibts in 22 Sprachen. Angesichts einer Stadt, die sich so rigoros der Moderne und der Wolkenkratzerarchitektur verschrieben hat, überrascht es schon, plötzlich mit so etwas Kleingestricktem wie der komplett neu gebauten Altstadt in Frankfurts Mitte konfrontiert zu sein.

Unter Maßgabe strengster Nachhaltigkeit entstand ein buntes Sammelsurium von Fachwerk, wie es zu den verschiedenen Zeiten modern war, Gotik, Renaissance und Klassizismus. Gebaut wurden die Häuser als Neuschöpfungen, als Interpretation eines Stils, nicht als Kopie. Nur die Gassen sind historisch korrekt gebogen. Lediglich die von der Stadt erworbenen Flächen wurden mit originalgetreu wiederhergestellten Häusern bebaut, so auch das Prunkstück ›Goldene Waage‹ gegenüber des Doms. Ein Laubengang zur Schirn hin überbrückt die unterschiedlichen Niveaus und bringt etwas Lichtes und Helles in den Stadtentwurf. Die Architektur gibt dieser Stadt also ein Stück Epoche zurück. Ärgerlich nur, dass offenbar viele der Häuser in die Hände von Airbnb-Anbietern oder Spekulanten gefallen sind; von normalem Leben, wie beabsichtigt, kaum eine Spur.

Der Zweite Weltkrieg hat Frankfurt nicht solche Schäden zugefügt wie die anschließenden Neubauprojekte. Den politischen Neubeginn damals sollte ein architektonischer repräsentieren, und da waren ganz neue Ausdrucksformen gefragt.

Anziehend und ganz im alten Stil: Die rekonstruierten Häuser am Hühnermarkt mit dem 2017 hierher zurückgekehrten Stoltze-Brunnen

Echt alt

Ein beredtes Beispiel spätgotischer Bürgerhäuser ist das Steinerne Haus von 1464 mit Wehrgang und Erkern. Im Mittelalter war es der einzige Bau aus Stein auf dem Römerberg. Hier ist der Kunstverein untergeschlüpft, eine Adresse für ungewöhnliche Ausstellungen zeitgenössischer Kunst. Und ein tolles Café im Erdgeschossgewölbe, das das Zeug zum Lieblingsplatz hat. Auf der Rückseite in der Braubachstraße finden sich einige alteingesessene Antiquitätengeschäfte.

Vom Steinernen Haus zieht die Gasse Nürnberger Hof hinein in die neue Altstadt und weitet sich zum Sträßlein Hinter dem Lämmchen. Parallel dazu ist in Richtung Main die Gasse Markt angeordnet, und das wars dann auch schon mit den Achsen. Im Lämmchen 2–4 residiert das tolle Struwwelpeter-Museum, das seinem Schöpfer, dem Arzt und Psychiater Heinrich Hoffmann und seiner erfundenen Kinderwelt gilt. Filmische Adaptionen des Stoffes und das Theaterzimmer mit Puppentheateraufführungen sind die Highlights.

Wunderschön die Nummer 6, das Goldene Lämmchen ein prächtiges zweistöckiges cremefarbenes Patrizierhaus mit Laubengängen und Veranden aus dunklem Holz und einem Stilpotpourri aus Gotik und Renaissance mit Diamantquadern und blaugrauem, geschweiftem Schieferdach. Sogar Barockelemente sind auszumachen – und vier Originalskulpturen im Durchgang zur Braubachstraße.

> »IN EINER STADT WIE FRANKFURT BEFINDET MAN SICH IN EINER WUNDERLICHEN LAGE; IMMER SICH KREUZENDE FREMDE DEUTEN NACH ALLEN WELTGEGENDEN HIN UND ERWECKEN REISELUST«
>
> Johann Wolfgang von Goethe

Man landet im von Restaurants umgebenen Hühnermarkt, auf dem mit einer Büste Friedrich Stoltze, Frankfurts politischster Dichter, geehrt wird. Gegenüber im Markt 7 liegt das ihm gewidmete und lohnende Museum. Am Haus Markt 17 fällt sofort auf: Es hat kein Erdgeschoss. Nur drei mächtige Eichensäulen, die eine Schieferpergola tragen. Wer in die Höhe blickt, kann vielleicht am ochsenblutfarbenen Maueranstrich die ursprüngliche Bestimmung des Hauses erraten: Es war eine Metzgerei, hier wurde das Frankfurter Würstchen erfunden.

Das schönste Stück der Altstadt ist die prachtvolle Goldene Waage Aug in Aug mit dem Kaiserdom: Säulengänge, üppiges Fachwerk, ein Belvederchen, hölzerne Verzierungen und ein Renaissancedach. Da sie 1605 vom Zuckerbäcker und Gewürzhändler Abraham von Hamel gekauft wurde, ist darin heute passend im Erdgeschoss ein wunderschönes Kaffeehaus untergebracht.

Der ›Struwwelpeter‹ war eigentlich ein Weihnachtsgeschenk des Arztes, Neurologen und Psychiaters Heinrich Hoffmann für seinen Sohn Carl im Jahr 1844. Der Erfolg kam völlig unerwartet: Der doch recht grausame Struwwelpeter wurde in 45 Sprachen übersetzt.

Die Schirn Kunsthalle mit ihrem Rotunden- Eingang und dem lang gestreckten Baukörper bricht das kleinteilige Bauumfeld fast brachial auf. Die Kunsthalle macht seit ihrer Eröffnung 1986 mit spannenden Konzeptausstellungen auf sich aufmerksam.

Königsgrab

Der Kaiserdom ist eigentlich gar keiner, denn er diente nie als Bischofskirche. Dennoch ist er der bedeutendste Sakralbau Frankfurts, denn von 1356 an war er Ort von Königswahlen und Kaiserkrönungen. Seine spätgotische Silhouette mit dem 95 m hoch aufragenden, begehbaren Turm macht die Frankfurter Stadtansicht unverwechselbar, denn neben den vielen Wolkenkratzern setzt er den unvergleichlichen Akzent.

Im Altarraum der Hallenkirche, die sich über einer merowingischen Gotteshaus aus dem 7. Jh. erhebt, stehen sich ein Relief mit der Darstellung von Günther von Schwarzburg (1349), der als einziger König im Dom begraben wurde, und eine Statue von Karl dem Großen gegenüber. Die Fresken zeigen Leben und Martyrium des Namenspatrons des Doms, dem in Indien und Armenien missionierenden Bartholomäus.

Marias Schlafaltar aus dem 16. Jh. befindet sich links vom Altarraum in einer eigenen Kapelle, deren Kreuzgratgewölbe im Schlussstein die Rose zeigt. Die weiteren Kapellen links und rechts des Altars fallen durch ihre unregelmäßigen Proportionen auf – es sind aus Fragmenten zusammengestellte Werke, Altarbilder und Statuen aus alten Kirchen. Im DomMuseum gibt es kostbare Sakralkunst zu sehen.

Ein sinnliches Vergnügen

Seit seiner Eröffnung schreibt das Museum für Moderne Kunst (MMK) Erfolgsgeschichte. Das ›Tortenstück‹ an der Domstraße, wie es wegen seiner postmodernen Dreiecksform getauft wurde, überrascht durch eine ungewöhnliche Melange aus Konzeptkunst, Fotoarbeiten, Video- und Rauminstallationen sowie durch deren originelle Präsentation. Architekt war Hans Hollein.

Das strenge Tortenstück ist innen eine richtige Ritterburg mit Durchgucken, Türmen, Fenstern, rund geschwungene Treppen, die gestaltet werden können, beweglichen Wänden. Ein kleines Labyrinth, vollkommen sinnlich. Das MMK zählt zu den bedeutendsten Museen für Gegenwartskunst. Zur Eröffnung steuerten Bill Viola, Lothar Baumgarten, Claes Oldenburg, Mario Merz und James Turrell Kunstwerke bei.

Frankfurts erstes Hochhaus: der prunkvolle Kaiserdom

Die Skyline
Es glitzert so schön

Das Einzige, das Bestand hat, ist die Veränderung. Das gilt immer und für Frankfurt ganz besonders. Zum Beispiel die berühmte Skyline, die jeden Frankfurter mit Stolz erfüllt, wenn er sie im Morgenlicht schimmern, im Abendlicht silbern glitzern sieht. Und dann fängt er an zu zählen: Ist da nicht schon wieder ein Turm dazugekommen?

Kann gut sein. Denn zu den Geschäftstürmen gesellen sich jüngst auch horrend teure Wohntürme hinzu, die wie Pilze aus dem Boden schießen. Das berühmteste Hochhaus ist zurzeit der zum Luxuswohnen umgebaute Henninger Turm, und obwohl dort im Sekundentakt die A380 drüberdonnern, kostet die Penthousewohnung schlappe 4 Mio. Euro.

Da erinnern wir uns gerne: Bei aller Glitzerschönheit – die Türme wurden nicht kampflos aus dem Boden gestampft. In den 1970er-Jahren wurde ein Hochhausbebauungsplan entwickelt, der sich auf fünf Achsen ausdehnen sollte: Reuterweg, Bockenheimer und Mainzer Landstraße, Gutleut- und Kaiserstraße. Besonders der Standort Westend mit seinen Patriziervillen rief Proteste hervor, denn der Plan beabsichtigte die Vernichtung zwar maroder, aber gediegener Bausubstanz. Im Westend waren überdies mindestens ein Fünftel der Villenbesitzer jüdische Familien gewesen. Diese Orte sollten nicht Grundstücksspekulanten in die Hände fallen. Der Häuserkampf begann – und hatte Erfolg: Der Westend-Plan wurde aufgegeben, und der Bebauungsplan wurde in wesentlich kleinerem Maßstab verabschiedet.

Schauen und Staunen

Den atemberaubendsten Überblick bietet die Aussichtsplattform des **Main Tower** (Neue Mainzer Str. 52–58), in dem die Hessische Landesbank und im obersten Stockwerk ein Restaurant untergebracht sind. Das komplett spiegelverglaste Gebäude, bestehend aus einem hohen Rundturm (200 m) und einem niedrigeren rechteckigen Turm (170 m), ist eines der höchsten und charakteristischsten der Skyline.

Vom Main Tower aus lässt sich gut nachvollziehen, in welchen Schüben die Neu-Modellierung Frankfurts vonstatten ging. Wurde in den 1970er-Jahren vor allem dunkler Stein verbaut, verdrängten ihn ein Jahrzehnt später Spiegelglas und ornamentale Akzente. In den 1990er-Jahren liebte man Stahl und transparentes, getöntes Glas sowie hellen Naturstein.

Wellen und Pyramiden

Blickt man vom Main Tower gen Norden, sieht man den **Opernturm** **1** (170 m, Ecke Bockenheimer Landstraße / Reuterweg), einen klassizistisch-puristischen Entwurf von Christoph Mäckler. Dahinter erkennt man die nicht sehr hohe **Welle** **2** (An der Welle), die auch genauso

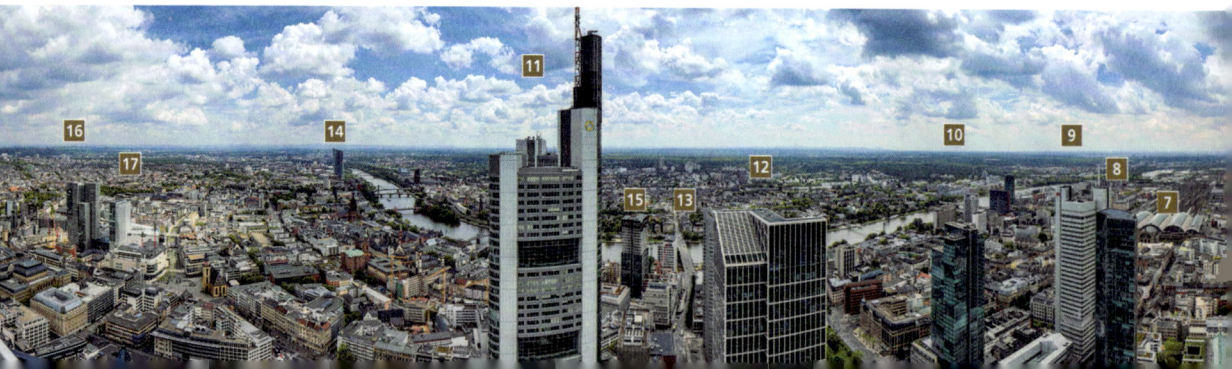

aussieht. Direkt nördlich neben dem Main Tower erhebt sich das zeitgleich mit ihm gebaute **Eurotheum** (110 m, Neue Mainzer Str. 66–68, auf dem Foto verdeckt).

Ein Stück weiter schimmern die Doppeltürme der **Deutschen Bank** 3 (›Soll und Haben‹, 158 m, Taunusanlage 12), die komplett renoviert wurden – unter Beibehaltung ihrer mehrfach gefalteten Spiegelglasfassaden. Um den Energie- und Wasserverbrauch sowie die CO_2-Emmissionen zu senken, wurden die Türme mit modernsten Ökotüfteleien ausgestattet; sie gelten als Deutschlands innovativstes Hochhaus.

In weiter Ferne glitzert die Pyramidenspitze des **Messeturms** 4 (257 m, Architekt: Helmut Jahn, Friedrich-Ebert-Anlage) ganz aus burgunderfarbenem Granit und Glas. Er beschenkt Frankfurt mit einer Art-déco-Schönheit, die auch in Manhattan auffallen würde. Zusammen mit der Neugestaltung der Festhalle gehört er zu den attraktivsten Ensembles der Stadt, vervollkommnet durch die sich bewegende Skulptur ›Hammering Man‹ von Jonathan Borofsky. Davor steht einer der weiteren, stilistisch schönen Hochhausbauten im Westen, das verspiegelte Bankgebäude **Trianon** 5 (186 m, Architekt: Albert Speer, Mainzer Landstr. 16–24).

Aus dem Westend sticht der natursteinverkleidete Turm der **DZ Bank** 6 (Westend Tower, 208 m, Westendstr. 1) mit seiner imposanten ›Krone‹ hervor, einer witzigen Anleihe beim Strahlenkranz der New Yorker Freiheitsstatue. Im Hintergrund leuchtet das Kuppeldach des Frankfurter **Hauptbahnhofs** 7, davor stehen Seite an Seite der verglaste **Skyper** 8 (153 m, Taunusanlage 2) mit sanft nach innen gewölbter Ostflanke und der **Silvertower** 9 (166 m, Jürgen-Ponto-Platz 1) der Deutschen Bahn, links daneben der **Gallileo Art Tower** 10 (136 m, Gallusanlage 7).

Fast vis-à-vis sieht man das mit knapp 300 m höchste Gebäude der Stadt, die **Commerzbank** 11 (Große Gallusstr. 17), 1994–97 entstanden nach Entwürfen des Büros Norman Foster. Damals setzte es als erstes Energiesparhochhaus einen revolutionären Akzent.

Der 2014 fertiggestellte, 135 m hohe **Taunusturm** 12 (Taunustor 1–3) hat nebendran einen kleinen Bruder, einen 63 m hohen Wohnturm, und bietet dem MMK weitere 1500 m² schöne Ausstellungsfläche.

Nunmehr verdeckt steht der **Eurotower** 13 der Europäischen Zentralbank (Architekt: Richard Heil) seit 1977 am Willy-Brandt-Platz 2. Das Personal arbeitet mittlerweile überwiegend im EZB-Tower im Ostend 14.

Ein wenig dahinter schimmert Frankfurts **Main-Tor** – am besten zu sehen der **WINX Tower** 15, 110 m) – auf dem ehemaligen Degussa-Gelände, das jetzt Riverside Financial District heißt. Im Hintergrund links sieht man den sanft geknickten Glasturm des **Hotels Jumeirah** 16 (99 m, 2010, Architekt: Jürgen Engel, Thurn-und-Taxis-Platz 2). Nicht gerade hoch und auch kein Turm, aber ziemlich surreal aus dieser Perspektive: die **Ladengalerie MyZeil** 17 mit ihrer Glasfassade, die eine überdimensionale Trichterform ziert (Architekt: Massimiliano Fukas).

Essen mit Blick auf die Skyline geht auch ohne teuer: im Restaurant Leonhard's im 7. Stock der Galeria Kaufhof an der Hauptwache.

Der Europaturm ist auf dem Panorama direkt links hinter dem Opernturm vor den Hügeln des Taunus zu sehen.

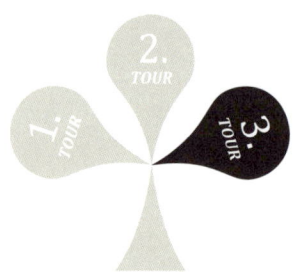

Das Westend
Großbürgers Glückseligkeit

Selten kam Wohlstand so schön und gediegen daher wie hier. Von Mitte des 19. Jhs. an ließen sich die begüterten Familien Frankfurts im Westend ihre Villen bauen, die Gärten lagen im Schutz der Bäume in den ruhigen Straßen. Heute machen Parks, hübsche und teure Geschäfte und ein Starmuseum das Westend zu einem unterhaltsamen Stadterlebnis.

Leider verbergen sich hinter den Fassaden des Westends nicht mehr zwingend nur Wohnungen, sondern auch Büros, überbieten sich die Preise in den Restaurants, säumen revitalisierte Wolkenkratzer und Bürotürme die Bockenheimer Landstraße. Und doch ist das Spazierengehen zwischen den klassizistischen Villen, beschattet von unzähligen Baumkronen, fabelhaft. Viele Boutiquen, Traditionscafés und -fachgeschäfte – und die einzige der vier Synagogen Frankfurts, die die Zerstörungen des Zweiten Weltkrieges überstanden hat.

Das nördliche Westend hat viele grüne Oasen, und eine der traditionsreichsten ist der 1767 angelegte Botanische Garten, der sich dem Grüneburgpark anschließt. Er beruht auf einer Stiftung von Medizinalpflanzen des Arztes Johann Christian Senckenberg. So viele fremdartige Pflanzen an einem Ort versammelt zu sehen, war damals eine Sensation.

Krasser Kontrast: Deutsche Bank kontra Gründerzeit-Pracht

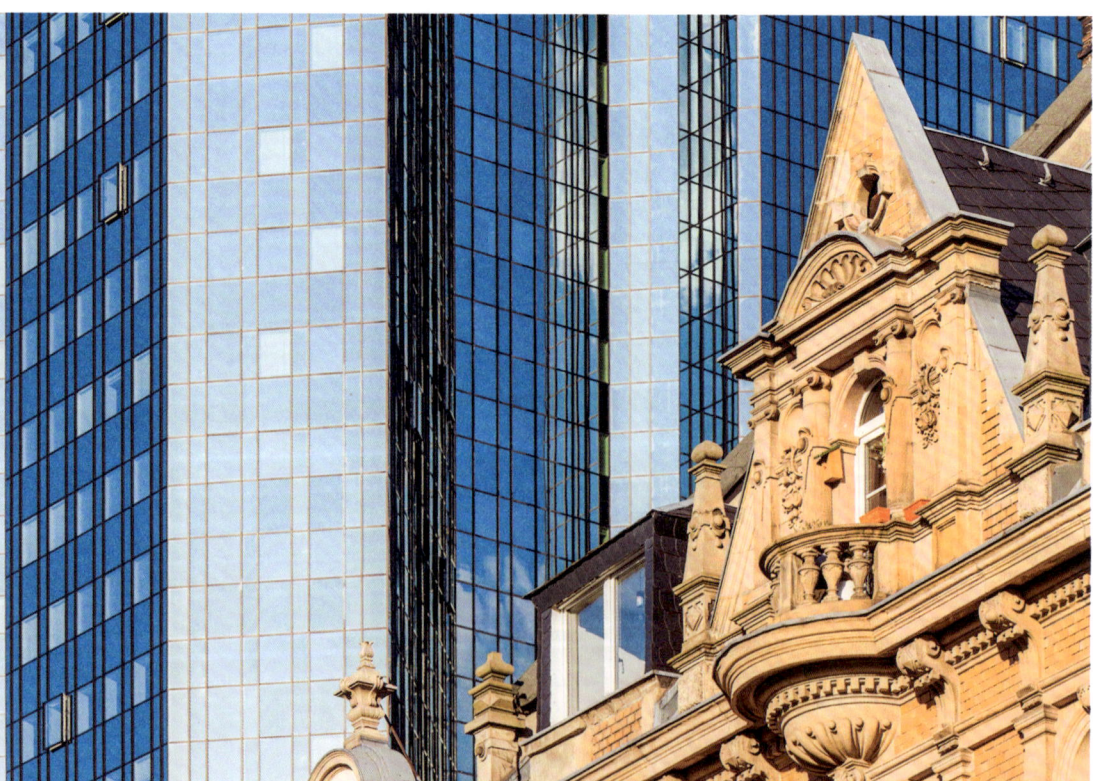

Belle Époque charmant

Prunkstück unter den Westend-Grünanlagen ist der 22 ha große Palmengarten. Das Pfund, mit dem der Garten bis zum heutigen Tag wuchert, sind neben den kostbaren Pflanzen das Palmenhaus, das vom Charme der Belle Époque lebt, die schönen Gärten und Liegewiesen sowie der See, auf dem man rudern kann.

Ins Innere des Palmengartens führen Wege, die mit klassizistischen Statuen geschmückt sind. Am Rosengarten und am Oktogonbrunnen geht es in den westlichsten Teil der Anlage zu den sieben sternförmig angelegten Glaspavillons des Tropicariums. Nördlich davon sieht man im Subantarktis-Haus Pflanzen und Bäume aus Feuerland und Neuseeland: Lediglich in Tasmanien gibt's ein ähnliches Pflanzenhaus. Etwas weiter östlich haben die Gärtner die Vegetationsformen unterschiedlicher tropischer Landschaften wie Nebelwälder und Savanne zusammengestellt. Reis- und Kaffeepflanzen, Chinarinde und die größte Orchidee der Welt sind hier zu bestaunen – sie stammt aus Sumatra und musste in zwei Teilen nach Frankfurt gebracht werden. Der Kakteengarten stellt Dornengewächse aus aller Welt aus. Wohin man auch blickt: Der anmutige Palmengarten ist ein Gute-Laune-Garant – keiner läuft hier mit verkniffenem Gesicht herum.

Der Prunkbau der Alten Oper und der gediegene Opernplatz markieren den Übergang der Innenstadt zum Westend.

Das Gesellschaftshaus war einst das rangoberste Ballhaus Frankfurts. Generationen von Tanzschulabsolventen haben hier unter den Kronleuchtern ihre Walzer gedreht. Das generalüberholte Haus erstrahlt heute wieder im Glanz des 19. Jhs. mit dunkelroten Marmorsäulen auf goldfarbigen Sockeln, zarten Wandfresken, einer schönen Empore und sagenhaften Kronleuchtern. Die Fassade freilich ist lupenreines Bauhaus: Martin Elsässer schuf sie 1928. In einen Flügel ist das sterngekrönte Gourmetrestaurant Lafleur eingezogen.

Berühmtes Naturalienkabinett

Schon fast in Bockenheim begegnen wir dem Arzt, Botaniker und Wissenschaftler Johann Christian Senckenberg wieder. Dieser gründete 1767 eine Stiftung mit dem Ziel, eine ›bessere Gesundheits-Pflege hiesiger Einwohner, und Versorgung der armen Kranken‹ zu gewährleisten. Ein entsprechendes Gelände erwarb er in der Nähe des Eschenheimer Tores und der Stadtmauer (heute: Stiftstraße), und dem Wohn- und Stiftshaus, den Vorlesungsräumen, der Bibliothek entstand darauf auch ein Naturalienkabinett. Bei der Besichtigung des Baugeländes stürzte Johann Christian Senckenberg zu Tode – und war dann tragischerweise der erste Fall, der im *teatrum anatomicum*, seinem Anatomiesaal, untersucht wurde. Sein Werk ist heute eines der angesehensten Krankenhäuser der Stadt, das Bürgerhospital.

Das Naturalienkabinett begründete den Bestand des Senckenberg Naturmuseums. Im Lichthof stehen sensationelle Kopien von Saurierskeletten des Erdmittelalters: Tyrannosaurus Rex und Flugechse. Ausgestellt sind auch Fossilien der Grube Messel (berühmt: das Urpferdchen), die 47 Mio. Jahre alt sind und zum UNESCO-Weltkultur-erbe erklärt wurden. Das Ganze ist didaktisch sehr gut aufbereitet, mit interaktiven Computer-Schaubildern und zahlreichen plastischen Installationen, wie z. B. einem gläsernen Boden über einer simulierten Dinosaurierspur.

HÄUSER-KAMPF

Es gibt Frankfurter, die assoziieren das Westend in erster Linie mit Häuserkampf. Gut, das ist schon eine Weile her, aber trotzdem: Hier entstand im Umkreis der 68er-Bewegung die erste Bürgerinitiative bundesweit, die sich gegen Zweckentfremdung von Wohnraum, Immobilienspekulation und Gentrifizierung zur Wehr setzte. Das Thema ist aktueller denn je, aber wer geht heute noch dafür auf die Straße? Der Hintergrund war die von der Stadt beabsichtigte Ausdehnung der Geschäfts-City auf das angrenzende Westend. Die maroden Großbürgervillen sollten abgerissen und Bürohochhäuser darauf errichtet werden. Daraufhin wurden die Villen besetzt – von linken Studenten und Lehrlingskollektiven. Die Konflikte verschärften sich, die Protestbewegung mündete in teils gewalttätige Demonstrationen, den Häuserkampf. Deren prominenteste Vertreter: Dany Cohn-Bendit und Joschka Fischer, aber auch Tigerpalast-Chef Johnny Klinke.

Augen auf in Frankfurt

Detail einer historischen Münzschale im Geldmuseum in Frankfurt am Main

Frankfurter Museumslandschaft

Städel Museum
Schaumainkai 63

Die Meister der Meister aus 700 Jahren. Ob Dürer, Botticelli, Rembrandt, Monet, Picasso oder Klee, alle sind sie da. Sogar aktuelle Künstler – die allerdings werden im unterirdischen Erweiterungsbau gezeigt.

○ JA ○ NEIN www.staedelmuseum.de

Zeppelinmuseum Zeppelinheim
Kapitän-Lehmann-Straße 2

Was hatte diese fliegende Riesenzigarre mal für ein Renommee! Von dieser Faszination spricht die Ausstellung in der Siedlung, die in den 1930er-Jahren für die Zeppelin-Leute gebaut wurde.

○ JA ○ NEIN www.zeppelin-museum-zeppelinheim.de

Archäologisches Museum Frankfurt
Karmelitergasse 1

In intimem Rahmen zeigt das Museum Exponate zur römischen Vergangenheit der Stadt, z. B. Fundstücke aus Nida, zur jüdischen Geschichte sowie der klassischen Antike.

○ JA ○ NEIN www.archaeologisches-museum.frankfurt.de

Bibelhaus Erlebnismuseum
Metzlerstraße 19

In dem kleinen Museum wird die biblische Welt durch Alltags- und Ritualgegenstände zum Leben erweckt, etwa durch die Simulation einer Pilgerreise oder ein nachgebautes Fischerboot vom See Genezareth.

○ JA ○ NEIN www.bibelhaus-frankfurt.de

Eintracht Frankfurt Museum
Mörfelder Landstraße 362

Warum ein Adler als Maskottchen? Packende Sportreportagen und Staunenswertes über die Eintracht, die als Verein der Adlerwerke begann und viele jüdische Mitglieder hatte.

○ JA ○ NEIN www.eintracht-frankfurt-museum.de

Geldmuseum
Wilhelm-Epstein-Straße 14

Das von der Bundesbank verantwortete Museum fächert die Geschichte und Aktualität des Geldes auf anhand von viel interaktivem unterhaltsamem Material, Dokumentarfilmen und kleinen Quizterminals.

○ JA ○ NEIN www.bundesbank.de/geldmuseum

Liebieghaus Skulpturensammlung
Schaumainkai 71

Wohlproportionierte Marmorgötter und grimassenschneidende Charakterköpfe. Highlights der Bildhauerkunst von der Antike bis zum Klassizismus. Und im Garten finden Yogakurse statt.

○ JA ○ NEIN www.liebieghaus.de

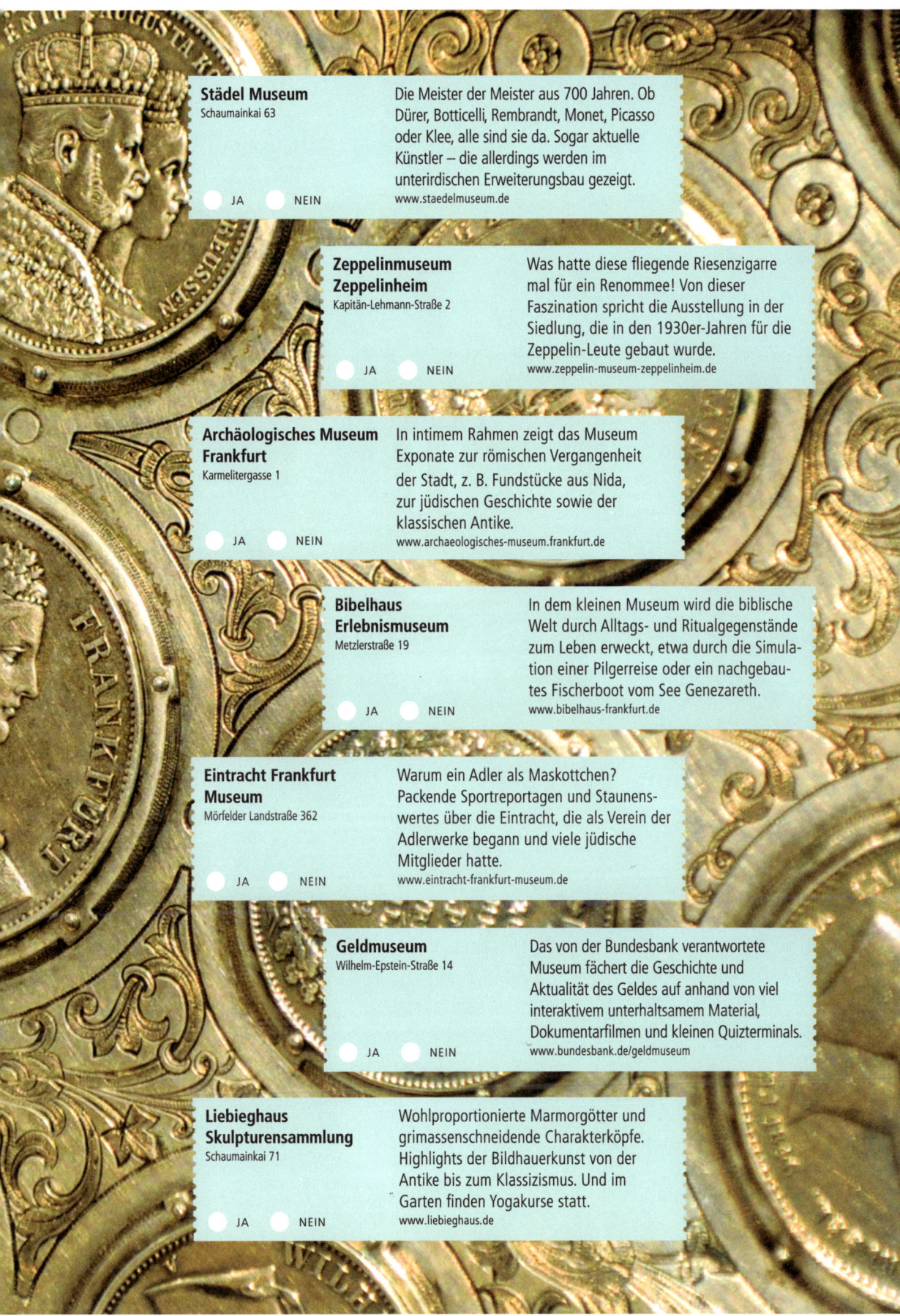

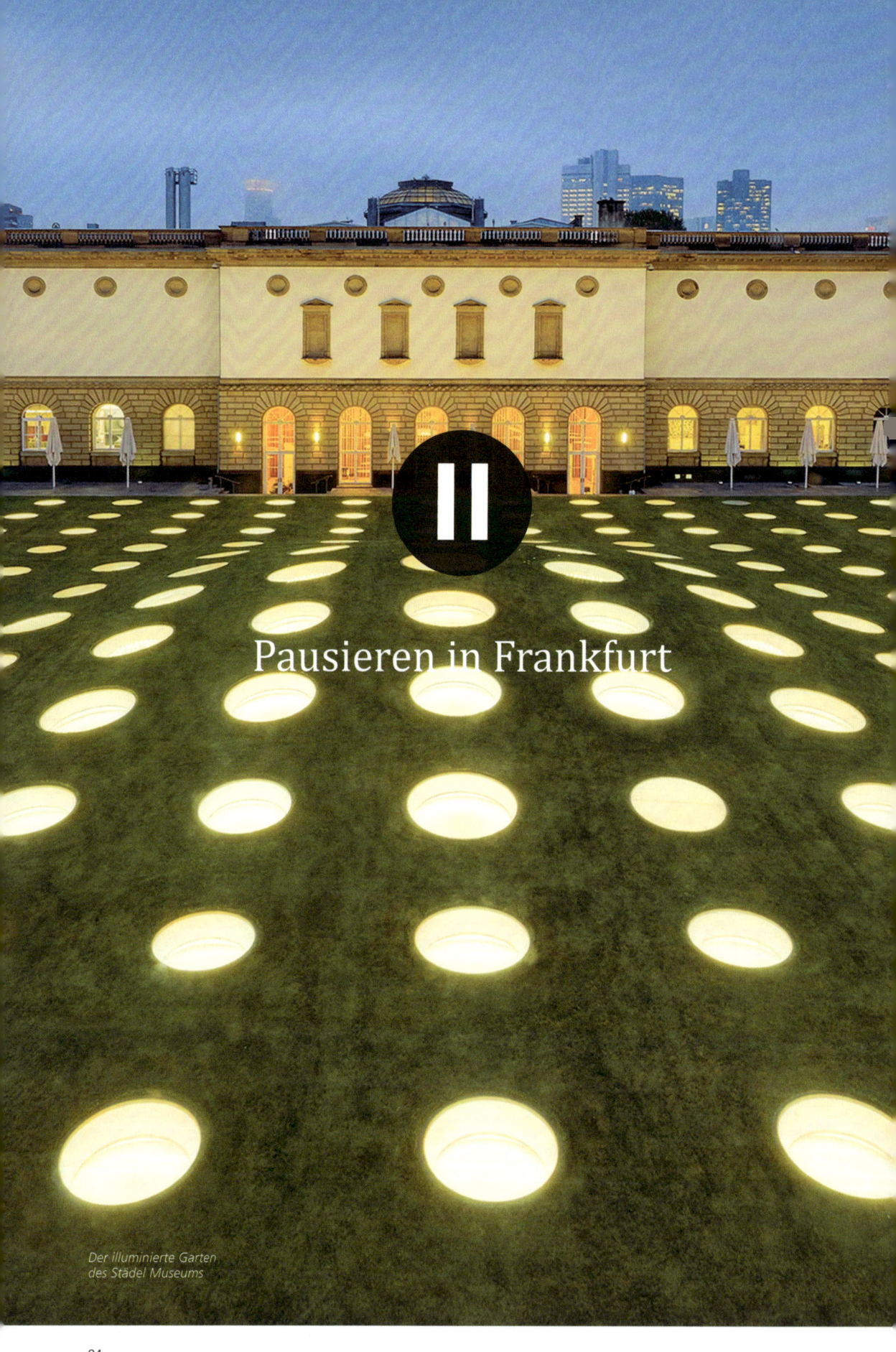

II

Pausieren in Frankfurt

Der illuminierte Garten des Städel Museums

Frankfurt am Main

Mitten in der Stadt und idealstill für ein Reset: der Bethmannpark

BEZAUBERND ERHOLSAM

Nebbiensches Gartenhaus
Erfrischend ist das im klassizistischen Stil errichtete Nebbiensche Gartenhaus im Anlagenring gleich hinter der Alten Oper. Der ganz bezaubernde Pavillon liegt im erholsamen Grünen mitten in der City und lockt mit ständig wechselnden Ausstellungen, Lesungen, Konzerten und Sonntagsmatineen, die der Frankfurter Künstlerclub (frankfurter-kuenstlerclub.de) bestreitet.
Bockenheimer Anlage

IN GOETHES OBSTGARTEN

Grüneburgpark
Wo heute Millionen von Schülern Abi-Partys feiern, lagen einst zwei Obstgärten, die der Familie Goethe gehörten. Sie befanden sich weit vor den Toren der Stadt, auf der ›Grünen Burg‹. 29 ha umfasst der Park mit einladenden Wiesen. Attraktionen sind das Café im oktogonalen Schönhof-Pavillon und die sommerlichen Freiluftaufführungen der Dramatischen Bühne (www.diedramatischebuehne.de). Der Palmengarten, Frankfurts Wohlfühloase Nummer eins und der Botanische Garten liegen gleich nebenan.

NORDENDS LIEBLING

Günthersburgpark
Morgens, abends und wochenends ist das halbe Nordend auf den Beinen, um im hier unter exotischen Bäumen wie Mammuts oder Schwarzkiefern seine Runden zu drehen. Auf 7,4 ha findet man Wiesen, Boule-Bahnen, einen Spielplatz, eine Skulpturenanlage mit Springbrunnen – im Sommer für Kinder toll – und einen Kiosk mit unkomplizierter Gartenwirtschaft. Michi Herls Stalburgtheater lädt hier im Sommer zu ›Offen Luft‹, einem Musik- und Theaterfestival.
Bornheim-Mitte

KEINE ZEIT FÜRS GRÜNE?

Katharinenkirche
Ein nachmittägliches Orgelkonzert pustet den Kopf auch frei. Und zwar in aller Regel jeden Montag und Donnerstag in der Katharinenkirche. Prof. Dr. Martin Lücker spielt auf der kostbaren Rieger-Orgel.
An der Hauptwache

GANZ LANG SCHWIMMEN

Brentanobad
Das größte Becken (220 x 50 m) eines öffentlichen Schwimmbades befindet sich in Frankfurt. Und es ist zudem eines der der ältesten und vor allem der schönsten der Stadt: Die Nidda fließt, die dichten Laubkronen rauschen, die Nilgänse wackeln. Es gehörte einst zum benachbarten Park der berühmten Frankfurter Familie Brentano, die das Gelände 1808 erwarb, um einen Landschaftspark und einen Sommersitz anlegen zu lassen.
Rödelheimer Parkweg

FÜR FANS VON CHI GONG

Chinesischer Garten im Bethmannpark
Wer ganz stilecht Chi Gong praktizieren mag, geht in den Chinesischen Garten zwischen Nordend und Bornheim. Sobald man die von steinernen Löwen flankierte Eingangspforte hinter sich gelassen hat und die exakt nach den Prinzipien chinesischer Harmonielehre komponierte botanische Oase betritt, kehrt Ruhe ein. Garantiert.
U Merianplatz

Warum Karlsruhe?

Freie Fahrt bis zum Schloss und zu den anderen Sehenswürdigkeiten der Stadt: Karlsruhe mit dem Rad erkunden.

Mitten ins Herz

Das Schloss ist Karlsruhes Wahrzeichen. Dahinter liegt der Hardtwald, davor die Stadt, ausgebreitet wie ein Fächer. Dieser Grundriss der ehemaligen badischen Residenzstadt war so besonders, dass er sogar im Ausland kopiert wurde – von den Städteplanern der amerikanischen Hauptstadt Washington DC.

Aus der Vogelperspektive zeigt sich der einmalige Stadtgrundriss in Form eines Fächers.

Blick auf das Rathaus

Das ist Karlsruhe

Mit Karlsruhe verbinden viele vor allem eines: Gerichtsurteile. Dabei hat die Stadt in Baden-Württemberg so viel mehr zu bieten! Geschichte, Kultur und vor allem Lebensqualität. Die meisten lieben an ihrem ›Karlsruh'‹ genau diesen Mix aus urbanem Leben und unkompliziertem Draußen sein. In der ehemaligen badischen Residenzstadt spielt sich fast alles im Freien ab. Wie entspannt so eine Auszeit im Grünen sein kann, wusste schon Stadtgründer Markgraf Karl Wilhelm II. von Baden-Durlach vor mehr als 300 Jahren.

Karls Ruhe

Reißbrett und Zirkel – mit diesen zwei Hilfsmitteln ist Karlsruhe 1715 entstanden. Eine junge Planstadt. In der Mitte ein barockes Schloss, drum herum 32 Straßen und Alleen, alle wie Sonnenstrahlen angeordnet. Nichts blieb hier dem Zufall überlassen. Markgraf Karl Wilhelm ließ sich seine Traumstadt bauen, und zwar mitten in den Hardtwald. Genau dort, wo er bei einer Jagdpause eingenickt und von einem neuen Schloss samt Stadt geträumt haben soll: Karls Ruhe, die Fächerstadt im Wald.

Grün, grüner, Karlsruhe

Noch heute ist Karlsruhe eine gemütliche Großstadt, und die zweitgrößte Baden-Württembergs. Architektur, Theater, Museen, Sport und gutes Essen – hier gibt es alles, was man braucht. 300.000 Menschen leben in Karlsruhe – und trotzdem hat man seine, genau: Ruhe. Der Wald reicht bis an die Innenstadt, und zum nächsten Park ist es nie wirklich weit. Und dann schlängelt sich auch noch ein 23 Kilometer langes Band durch die Stadt: die Alb, ein Fluss, der vom Schwarzwald bis in den Rhein fließt. An seinem grünen Ufer kann man es aushalten. Auch politisch ist Karlsruhe übrigens ziemlich grün: Am 13. Januar 1980 wurde in der Karlsruher Stadthalle die Bundespartei der Grünen gegründet.

Unterwegs auf zwei Rädern

Seit Kurzem hat Karlsruhe einen neuen Titel: deutsche Fahrradhauptstadt. Wer das erste Mal hier ist, staunt, wie viele Menschen auf zwei Rädern unterwegs sind. Schon früh hat sich die Stadt dafür eingesetzt, den Radverkehr und Radwege zu

Karlsruhe

Die Nord- und Südachsen der Kernstadt führen ins Herz des Karlsruher Fächers, zum Schloss.

Alles frisch! Wochenmarkt auf dem Gutenbergplatz

fördern. Immerhin stammt der Erfinder des ersten Fahrrads aus Karlsruhe: Karl Friedrich Freiherr Drais von Sauerbronn.

Der Tüfftler stieg 1817 auf ein zweirädriges Laufrad. Sein Urfahrrad, die Draisine, für die er damals verspottet wurde, steht im Stadtmuseum. Wer kein Rad besitzt: Karlsruhe hat längst – wie viele andere Städte auch – ein stadtweites Verleihsystem. Anmelden, ausleihen und losradeln! Zum Beispiel, um sich die vielen Jugendstilhäuser oder die Bauhaussiedlung ›Dammerstock‹ anzuschauen. Und natürlich, um herauszufinden, warum die obersten Gerichte Deutschlands ausgerechnet in Karlsruhe stehen.

Alles, was Recht ist

›Karlsruhe hat viele Gesichter, jedes dritte gehört einem Richter,‹ sagt ein Sprichwort. Knapp 400 Berufsrichterinnen und -richter arbeiten in den Gerichten der ehemaligen badischen Residenzstadt, und zwar in den höchsten deutschen Rechtsinstitutionen: Bundesverfassungsgericht, Bundesgerichtshof und die Generalbundesanwaltschaft haben ihren Sitz hier im Süden. Karlsruhe ist damit ein Symbol für den demokratischen Rechtsstaat.

Jung und innovativ

Das geistige Klima war in Karlsruhe schon immer ein bisschen liberaler als anderswo. Neue Ideen entwickeln sich hier schneller, auch heute noch: Hochschulen, Forschungseinrichtungen wie das KIT und High-Tech-Unternehmen machen Karlsruhe zu einem Innovationszentrum. Und die vielen Studierenden sorgen dafür, dass die Stadt auch sonst lebendig bleibt.

Flanieren durch Karlsruhe

Am Wolfgang-Rihm-Forum

1. TOUR

Karlsruhe erfahren –
Rauf aufs Rad

Immer in Abschnitten der NaturRADTour folgen, und schon geht's über eine Flughafen-Steppe, vorbei an den Rheinhäfen, in den Rheinauenwald und in den Tierpark des Oberwalds.

2. TOUR

Durch Durlach –
Spazieren ins Mittelalter

Älter als Karlsruhe selbst zeigt sich der Stadtteil Durlach: gemütliche Fachwerkgassen mit kleinen Läden, ein Ritter auf dem Balkon und der schönste Blick weit über die Stadt.

3. TOUR

Alter Schlachthof –
Im Kreativquartier

Die Gegend ist schon ziemlich cool – eine schöne Tour für all diejenigen, die gern mal in die Kreativ- und Kulturszene von Karlsruhe eintauchen möchten. Und viel Grün ist auch dabei.

Karlsruhe erfahren
Rauf aufs Rad

Wer Karlsruhe entdecken will, macht das am besten auf zwei Rädern. So wie Karl Freiherr Drais von Sauerbronn vor 200 Jahren. Sein Erbe spürt man in der Fächerstadt heute noch: Hier gibt es nicht nur viele Radwege, sondern sogar eine Professur für Fahrradverkehr. Also nix wie rauf aufs Rad – und los!

Start ist mitten im Herzen der Fächerstadt – am Schloss. 32 Straßen führen hin, aus allen Himmelsrichtungen. Erst mal eine Runde um das prächtige Barockbauwerk drehen, dann durch den Schlossgarten und danach einfach den Schildern der NaturRADtour entlang. Immer auf Radwegen und fast ohne Steigung. Radfahren in Karlsruhe? Ein Traum!

Großstadt-Steppe

Durch den Hardtwald radelt man zuerst zur Nordstadt. Rhode-Island-Allee, New-York-Straße und Louisianaring: Nach dem Zweiten Weltkrieg ließ die amerikanische Besatzungsmacht ein Wohnviertel bauen. ›Ami-Siedlung‹ sagen manche noch heute. Bis zu 6500 US-Soldaten lebten mit ihren Familien rund um die Smiley Barracks. Zwischen langen Wohnhäusern gab es schon damals viel Grün, eine Highschool, ein Supermarkt und einen Flughafen, der sogar noch existiert. Über

Je weiter weg, desto schöner: Die aufragenden Schornsteine der Miro sind hinter dem blühenden Mohnfeld nur noch verschwommene Kulisse.

den führt die Radstrecke. Mittlerweile ist es ein Naturschutzgebiet, und was für eins! Wo sonst gibt's eine riesige Steppe mitten in der Stadt?

Industriehafen-Flair

Weiter geht die Fahrt durch Knielingen, Karlsruhes ältesten Stadtteil, und dann immer Richtung Rhein. Hinter den Mohnblumenfeldern qualmen Industrieschornsteine. Hier am Stadtrand liegt die Miro. Deutschlands größte Mineralölraffinerie ist so groß wie die Karlsruher Innenstadt. Die Radtour biegt in die andere Richtung ab. Auf dem Maxauer Rheindamm entlang radelt man Richtung Hofgut Maxau.

Wie entspannt es hier ist: Auf den Weiden grasen Rinder, durchs Schilf streift der Wind, und auf dem Rhein fahren Schiffe stromabwärts. Bald kommt man zu den Rheinhäfen von Karlsruhe. Die ersten Hafenbecken wurden hier schon vor mehr als 100 Jahren in Betrieb genommen. Wer Industrieflair mag, unbedingt bis zum Schiffsanleger der ›MS Karlsruhe‹ fahren. Große Kräne, bunte Container, rostige Eisenbahnschienen und alte Hallen – hier fühlt man sich fast wie in Hamburg.

Rhein-Insel

Nach so viel Industrie folgt wieder Natur pur: der Rheinauenwald. Mitten im Wald, umflossen vom Altrhein, liegt auf der Rheininsel Rappenwört das Naturschutzzentrum. Der Weg hin lohnt sich, nicht nur weil das Gebäude im Bauhausstil erbaut wurde und die Angebote interessant sind. Unterwegs fährt man an Wildgehegen vorbei und sieht zwischen den Bäumen Wildschweine, Rot- und Damwild. Es riecht nach Wald – und die Ruhe ist einfach herrlich.

Alb-Traum

Zurück auf der NaturRADTour kommt nun ein toller Abschnitt entlang der Alb. Kinder, Erwachsene, Hunde – am Ufer des Flusses haben alle ihren Spaß. Immer wieder kommen wunderschöne Stellen, an denen das Flussufer umgestaltet wurde. Am besten das Rad parken und eine Pause machen! An Sommertagen erst mal die Füße rein ins kühle Wasser. Wer dran gedacht hat, kann jetzt sein Picknick auspacken und die entspannte Stimmung am Wasser genießen. So viel Natur mitten in der Stadt.

Flussaufwärts erreicht man als nächstes die Günther-Klotz-Anlage. Hier treffen sich an schönen Tagen alle, die gerne draußen sind. Platz ist genug da: zum Fußball spielen, Rad fahren oder sich sonnen. Wer Lust hat, fährt eine Runde Modell- oder Ruderboot. Oder steigt auf den ›Mount Klotz‹, am besten mit einem Eis.

Rund-Tour

Der nächste Wald ist in Karlsruhe ja nie weit entfernt. Auf der Route geht's auch in den Oberwald mit seinen großen, alten Eichen. Kinder freuen sich auf einen Abstecher in den Tierpark mit Wisent (Büffel) oder Przewalski-Pferd. Wer noch Energie hat, fährt bis Durlach (49 km insgesamt). Alle anderen fahren durch die Innenstadt zurück zum Schloss. Mit Stopp an der Pyramide, in der der Stadtgründer von Karlsruhe begraben liegt.

Okay, man muss sich schon arg verbiegen, um beim Fahrradfahren diese Ansicht zu haben. Der Schlossturm ist allerdings in jeder An- und Hinsicht schön.

»DER ORT HAT ALS RESIDENZ MANCHEN REIZ. WENN ES MIR EINFÄLLT, AUSZUGEHEN, SO SEHE ICH AN DER PERSPEKTIVE EINER JEDEN STRASSE DIESES STADTFÄCHERS ENTWEDER DEN HARDTWALD ODER DIE BERGE.«

Max von Schenkendorf

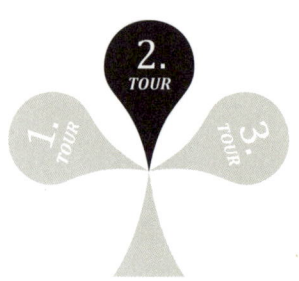

Durch Durlach
Spazieren ins Mittelalter

Was der Residenzstadt Karlsruhe fehlt, hat ihr größter Stadtteil Durlach: eine echte Altstadt. Klein und gemütlich, mit Gässchen und Geschäften. Und mit ganz viel Geschichte. Wer sich gerne treiben lässt und Vergangenes neu entdeckt, ist in Durlach genau richtig. Bei diesem Spaziergang trifft man auf Ritter und Ruinen. Und genießt den schönsten Sonnenuntergang von Karlsruhes Hausberg.

Der Ausflug startet am Rathaus. Oben auf dem Balkon steht ein Ritter aus Stein, Durlachs berühmtester Bewohner: ›de Karle mit de Dasch‹, sagen sie hier liebevoll zu ihm. Ohne ihn wäre Durlach nicht, was es heute ist. 1565 verließ Markgraf Karl II. seine stattliche Residenz in Pforzheim und zog mitten aufs Land – nach Durlach.

Mit Karl kam der Wohlstand. Aus seinem kleinen Jagdschloss wurde die Karlsburg (Pfinztalstraße 7), deren Reste man ein paar Straßen weiter sehen kann. Der Markgraf höchstpersönlich überwachte damals die Bauarbeiten. Und höchstpersönlich bezahlte er auch die Arbeiter, aus seiner großen Umhängetasche, so erzählt man.

Ein Baum, eine Treppe

Die Tasche muss ziemlich groß gewesen sein, denn Karl baute so einiges für seine neue Residenzstadt: Häuser, Straßen, Stadttore. Eines davon steht heute noch, das Basler Tor. Man entdeckt es, wenn man durch die engen Gässchen in Richtung Stadtkirche schlendert. Zuvor aber unbedingt noch einen Blick in den Schlossgarten werfen. Dort gibt es eine der ältestens Kastanienalleen Deutschlands.

Danach am besten kreuz und quer durch die ringförmigen Straßen der Durlacher Altstadt spazieren. Einen Stadtplan braucht niemand, verirren kann man sich nicht. Durlach ist überschaubar – und gemütlich. Perfekt für einen entspannten Tag zwischen bunten Häusern. Die stehen dicht, viele mit Fachwerk, großen Toren und Jahreszahlen überm Türsturz. Besonders schön ist die Zunftstraße 14 und das Üxküll'sche Palais (Nr. 12). Hinter dessen Hausfassade versteckt sich etwas ganz Besonderes: eine 11 Meter hohe Spindeltreppe, aus einem einzigen Baumstamm gemacht. Sie verbindet drei Stockwerke. Vielleicht hat man Glück, und jemand kommt gerade aus der Tür raus? Die Bienleintorstraße darf auch niemand verpassen. Dort gibt es kleine Galerien und Werkstätten und eines der ältesten Häuser Durlachs (Nr. 14).

Kanapees voll Mist

Durlachs spannendste Gasse heißt An der Stadtmauer. ›Kanapee-Gässle‹ sagen die Durlacher, und so was gibt's sonst nirgends. Also Augen auf: Wo ist der Sandsteintrog? Im Mittelalter standen hier viele Tröge. Und alle waren randvoll – mit Mist! Die Durlacher haben sie mit Brettern abgedichtet und nach der Arbeit als Sitzgelegenheit benutzt. Kanapees eben – mit edlem Duft.

Heute wachsen Blumen im Kanapee, das riecht deutlich besser. Ein besonderer Geruch lag früher auch rund um die Hausnummer 10 in

Stolz steht er da, ›de Karle mit de Dasch‹ auf dem Balkon des Durlacher Rathauses. Doch nicht immer sieht die Ritterfigur von Markgraf Karl II. so würdevoll aus. Während der Fastnacht kommt er gern auch in närrischer Verkleidung daher.

Karlsruhe

Die Aussicht von der Turmbergterrasse ist einfach umwerfend – besonders zum Sonnenuntergang!

der Luft. Das schön renovierte, rote Haus mit herrlichem Fachwerk war von 1574 bis 1938 das Schlachthaus. Direkt daneben, vom kleinen Spielplatz aus, sieht man die Reste der mittelalterlichen Stadtmauer samt Schießscharten.

Abendrot über der Fächerstadt

Der Höhepunkt Durlachs kommt am Ende des Tages: der Turmberg. Wie schön der Blick von 265 Metern über die Rheinebene ist, wussten schon die ersten Bewohner in der Stauferzeit. Im 13. Jh. thronten auf dem Turmberg dann die Markgrafen von Baden, Karls Vorfahren. Die Burg ist nur noch Ruine, aber der Turm ist als Aussichtsturm erhalten geblieben.

Auf den Turmberg geht es über die 528 Stufen der Hexenstäffele. Oder mit Deutschlands ältester Standseilbahn: Seit 1888 fährt die Turmbergbahn von Durlach hinauf auf Karlsruhes Hausberg, mittlerweile elektrisch, aber immer noch mit Schaffner. Oben geht der Tag grandios zu Ende: was für ein Blick! Über Durlach, Karlsruhe und die Rheinebene. Bei klarer Luft sieht man von hier sogar das Straßburger Münster. Die Turmbergterrasse ist ausgezeichnet – nicht nur als ein perfekter Ort, um die Sonne untergehen zu sehen, sondern auch mit dem Hugo-Häring-Preis für modernes Bauen. Die Stufenanlage war 2015 ein Geschenk an die Karlsruher zu ihrem runden Stadtgeburtstag. Denn 300 Jahre zuvor, am 17. Juni 1715, wurde Karlsruhe gegründet. Von Markgraf Karl III. Nein, nicht der mit der Tasche – aber sein Ur-Ur-Ur-Enkel. Das ist jedoch eine ganz andere Geschichte.

Alter Schlachthof
Im Kreativquartier

Ein bisschen Berlin – mitten in Karlsruhe. Mit alten Industriebauten, Urban Gardening, bunten Überseecontainern und kreativen Palettenmöbeln. Wer's nicht glaubt, der macht sich einfach auf den Weg. Und zwar in die Oststadt, zum Alten Schlachthof – Karlsruhes hippes Kreativquartier.

Wer von der Durlacher Allee zum ersten Mal auf den Alten Schlachthof kommt, staunt. Kleine Pförtnerhäuschen, rote Sandsteingebäude, eine alte Turmuhr – ziemlich schön, so ein ehemaliger Schlachthof. Und ziemlich alt. 1883 beschloss Karlsruhe, im neuen Industriegebiet im Osten der Residenzstadt eine Schlacht- und Viehhofanlage zu bauen. Stadtbaumeister Wilhelm Strieder hatte ein Ziel: Das tödliche Geschehen im Inneren durch äußere Schönheit auszugleichen.

Fleischerhaken im Hinterhof

Strieder hat den Schlachthof wie eine barocke Schlossanlage geplant – mit symmetrisch angeordneten, repräsentativen Bauten. Rechts von der Schlachthofstraße der Viehhof, links der Schlachthof. Durch Mauern getrennt, wegen der Seuchengefahr. Bis 2006 wurden hier Tiere geschlachtet. Heute erinnern nur noch alte Fleischerhaken in den Hin-

Frühmorgens grüßt kein Pförtner mehr aus dem Torhaus des ehemaligen Schlachthofs. Mit viel Kunst, Musik und Containerbüros ist die junge Kreativszene aufs Gelände gezogen – und die kommt etwas später.

terhöfen daran – und die Namen der Gebäude: Schweinestall, Kaldaunenwäsche, Fettschmelze oder Pferdeschlachthof.

Der Alte Schlachthof ist ein Ort mit Ecken und Kanten. Mit Geschichten und Geschichte. Rau und schön zugleich. Die maroden, denkmalgeschützten Gebäude wurden in den letzten Jahren aufwändig saniert. Statt Schlachthallen, Kühlhäusern und Stallgebäuden gibt es nun moderne Arbeits- und Gastronomieräume im Industrielook. Wer übers Areal spaziert, entdeckt kleine Ateliers und coole Werkstätten. Hier treffen sich Karlsruhes kreative Köpfe.

Arbeiten im Container

In die alte Schweinemarkthalle sind viele bunte Seefrachtcontainer eingezogen – und mit ihnen Karlsruhes Start-up-Szene. Wer eine eigene Existenz gegründet hat, kann sich hier ziemlich günstig ein hippes Containerbüro mieten. Zum Gründerzentrum gehört – natürlich – ein cooles Café, vor der Halle wächst ein urbaner Garten. Perfekt für eine kreative Pause. Direkt gegenüber schlägt das kulturelle Herz des Areals, im Kulturzentrum Tollhaus und dem Musikclub Substage. Das Tollhaus machte 1992 den Anfang der Umgestaltung – mit seinem Umzug aufs Viehhofgelände in die ehemalige Markt- und Wiegehalle.

Die fünf organisch geformten Marmorskulpturen vor Schloss Gottesaue, dem Sitz der Hochschule für Musik, sollen laut dem britischen Künstler Peter Randall-Page Töne plastisch sichtbar machen.

Flutlicht im Skatepark

Zwischen den Dachgiebeln und alten Rohren des ehemaligen Schlachthofs kommt das Schloss Gottesaue in Sicht, drüben im Otto-Dullenkopf-Park. Nur ein paar Schritte, schon steht man mitten im Grünen. Und vor dem schönen Renaissance-Schloss, in dem die Musikhochschule zuhause ist. Direkt daneben liegt auf dem Campus One das Wolfgang-Rihm-Forum, ein moderner Neubau mit Konzertsaal. Noch schöner sind die Konzerte nur auf der Wiese, direkt vor dem Schloss.

Im Otto-Dullenkopf-Park kann man sich herrlich entspannen, picknicken und sich sonnen. Wer etwas mehr Action braucht: Am Ende der Anlage gibt es einen großen Skatepark mit Ramps, Stairs und Rails – und sogar mit Flutlicht. Und auch wer nicht aufs Board steigt: Von den Stufen aus hat man Karlsruhes beste Skater bestens im Blick.

Mausoleum im Hardtwald

Nach so viel Grün wird es Zeit für echtes Oststadtleben. Am Gottesauerplatz überquert man die Durlacher Allee und geht die Georg-Friedrich-Straße entlang. Hier ist der besondere Beat des Quartiers zu spüren. Es ist ein lebendiges Viertel mit jungen Leute, die die Nähe zu Uni und Musikhochschule mögen. Doch in der Oststadt wird nicht nur gewohnt, sondern auch gearbeitet. Oben historischer Jugendstil, unten Werkstatt oder Laden – das sieht man hier oft.

Weiter geradeaus geht die Tour in die Parkstraße. Das Viertel verändert sich, aus Jugendstil- werden Mehrfamilienhäuser. Und plötzlich beginnt der Hardtwald – wie so oft mitten in Karlsruhe. Jetzt ist es nicht mehr weit bis zur Großherzoglichen Grabkapelle. Dort endet die Tour, wie sie begonnen hat, an einem Ort mit Geschichte: Großherzog Friedrich I. und seine Frau Luise ließen das beeindruckende Mausoleum mitten im Grünen bauen. Sie wollten dort ungestört trauern – um Ludwig, ihren mit 23 Jahren viel zu jung verstorbenen Sohn.

Kulturinsel auf internationalem Niveau: das ZKM

Karlsruher Museumslandschaft

**ZKM
Zentrum für Kunst
und Medien**
Lorenzstraße 19

○ JA   ○ NEIN

Karlsruhe ohne ZKM? Geht gar nicht! Malerei, Videokunst, Virtual Reality: Hier präsentieren sich elektronische Kunst und Medien im digitalen Zeitalter – vieles davon interaktiv.
www.zkm.de

**Badisches
Landesmuseum**
Schlossbezirk 10

○ JA   ○ NEIN

Museum zum Anfassen: Im Schloss kommen Ausstellungsstücke zu den Besuchern. Auswahl gibt's viel, rund 500.000 Objekte. Und vom Turm sieht man, wieso Karlsruhe Fächerstadt heißt.
www.landesmuseum.de

Naturkundemuseum
Erbprinzenstraße 13

○ JA   ○ NEIN

Museen sind langweilig? Von wegen! Im Naturkundemuseum sind Pfeilgiftfrosch und Katzenhai sowie ein riesiges Korallenriff zu sehen. Tolle Entdeckungstour!
www.smnk.de

Staatliche Kunsthalle
Hans-Thoma-Straße 2-6

○ JA   ○ NEIN

Was für ein Kunstmuseum! 800 Werke vom Mittelalter bis zur Gegenwart, und das alles in historischen Gebäuden. Und der Nachwuchs geht in die Junge Kunsthalle.
www.kunsthalle-karlsruhe.de

Videospielmuseum
Gablonzer Straße 11

○ JA   ○ NEIN

Im Karlsruher Kulturhaus GoTEC wird gezockt: Hier stehen mehr als 70 Spielautomaten, Flipper und Videospielkonsolen. Ein Verein zeigt so Videospielgeschichte.
www.retrogames.info

**Museum in der
Majolika-Manufaktur**
Ahaweg 6-8

○ JA   ○ NEIN

Vom Schloss immer dem blauen Fliesenstrahl nach – schon landet man in der Majolika-Manufaktur im Schlosspark. Dort wird immer noch produziert. Das Museum zeigt, was.
www.majolika-karlsruhe.de

Badisches Schulmuseum
Henri-Arnaud-Straße 7

○ JA   ○ NEIN

Schiefertafel, Feder und Tintenfass: Im Schulmuseum im Stadtteil Palmbach geht's auf Zeitreise. Hier gibt es ein historisches Klassenzimmer und viele Erinnerungen.
www.badisches-schulmuseum.de

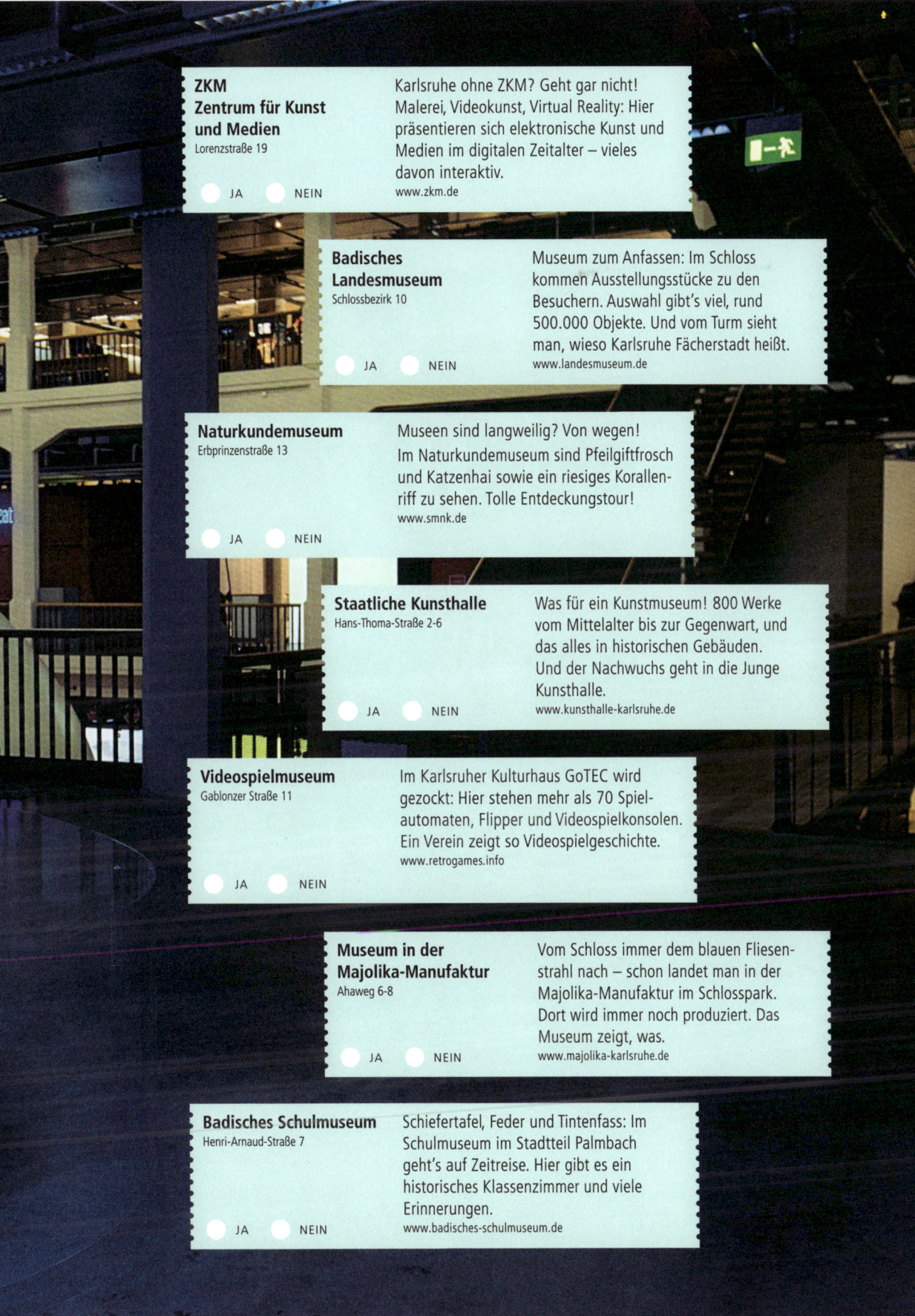

II Pausieren in Karlsruhe

Seerosenbrunnen im Botanischen Garten

Auf der Zoobrücke: Safari mitten in der Stadt

AUF DEM MOUNT KLOTZ

Günther-Klotz-Anlage
Wer noch nie auf dem Gipfel des ›Mount Klotz‹ stand, hat Karlsruhe nicht wirklich erlebt. Der höchste Hügel der Fächerstadt wurde in den 70er-Jahren künstlich aufgeschüttet und steht seither unübersehbar mitten in der Günther-Klotz-Anlage. Bergsteigen, spazieren, skaten, biken, grillen und chillen – in der ›Klotze‹ trifft sich nicht nur die Südweststadt, sondern ganz Karlsruhe. Nach der Gipfeltour geht's weiter Richtung Albstrand. Jetzt schnell die müden Füße ins kühle Wasser, oder das Bier! Wer etwas Action braucht, schaukelt einfach übers Wasser.
Hermann-Veit-Straße 7

SAFARI-BRÜCKE

Karl-Birkmann-Brücke
Zu Fuß, mit dem Roller oder dem Bike: Wer diese Stadtbrücke überquert, fühlt sich wie im Dschungel. Oder auf Safari. Mit etwas Glück kann man hier echte Elefanten sehen. Denn sie führt über Karlsruhes beliebteste Attraktion: den Zoologischen Stadtgarten, einer der ältesten Zoos in Deutschland. Auch die Gondolettas kann man von hier gut beobachten. Mit den kleinen Booten schippert man gemütlich unterm Sonnendach von Tiergehege zu Tiergehege durch den Park. Schnell einsteigen – und Karlsruhe aus Kinderperspektive erleben.
Tiergartenweg

AM SEEROSENTEICH

Botanischer Garten
Ruhe mitten in der Stadt? Kein Problem! Wer keine Lust hat auf den Hardtwald, geht einfach in den Botanischen Garten. Der liegt am Rand des Schlossgartens. Während im ›Schloga‹ meist viel Trubel ist, spaziert man hier ganz entspannt zwischen Orangerie und Wintergarten, genießt die Ruhe und natürlich die farbenfrohen Blumenbeete. Am schönsten sitzt es sich übrigens am Rand des Seerosenbrunnens, und zwar mit einem spannenden Buch. Oder auf der Picknickdecke – mit Blick aufs benachbarte Bundesverfassungsgericht.
Hans-Thoma-Str. 6

ECHTES MARKTTREIBEN

Gutenbergplatz
Karlsruhes ältester und schönster Marktplatz liegt mitten in der Weststadt: der Gutenbergplatz. Hier kann man jeden Dienstag, Donnerstag und Samstag ab 7.30 Uhr auf dem Markt einkaufen – und trifft dabei auf ganz viele Einheimische. Danach geht es am besten noch in eine der Kneipen oder in eines der Cafés rund um den Platz, um das Treiben zu beobachten.
Gutenbergplatz

SUNDOWNSPOT

Schloss Gottesaue
Die Wiesen um das Renaissance-Schloss Gottesaue sind immer einen Ausflug wert. Ganz besonders im Sommer, wenn die Sonne dramatisch untergeht und das Schloss in goldenes Licht hüllt. Besonders schön sieht das von der Picknickdecke aus. Geht aber auch barfuß im Gras. Und dann einfach bleiben, solange bis die Sterne am Himmel funkeln …
Schloss Gottesaue, Oststadt

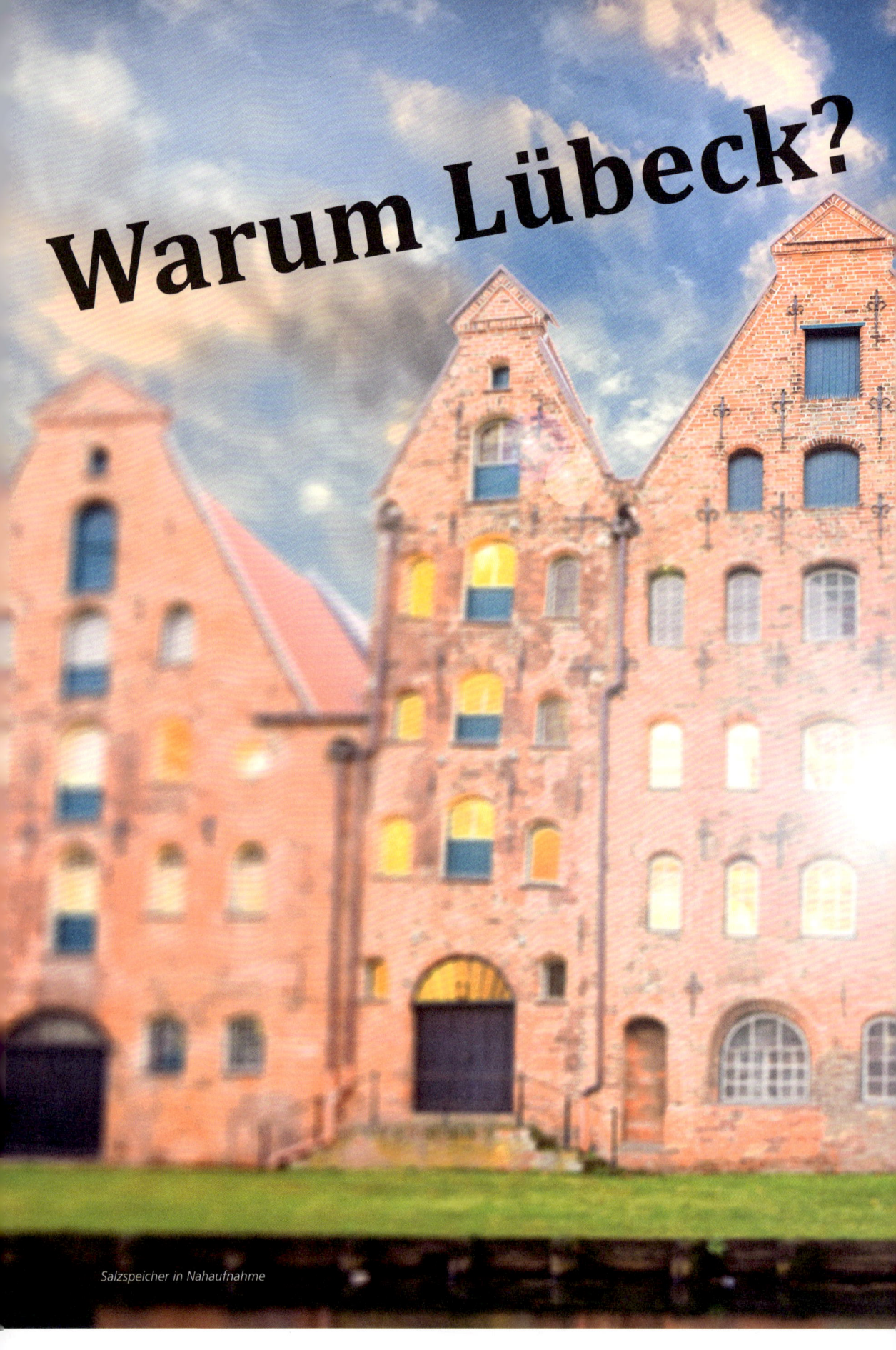

Salzspeicher in Nahaufnahme

Backsteinschönheit

Der rote Stein ist nicht nur das Wahrzeichen der ehemaligen ›Königin der Hanse‹, sondern trägt zum Wohlfühlcharakter der vom Wasser umrundeten Altstadt bei. So sind es nicht nur Thomas Mann oder jene köstliche Masse aus Mandeln, Puderzucker und Rosenwasser, die Besucher damals wie heute in die weltoffene, eigenständige Stadt ziehen.

Die Lübecker Stadtsilhouette am frühen Abend

Travemünde, Lübecks nordöstlichster Stadtteil, hat sogar Strand.

Das ist Lübeck

Lübeck lag schon früh mitten im Herzen eines Handelsnetzes von Skandinavien bis Venedig und von Nowgorod bis London. Es wurde alles gehandelt, was das Herz begehrte. Aus einem lockeren Zusammenschluss niederdeutscher Kaufleute entwickelte sich ein Schwurverband, dem sich viele Städte anschlossen. Ziel war die gegenseitige Unterstützung bei einem möglichst gewinnbringenden und freien Handel. Das Ungewöhnliche daran: Die Hanse wurde nie offiziell gegründet, gültig waren lediglich die Beschlüsse der Hansetage. 1980 führte die holländische Stadt Zwolle den ersten Hansetag der Neuzeit ein, dem inzwischen 195 Städte angehören.

Hanseaten an sich – Lübecker im Besonderen

In ihrem sprichwörtlich alten hanseatischen Stolz stehen sich die Bürger der drei nordwestdeutschen Hansestädte – Hamburg, Bremen, Lübeck – gegenseitig in nichts nach. Allerdings büßte Lübeck 1937 seine Selbstständigkeit ein, nachdem es erst Preußen und dann Schleswig-Holstein zugeschlagen sowie der Landeshauptstadt Kiel unterstellt wurde. Trotzdem oder gerade deswegen waren und sind die Lübecker immer etwas renitenter, fortschrittlicher und selbstbewusster als ihre Nachbarn.

Kulturelle Vielfalt

Dieterich Buxtehude und Franz Tunder führten bereits im 17. Jh. abendliche Orgelkonzerte ein. Heute finden sie ihre Fortsetzung in zahlreichen kirchen- und kammermusikalischen Konzerten sowie im Schleswig-Holstein Musik Festival, das seit rund 40 Jahren mit Konzerten namhafter Künstler klassische Musik jedermann zugänglich macht (www.shmf.de).

Und jedes Jahr an Pfingsten heißt es an der Küste ›Travemünde JAZZT‹, finden zahlreiche Liveauftritte sowie Musik- und Poetry-Slams statt. Im Theater und auf vielen kleineren Bühnen mit traumhafter Kulisse wird Unterhaltung auf höchstem Niveau geboten. Zudem eröffnen hervorragende Museen allen Kunstinteressierten eine große Bandbreite an Häusern, darunter das Museum Behnhaus Drägerhaus oder das Willy-Brandt-Haus mit einer feinen kleinen Ausstellung.

Lübeck

Über eine der vielen Brücken musst du gehen (oder fahren), willst du in die Altstadt.

Backstein in seiner schönsten und vielseitigsten Form zeigt das Neue Gemach des Lübecker Rathauses.

Kunst auf Schritt und Tritt

Mal versteckt, mal an prominenter Stelle ist die Liebe der Lübecker zum schönen Detail zu entdecken: Da sind die Terrakottafriese des Statius von Düren an Hausfassaden aus dem 16. Jh., die Skulpturen der Puppenbrücke aus dem 18. Jh., die Löwen am Holstentor von Christian Daniel Rauch (19. Jh.) sowie der Löwe vor dem Burgtor und die Antilope am Holstentor vom Anfang des 20. Jhs. Auch Zeitgenössisches ist überall vertreten, mit dem Seehund vor dem Museum für Natur und Umwelt von Christa Baumgärtel, dem Teufelchen vor St. Marien von Rolf Goerler, den Fremden von Thomas Schütte auf dem Dach der Musik- und Kongresshalle oder der Johannes-Brahms-Bronze von Claus Görtz.

Filmstadt Lübeck

Bereits 1921 diente die Stadt dem Klassiker ›Nosferatu‹ als einmalige Kulisse. Es folgten zahlreiche Verfilmungen von Thomas-Mann-Romanen an Originalschauplätzen, vom Stummfilm ›Die Buddenbrooks‹ von 1923 bis zum mehrfach ausgezeichneten Dreiteiler ›Die Manns‹. Die ZDF-Krimiserie ›Das Duo‹ spielt ebenfalls in Lübeck, und in der ARD-Vorabendserie ›Heiter bis tödlich – Morden im Norden‹ ermitteln zwei Lübecker Kommissare. Ein besonderes Highlight sind die Nordischen Filmtage, die sich seit 1956 auf Filme aus Nord- und Nordosteuropa spezialisiert haben.

66 Jahre Lübecker Hütchen

Eine erfolgreiche Erfindung aus Lübeck jenseits der allgegenwärtigen Marzipanspezialitäten? Der rot-weiße Verkehrsleitkegel. Ein tragischer Unfall gab den Ausschlag für Ewald Kongsbaks bahnbrechende Erfindung: Bis 1952 wurden rot-weiß gestrichene, mit einem Stein beschwerte Ölfässer zum Baustellenschutz eingesetzt. Als bei einer Kollision ein solcher Stein einen Autofahrer tötlich verletzte, suchte der Lübecker Kaufmann Kongsbak nach einer Lösung und entwickelte einen Kegel aus Metall, um den er Gummibahnen befestigte. Das Lübecker Hütchen war geboren und trat einen wahren Siegeszug an. Leicht, transportabel und stapelbar fand es seinen Weg sogar bis auf die Antilleninsel Aruba.

Flanieren durch Lübeck

Innenhof in der Engelsgrube

1. TOUR

Abwechslungsreiche Kulturmeile – Die Obere Königstraße

In die Königsstraße mischen sich gute Shopping-Adressen mit Highlights der Lübecker Kultur: Eine Tour von der historischen Löwen-Apotheke zu idyllischen Stiftshöfen, Meisterwerken der Kunst und zum berühmten Heiligen-Geist-Hospital.

2. TOUR

Schönheitsideal im Wandel – Eine Zeitreise durch die Architektur

Eine herrliche Sicht auf die Lübecker Altstadt bietet die Turmplattform der St.-Petri-Kirche. Im Süden lässt sich die Straße Große Petersgrube erkennen, in der die Tour beginnt …

3. TOUR

Wipperbrücke und Schlüpferallee – Lübeck vom Wasser aus

Dass die Altstadt auf einer Insel liegt, macht sie so besonders. Was bietet sich da mehr an, als die historischen Gebäude von einer Hafenbarkasse aus zu entdecken?

Die Obere Königstraße

Abwechslungsreiche Kulturmeile

Was haben emanzipierte Frauen des 17. und 19. Jhs., die Kirche eines Bettelordens, die Familie eines der größten Kunstmäzene der Stadt, ein Dichterfürst und die erste Kranken- und Sozialstation Lübecks gemeinsam? Ein Spaziergang durch die nördliche Hälfte der Königstraße bis zum Koberg verbindet sieben spannende Geschichten miteinander.

Die Löwenapotheke an der Ecke Dr.-Julius-Leber-Straße (Nr. 13) ließ um 1230 ein Lübecker Ratsherr errichten. Es ist somit im Kern eines der ältesten Bürgerhäuser Lübecks. Bis 1706 gaben sich Ratsherren und Bürgermeister die Klinke des Hauses in die Hand, ab 1812 kam es in den Besitz von Apothekern. Einer der interessantesten war Theodor Schorer, der sich während der Cholera-Epidemien um die Qualität des Lübecker Trinkwassers verdient gemacht hatte und in seinen Ansichten seiner Zeit weit voraus war. So ermöglichte er seinen Töchtern eine Berufsausbildung und damit eine erstaunliche Karriere: Cornelia Schorer erhielt 1897 als erste Lübeckerin einen Doktortitel in Medizin. Ihre Schwester Maria wurde Malerin und gilt heute unter ihrem Künstlernamen Maria Slavona als eine der wichtigsten deutschen Impressionistinnen. Bilder von ihr hängen im Museum Behnhaus Drägerhaus. Innen zeigt die Apotheke die originale Einrichtung sowie Tiegel und Fläschchen mit Heilmitteln, die teils noch heute nach alten Rezepturen hergestellt werden.

Nur eine Einzige blieb

Eindrucksvoll ragt die Klinkerfassade der Basilika St. Katharinen mit ihren schmalen Nischen auf. Für einige schufen Ernst Barlach und Gerhard Marcks Keramikfiguren, die sich wunderbar der gotischen

Komm' mal runter: Ein wunderbarer Ort zum Abschalten sind die Innenanlagen der zahlreichen Stiftshöfe.

Architektur anpassen. Die Kirche ist Teil eines ehemaligen Franziskanerklosters aus dem 14. Jh. Im kühlen Inneren überraschen die Helligkeit und der unebene Fußboden aus alten Grabplatten. Ins Auge fällt zugleich der lebensgroße, mit einem Drachen kämpfende Heilige Georg. Es ist die Kopie einer Figur von Bernt Notke (um 1500). Die Kirche besitzt auch gute Original-Kunstwerke, so frühe Wandmalereien aus dem 14. Jh., Szenen aus dem Leben des hl. Franziskus aus dem 16. Jh. sowie das Gemälde ›Erweckung des Lazarus‹ von Jacopo Tintoretto (1576). Bis heute wird gerätselt, wie dieses Meisterwerk nach Lübeck kam.

›Zum Nutzen und Besten der Armen‹

Ein Abstecher in die Glockengießerstraße führt zu zwei der schönsten, heute noch bewohnten Stiftshöfe des 17. Jhs. Reiche Kaufleute und Ratsmitglieder bestimmten testamentarisch einen Teil ihres Geldes für den Bau von Wohnraum und die Armenfürsorge. Witwen oder alleinstehende Frauen konnten dort ihren Lebensabend verbringen. Statt der schmalen Zugänge, wie sie bei den Ganghäusern zu finden sind, betritt man die Höfe durch prächtig gestaltete Portale – ein Denkmal für die Stifter. Sehenswert sind die wunderschön restaurierte Anlage des Füchtingshofs (Nr. 25) und der älteste der Stiftshöfe, Glandorps Hof (Nr. 49), den Johann Glandorp um 1600 mit doppelgeschossigen Häuschen und einen Garten anlegen ließ. Der mit dem Hof verbundene Glandorps Gang entstand aus der Erbmasse von dessen Ehefrau Anna.

Seit der Zeit um 1800 blicken Götter-Figuren von der klassizistischen Fassade des Museums Behnhaus Drägerhaus herab.

Kunst- und Kultur-Mekka

Das Behnhaus Drägerhaus ist das stilvollste Museum von Lübeck. Man betritt die beeindruckende Diele eines der beiden prächtigen Kaufmannshäuser aus dem 18. Jh. Von 1778 bis 1921 waren sie Wohnstätte von Ratsherren und Kaufleuten. Deren Wohnkultur wird durch die Fest- und Repräsentationsräume sowie die Privatgemächer der Hausherren eindrucksvoll präsentiert. Die Gemäldesammlung zeigt neben den Romantikern des 19. Jh., wie Johann Friedrich Overbeck oder Caspar David Friedrich, die Klassische Moderne mit Werken u. a. von Max Liebermann, Lovis Corinth, Max Pechstein, August Macke und Edvard Munch. Der Skulpturengarten verspricht im Sommer Kühle und Ruhe.

Vorbild im Norden

Das Heiligen-Geist-Hospital ist eine der ältesten Sozialeinrichtungen Europas, gestiftet von wohlhabenden Lübeckern Ende des 13. Jhs. Die meisten Räume des ehemaligen Krankenhauses sowie Hof und Garten gehören heute zu einem Altenheim. Die Kirche sowie Teile des 87 m messenden Langen Hauses können jedoch besichtigt werden. Bis zu 170 Bedürftige waren einst dort untergebracht, zunächst in einfachen Bettgestellen unterm offenen Dachgebälk, später in hölzernen Budenreihen (Kabäuschen), die noch bis 1970 bewohnt waren. Das Hospital betritt man durch die dreischiffige Hallenkirche und wird unvermutet von einem filigran ausgemalten Sterngewölbe sowie fantastischen Wandmalereien empfangen. Auch der Lettner mit 23 Bildern zur Elisabeth-Legende stoppt den Schritt. All dies bietet eine wunderbare Kulisse für den alljährlich hier stattfindenden Kunsthandwerker-Weihnachtsmarkt. Allein die Atmosphäre ist das Eintrittsgeld wert.

> »DASS IN LÜBECK ÜBERHAUPT NICHT ALLES SO IST, WIE ES SEIN SOLLTE, SIEHT MAN SCHON VON WEITEM, WENN MAN DIE KIRCHTHÜRME ERBLICKT, VON DENEN KEIN EINZIGER DEN KOPF GERADE IN DIE HÖHE STRECKT, UND DIE VIELMEHR ALLE DAS LEBHAFTESTE VERLANGEN AUSDRÜCKEN, SICH ENDLICH EINMAL SCHLAFEN ZU LEGEN.«
>
> Graf Adelbert Baudissin

Eine Zeitreise durch die Architektur
Schönheitsideal im Wandel

Einst kam in der früheren Kaufmannsstadt auf zehn Einwohner ein Handelsschiff – ein Wohlstand, der sich in stolzen Bauten niederschlug, sodass sich Lübeck zu einer der schönsten Städte Nordeuropas entwickelte. Trotz der immensen Zerstörung im Zweiten Weltkrieg blieben viele historische Bauwerke erhalten.

Erst schlank, dann breit – die Treppengiebel

Die Gotik wird in Lübeck von den fünf Kirchen dominiert. In der Straße Große Petersgrube haben sich jedoch auch mehrere gotische Wohnbauten mit ihren typischen Treppengiebeln erhalten, besonders schön die Häusern Nr. 7, 11, 15 und 25. Einst wurden hinter ihren Doppelluken die Waren gelagert. Das Haus Nr. 15 zeigt zum einen den Reichtum seiner Bauherren durch einen Wechsel von glasierten und rohen Backsteinen, andererseits die fehlende Kenntnis des Baugrundes. Es wurde auf dem einstigen Uferbereich der Trave errichtet und neigt sich nun aufgrund von Setzungen um fast einen Meter aus dem Lot – und hält doch! Wurde in der Gotik die Senkrechte betont, ging

Barock und Gotik einträchtig Giebel an Giebel nebeneinander

Lübeck

zu Beginn des 16. Jh. dann alles ›in die Breite‹: Die Waagrechte wurde durch horizontale Gesimse hervorgehoben, die Luken zu breiteren Fenstern aufgelöst und Spitzbögen abgeflacht. Mit dem Terrakotta-Bildhauer Statius von Düren erreichte die Renaissance auch Lübeck.

Dynamik im ›Kopf‹

Jeder neue Besitzer hinterließ Spuren des jeweiligen Zeitgeistes. Die Fassaden gerieten in Bewegung mit Schwüngen, Wellen und Dekor. So zeigt das spätbarocke Haus Nr. 9 den Schweifgiebel des Barock, die asymmetrische Aufteilung des Rokoko und eine Haustür, die mit ihrem Schleifendekor den Übergang zum Klassizismus belegt. Haus Nr. 21 fällt vor allem durch den über alle Stockwerke reichenden vorspringenden Mauerabschnitt auf. Die Rokoko-Elemente beschränken sich auf den Dekor im Innern des Hauses, das heute als Eingang zur Lübecker Musikhochschule das Flair des Besonderen behält.

Gegen Ende 1850 erschien das Stadtbild dann in vornehmer Zurückhaltung: weiß, grau und senffarben. Die Giebel waren abgetragen und durch ein waagrechtes Gesims ersetzt. So gehören die Häuser Nr. 19 und 29 zum späten Klassizismus mit klaren Putzfassaden, vermutlich erbaut von einem dänischen Architekten. Schräg gegenüber erkennt man bei Haus Nr. 12 den Einfluss aus der Berliner Architektenschule mit der großflächigen Schlichtheit sowie rautenförmigen und halbrunden Fenstern.

St. Petri hat einen wunderbaren Blick auf die Straßen von Lübeck.

Vielfalt in der Depenau

In der Parallelstraße, der Depenau, sind besondere Formen des Klassizismus und der Renaissance zu beobachten. Das Haus Nr. 37 besitzt die glockenförmige Giebelhaube des Spätbarocks und ein hübsches klassizistisches Türoberlicht. Beispiele für den Übergang von Gotik zu Renaissance sind die Häuser Nr. 33 und 31. Während Nr. 33 die typischen Spitzbögen und Doppelluken zeigt, wird nebenan die Horizontale mit einem schönen Terrakottafries aus der Werkstatt des Statius von Düren betont.

Spitzecken, Fabelwesen und ein Stummfilmkino

Über Kleine Kiesau, Große Petersgrube und Schmiedestraße geht es zum Klingenberg. Die kurze Stilepoche des Expressionismus bevorzugt wieder den Backstein als sichtbares Bauelement. Runde oder gezackte Formen sollen den Eindruck frei gestalteter Plastiken vermitteln. Die streng angeordneten, vorspringenden Erker mit den quadratischen Sprossenfenstern vom Kaufhaus am Klingenberg (1929, Sandstr. 24–28) werden durch die sanfte Biegung des Eckhauses und die goldenen Dekore auf den Spitzecken gemildert – ein typischer Bau dieser Zeit. Das Haus Nr. 1–3 in der Mühlenstraße weist hingegen noch eine klassizistisch-horizontale Gliederung sowie Dreiecks- und Segmentgiebeln auf. Manch liebevolles Detail fällt beim Besuch des Cafés Czudaj im Erdgeschoss ins Auge.

Architektur zum Anbeißen – aus Marzipan!

Und zum Abschluss noch ein wenig Jugendstil: Haus Nr. 21 zeigt schöne Stuckornamente in hoher kunsthandwerklicher Qualität: Blumenornamente, Fabelwesen und filigrane Balkongitter schmücken die Fassade. Einst war hier eines der Lübecker Stummfilmkinos beheimatet. Doch es hagelte Beschwerden: Die Begleitmusik des elektrischen Klaviers sei zu aufdringlich und zu laut. Schon 1910 wurde das Kino wieder geschlossen.

Lübeck vom Wasser aus
Wipperbrücke und Schlüpferallee

Eine Rundfahrt um die Altstadtinsel gehört einfach zu einem Lübeck-Besuch. Mit ungewohntem Blick auf die Sehenswürdigkeiten der Stadt lassen sich manche Plätze neu entdecken. In gemütlichem Schippertempo lauscht man gespannt den Erläuterungen und Anekdoten des Bootsführers.

Während kurzweiliger 60 Minuten umschifft die gläserne Barkasse die gesamte Altstadt von Lübeck. Unter elf Brücken hindurch werden Stadt- und Kanaltrave befahren. Mal weitet sich der Fluss, und es herrscht reger Schiffsverkehr, mal wird es ganz eng, und die grünen Ufer kommen nah an die Reling heran.

Erst links herum ...

Am Schiffsanleger Holstentorterrassen an der Obertrave heißt es: ›Leinen los!‹ Backbord fällt der Blick auf die historischen Salzspeicher. Diese Backsteinhäuser aus dem 16.–18. Jh. erinnern an die Zeit des ›weißen Goldes‹. Unter der Holstenbrücke hindurch, kommen steuerbords die Traditionssegler des Museumshafens in Sicht. Die Holzplanken frisch gewienert, warten die seetüchtigen Schiffe auf den nächsten Törn: die 1881 für die Eisfahrt gebaute Galeasse ›Fridtjof‹, benannt nach dem Polarforscher Fridtjof Nansen, der Gaffelschoner ›Krik Vig‹, mehrere Fisch-, Gaffel- und Lotsenkutter, ›Mathilde‹, der Besan-Ewer mit den zwei hoch aufragenden Masten, sowie mehrere Schlepper und ein Eimerkettenbagger mit dem passenden Namen ›Wels‹.

Die Drehbrücke zwischen Holsten- und Hansahafen, Lübecks älteste Brücke, wird nur auf Antrag geöffnet. Das Ausflugsschiff kann sie jedoch problemlos unterfahren, hinein in den Hansahafen. Links vor den Mediadocks ankert die ›Fehmarnbelt‹. Das ehemalige Feuerlöschschiff kann in den Wintermonaten besichtigt werden und lädt im Sommer Gäste zum Mitfahren ein. Direkt daneben hat die ›Lisa von Lübeck‹ ihren Liegeplatz. Sie ist eine Rekonstruktion eines Hanseschiffes aus dem 15. Jh. Mit über 30 m Länge ist sie größer als die älteren Koggen. Den Sommer über segelt sie die Ostseeküste entlang und nimmt Gäste auf.

Ein kurzer Abstecher nach links in den Burgtorhafen vermittelt Einblicke in das rege Arbeitsleben an den Lagerhäusern. Frachtschiffe werden be- und entladen – wie in einer winzigen Nussschale schaukelt man neben den haushohen Riesen. Noch vor der Eric-Warburg-Brücke dreht der Kapitän das Schiff: Nun gilt es, die Fotoapparate bereitzuhalten: Alle fünf Lübecker Kirchen mit ihren sieben Türmen posieren fürs Gruppenfoto!

Die Traditionssegler im Museumshafen gehen im Sommer auch auf große Fahrt.

... dann rechts herum

Unter dem Hubbrückenkomplex hindurch, der den Elbe-Lübeck-Kanal staut, fährt das Schiff in den Klughafen. Rechter Hand ragt das mäch-

Lübeck

tige Burgtor mit Burgkloster und Europäischem Hansemuseum hervor. Die Häfen werden großenteils nicht mehr wirtschaftlich genutzt. Rechts und links führen Radwege an den Ufern entlang. Plötzlich kommt eine ungewöhnliche Brückenkonstruktion in Sicht: die Klughafen-Brücke. Unter diesem Namen kennen Fußgänger und Radfahrer die Brücke allerdings weniger: Die Lübecker nennen sie liebevoll ›Glitzerbrücke‹. Warum, erschließt sich bei Dunkelheit und feuchten Straßen, dann spiegelt sich die Brückenbeleuchtung glitzernd im Belag.

Die Wakenitz begrenzte einst unmittelbar die Altstadt im Osten, ist heute aber in die zweite Reihe gerückt. Bei der Rehder-Brücke wird ihr Wasser mittels eines Zuleitungskanals unter der Kanaltrave hindurch in den Krähen- und den Mühlenteich geleitet, die beide beliebte Stadtoasen sind.

Nur Fußgänger und Radfahrer können auf der Dankwartsbrücke die Trave überqueren.

Unbekannte Plätze

Während die grünen Wallanlagen näher an die Ufer heranrücken, wird es auf dem Fluss deutlich ruhiger. Einige Bootslängen weiter auf der Kanal-Trave haben sich zahlreiche Rudervereine angesiedelt, deren Boote leise durchs Wasser gleiten. Kurz darauf kommt die Wipperbrücke in Sicht. Sie war im Mittelalter äußerst gefürchtet, denn hier wurden betrügerische Kaufleute ›gewippt‹ oder ›gingen über die Wippe‹, wurden also ertränkt!

Man fährt dicht am Dom vorbei und sieht deutlich, wie stark sich die beiden Domtürme einander zuneigen. Die Häuser stehen hier dicht am Ufer, vom Wasser nur durch eine schmale Grünfläche getrennt. Beim Vorbeigleiten an dieser als ›Schlüpferallee‹ bekannten Seite der Obertrave wird es nostalgisch: Sitzplätze auf den Bänken sind rar, Fetzen lebhafter Unterhaltung wehen übers Wasser, Kinder spielen auf der Uferböschung, während ›Schlüpfer‹ und andere Wäsche an lang gespannten Leinen im Wind trocknen. Schon bald danach kommt die Anlegestelle wieder in Sicht. Das Boot duckt sich noch einmal unter zwei Brücken hindurch: die Dankwartsbrücke, die zum viel gerühmten Malerwinkel führt, und die Obertravebrücke, deren Dekoration mit bunten Liebesschlössern stetig zunimmt und ihr den Namen ›Liebesbrücke‹ eingebracht hat.

> **MYTHOS?**
>
> Der Sage nach sind für die Neigung der Domtürme unterirdische Kräfte verantwortlich, die sich von ihrer Last befreien wollen – der Dom wurde auf einer heidnischen Quelle erbaut. Oder ist doch das Hochwasser der Grund für die Absenkung?

Augen auf in Lübeck

Theater vom TheaterFiguren-Museum

Lübecker Museumslandschaft

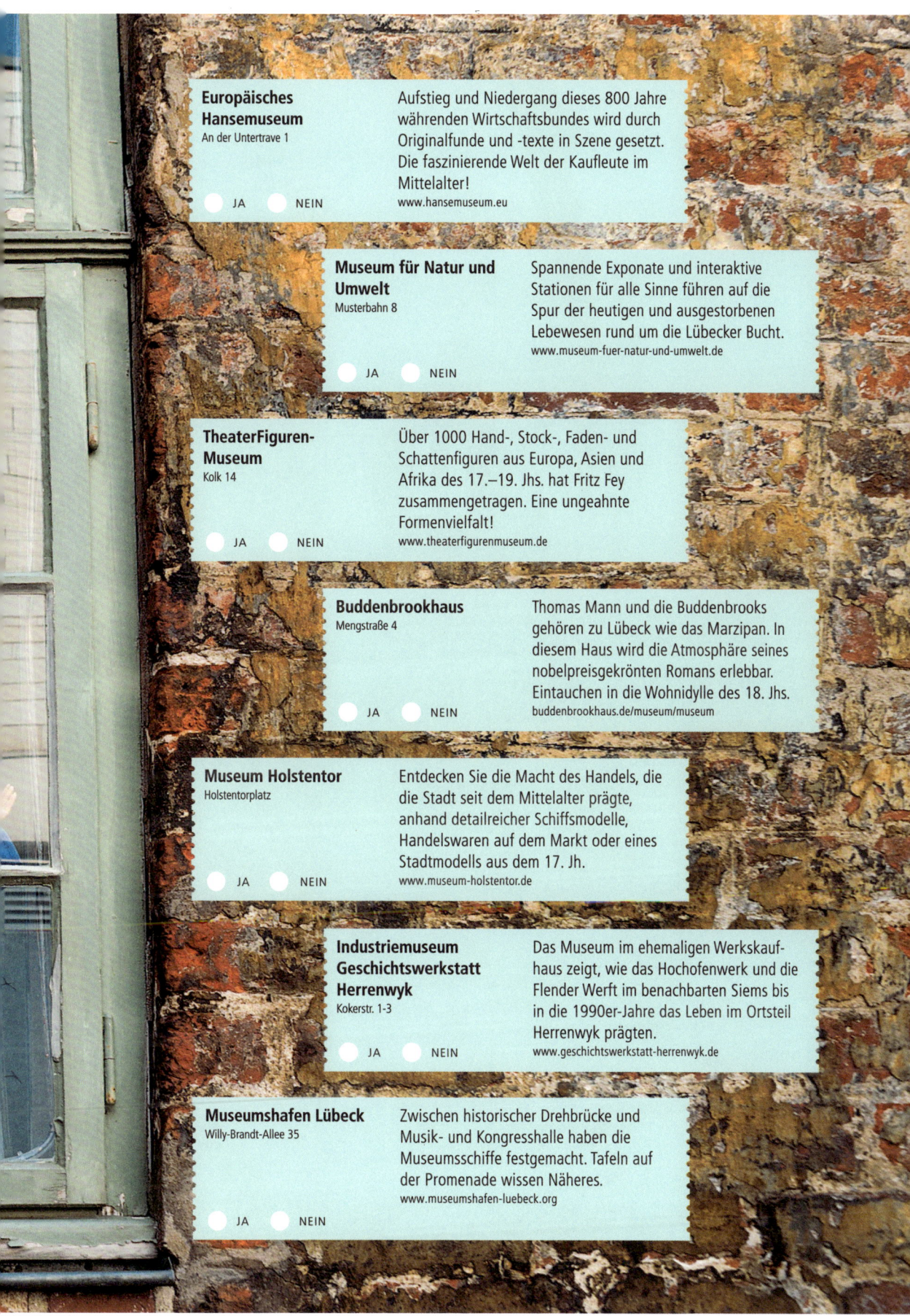

Europäisches Hansemuseum
An der Untertrave 1

JA   NEIN

Aufstieg und Niedergang dieses 800 Jahre währenden Wirtschaftsbundes wird durch Originalfunde und -texte in Szene gesetzt. Die faszinierende Welt der Kaufleute im Mittelalter!
www.hansemuseum.eu

Museum für Natur und Umwelt
Musterbahn 8

JA   NEIN

Spannende Exponate und interaktive Stationen für alle Sinne führen auf die Spur der heutigen und ausgestorbenen Lebewesen rund um die Lübecker Bucht.
www.museum-fuer-natur-und-umwelt.de

TheaterFiguren-Museum
Kolk 14

JA   NEIN

Über 1000 Hand-, Stock-, Faden- und Schattenfiguren aus Europa, Asien und Afrika des 17.–19. Jhs. hat Fritz Fey zusammengetragen. Eine ungeahnte Formenvielfalt!
www.theaterfigurenmuseum.de

Buddenbrookhaus
Mengstraße 4

JA   NEIN

Thomas Mann und die Buddenbrooks gehören zu Lübeck wie das Marzipan. In diesem Haus wird die Atmosphäre seines nobelpreisgekrönten Romans erlebbar. Eintauchen in die Wohnidylle des 18. Jhs.
buddenbrookhaus.de/museum/museum

Museum Holstentor
Holstentorplatz

JA   NEIN

Entdecken Sie die Macht des Handels, die die Stadt seit dem Mittelalter prägte, anhand detailreicher Schiffsmodelle, Handelswaren auf dem Markt oder eines Stadtmodells aus dem 17. Jh.
www.museum-holstentor.de

Industriemuseum Geschichtswerkstatt Herrenwyk
Kokerstr. 1-3

JA   NEIN

Das Museum im ehemaligen Werkskaufhaus zeigt, wie das Hochofenwerk und die Flender Werft im benachbarten Siems bis in die 1990er-Jahre das Leben im Ortsteil Herrenwyk prägten.
www.geschichtswerkstatt-herrenwyk.de

Museumshafen Lübeck
Willy-Brandt-Allee 35

JA   NEIN

Zwischen historischer Drehbrücke und Musik- und Kongresshalle haben die Museumsschiffe festgemacht. Tafeln auf der Promenade wissen Näheres.
www.museumshafen-luebeck.org

Flussbadeanstalten und kleine Badestellen laden entlang der Wakenitz zum Sprung ins erfrischende Nass.

II
Pausieren in Lübeck

Lübeck

Einmal ausklinken bitte: Müßiggang an der Obertrave

PFLANZENVIELFALT

Schulgarten
In Lübecks ›Botanischem Garten‹ wird seit über 100 Jahren eine Vielzahl an Pflanzen gehegt, gepflegt und kenntnisreich zusammengestellt. Es gibt eine Wildblumenwiese, Nutz- und Bauerngärten, ein Alpinum, einen Lindentunnel sowie verschiedene Themengärten und Feuchtbiotope. Sitzplätze fügen sich harmonisch in die Umgebung, teils von Kletterpflanzen und Linden umrahmt oder am Rand des Seerosenbeckens platziert. Der Garten liegt zwischen dem Freibad Falkenwiese und der Wakenitz, sodass man sich dort im Sommer wunderbar abkühlen kann.
An der Falkenwiese

ERHOLSAMER SPAZIERGANG

Wallanlagen
Vom halbkreisförmigen Sonnenplatz unterhalb der Puppenbrücke führt ein etwa 4 km langer Spazierweg durch die Wallanlagen. Sie sind aus den Resten der ehemaligen Verteidigungswälle hervorgegangen. Es geht durch wald- und parkähnliche Gebiete, vorbei am Schneckenberg, der Wipperbrücke, dem ehemaligen Stadttor (Kaisertor) oder auch einem Spielplatz mit Planschbecken.

BAUMELN BEINE UND SEELE

Obertrave
Am Ufer der Trave stehen mehrere Bänke. Mit Blick auf das Wasser und die vorbeiziehenden Schiffe können Sie hier Ihren Füße ein Päuschen gönnen und Ihre Eindrücke sacken lassen. Ein besonders schöner Platz weiter stadtwärts, um Beine und Seele baumeln zu lassen, ist das Mäuerchen an der Trave-Promenade. Vom Kiosk gegenüber den Salzspeichern versorgt man sich mit einem Bier, Kaffee oder Eis auf die Hand und sieht entweder dem Trubel auf der Promenade zu oder beobachtet das langsame Fließen der Trave.

BADEN MITTEN IN DER STADT

Krähenteich und Mühlenteich
Auf den Bänken rund um die beiden Teiche entspannt man sich mit der Aussicht auf Wasserpflanzen und eine vielfältige Vogelwelt. Und das Naturbad Krähenteich lädt im Sommer zu einer schnellen Abkühlung in der Mittagspause ein. Die Teiche werden von der Wakenitz gespeist. Beim Bau des Elbe-Lübeck-Kanals wurde der Fluss durch einen Damm abgetrennt und liefert das Wasser nun durch einen kleinen Kanal, Düker genannt.

STRAND UND MUSIK IN TRAVEMÜNDE

Travemünde: Strandpromenade und St.-Lorenz-Kirche
Wenn die Sonne lacht, fahren die meisten Lübecker einfach in ihr nordöstlichstes Stadtviertel: an den Strand von Travemünde, wo die Strandkörbe schon in Reih und Glied warten. Wer etwas Ruhe vom Strandtrubel sucht, geht in die nur 1,5 km entfernte Kirche St. Lorenz, die im 16./17. Jh. über den Resten eines romanischen Vorgängerbaus errichtet wurde. Einige Teile wie der Chor und die Sakristei stammen noch aus dem Mittelalter. Von Juni bis September lässt es sich donnerstags hier wunderbar während der halbstündigen Marktkonzerte beim Klang der Orgel entspannen (ab 10.30 Uhr). Dabei lohnt ein Blick auf die reich bemalte Kassettendecke, den schönen Altar und die Kanzel.
Vogteistr. 22, Travemünde

Warum Mannheim?

Der Wasserturm auf dem Friedrichsplatz

Quadratisch, praktisch, multikulti

Die Mannheimer leben wie die New Yorker in Quadraten zwischen schnurgeraden Straßen. Mit New York verbindet Mannheim auch die große Offenheit: Zuwanderung? Multikulti? Integration? In Mannheim schon seit 400 Jahren. Gut, dass sich Dinge manchmal nicht ändern!

Stadtplanung im Schachbrettmuster

Mannheim auf einen Blick

121 m über dem Meeresspiegel reichen, um mit Klischees aufzuräumen: Vom Fernmeldeturm am Luisenpark aus wirkt die angeblich so graue Industriestadt Mannheim grüner als gedacht. Nur einen Katzensprung sind Odenwald und Pfalz entfernt.

DIE QUADRATE

Dass Mannheim eine Stadt zwischen zwei Flüssen ist, zeigt sich bereits an der Struktur der Innenstadt: Die Quadrate liegen in einer Gabelung am Zusammenfluss von Rhein und Neckar. Die Landspitze dazwischen hat fast vollständig die Industrie in Beschlag genommen. Das schachbrettartige Grundmuster ist vollkommen auf das Schloss ausgerichtet. Dieses war im 18. Jh. als ›Krone der Stadtanlage‹ anstelle einer geschliffenen Festung errichtet worden und bildet noch heute den Abschluss der Quadrate zur Rheinseite hin.

Die Quadrate werden von zwei breiten Hauptachsen durchschnitten: von den Planken von Ost nach West und von der Breiten Straße von Süd nach Nord. Gezählt wird vom Schloss aus mit dem Quadrat A1, denn hier liegen die A-Quadrate links der Breiten Straße. Aufsteigend geht es dann weiter in Richtung Norden und Neckar bis zum Buchstaben K. L ist wiederum auf der rechten Seite der Breiten Straße direkt am Schloss zu finden. Ach ja, und damit Sie gar nicht erst danach suchen und nicht fündig werden: Ein I-Quadrat gibt es nicht. Und nach U6 ganz im Nordosten Richtung Neckar ist Schluss mit der Zählerei …

JUNGBUSCH

Der Jungbusch hat nur 15 Straßenzüge, dafür eine der höchsten Dichte an Menschen mit Migrationshintergrund und Kneipen. Unmittelbar am Verbindungskanal von Rhein und Neckar lebten im einstigen Hafenviertel zunächst wohlhabende Händler, Reeder und Kapitäne, ehe in den 1960er-Jahren vor allem Arbeitsmigranten in die unsanierten Gründerzeitbauten zogen. Heute beflügeln Studenten und Kreative den Strukturwandel – dazu tragen auch die Popakademie, das Kunsthaus Port25 und das Kreativwirtschaftszentrum C-Hub bei. Das ist eine große Chance für die

Ü ÜBRIGENS

Die Kelten nannten ihn ›böser, schneller Fluss‹. Heute ist der Neckar nüchtern betrachtet eine der wichtigsten Verkehrsadern im Südwesten, von Industriekränen flankiert und mit den Lichtern des weltweit größten Chemiekonzerns BASF am Horizont. Davor rauscht der Stadtverkehr über die Jungbuschbrücke. Und dahinter? Wartet die Industrieromantik dieser Stadt. Nicht nur, wenn die Sonne untergeht …

Die Jungbuschbrücke über dem Neckar

Stadtentwicklung, andererseits sorgen steigende Mieten und Immobilienspekulanten auch dafür, dass der ›Kiez‹ sein Gesicht verändert.

SCHWETZINGERSTADT UND OSTSTADT

Im Anschluss an die Innenstadt trennt die Augustaanlage – als Boulevard angelegt – zwei Stadtteile: Im Südwesten des Straßenzugs liegt die Schwetzingerstadt. Vormals Gartenland, wurde sie im späten 19. Jh. zu einem Mix aus Gewerbe und Wohnvierteln, heute finden sich hier schöne Läden, Bars, Cafés und Restaurants. Anders präsentiert sich die eher mondäne Oststadt auf der anderen Seite der Augustaanlage: Sie grenzt an den großen Luisenpark und war ein Geschenk, das sich erfolgreiche Unternehmer zum 300. Geburtstag der Stadt um 1907 selbst machten. Nach dem Motto ›Schöner Wohnen‹ schufen sie sich ein Quartier mit Jugendstilvillen, Palais und schönen Mehrfamilienhäusern. Quasi als Tor zur Oststadt liegt daneben der Wasserturm, den die Kunsthalle und das Kongress- und Konzertzentrum Rosengarten flankieren – inmitten eines der schönsten Jugendstilensembles Europas.

NECKARSTADT

Dieses im 19. Jh. angelegte Wohngebiet unmittelbar am Fluss beherbergt Arbeiterfamilien, aber auch immer mehr Studenten. Gleich nach der Kurpfalzbrücke, rund um den Alten Meßplatz, haben sich die Veranstaltungshäuser Alte Feuerwache und Capitol, ehemals Kino, heute Bühne für Kleinkunst und Konzerte, zu den ›Leuchttürmen‹ eines lebendigen Ausgehviertels entwickelt. Grundsätzlich ist der östliche Teil bürgerlicher und ruhiger als der westliche. Hinzugekommen ist das Marchivum: Das Stadtarchiv, direkt am Fluss, thront regelrecht über der Neckarstadt-West – in einem gläsernen Aufsatz als Erweiterung eines alten Weltkriegsbunkers.

INDUSTRIE UND GRÜNES AM STADTRAND

Jenseits des Neckars haben die großen Industriebetriebe (in Teilen von Wohlgelegen, Käfertal, dem Waldhof oder der Vogelstang) ihren Platz. Gleiches gilt für die südlichen Stadtteile Rheinau und Neckarau, deren alte Arbeiterviertel auch hübsche Straßenzüge bereithalten. Mit dem Waldpark gibt es hier eines der schönsten Naherholungsgebiete Mannheims.

IWWER DIE BRIGG

In einer Stadt, die durch zwei Flüsse geprägt ist, ist es zur Streckenplanung sinnvoll, die Brückennamen zu kennen. Von der Innenstadt in die Neckarstadt führen von West nach Ost die Jungbusch-, die Kurpfalz- und die Friedrich-Ebert-Brücke. Über den Rhein nach Ludwigshafen stehen dem Auto- und Radverkehr die Kurt-Schumacher- und die Konrad-Adenauer-Brücke zur Verfügung.

Mannheims neues Mekka für zeitgenössischen Tanz: das Eintanzhaus

In barockem Glanz erstrahlt die Jesuitenkirche

Flanieren durch Mannheim

1. TOUR

**Wo die Flamingos frühstücken –
Der Luisenpark**

Hier kann man gar nicht oft genug hin: Teehaus, Oasen und viel, viel Grün!

2. TOUR

**Die Vermessung des Himmels –
Mannheim im Barock**

Als die Zeit noch vom Hofastronom berechnet und Mannheim quadratisch wurde – eine Reise in die Stadtgeschichte.

3. TOUR

**Für Sternegucker und Schiffsverkehr –
Die Friesenheimer Insel**

Mit der alten Fähre schippern, Schiffe gucken und sich in spannenden Ecken satt und glücklich futtern.

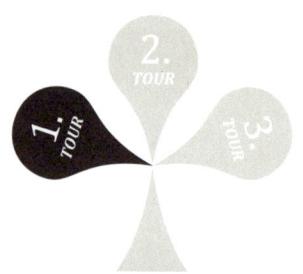

Der Luisenpark
Wo die Flamingos frühstücken

Der Luisenpark ist die grüne Lunge der Stadt. Ein Ort, an dem chinesische Teezeremonien genauso auf der Agenda stehen wie die Fischfütterung der Pinguine.

Eine Parkanlage bekam selbst die Tochter von Kaiser Wilhelm I. nicht alle Tage geschenkt. Zum 58. Mal jährte sich 1896 der Geburtstag der Großherzogin von Baden, als die Mannheimer ein Stück Grün nach ihr benannten. Tatsächlich reichen die Anfänge des Luisenparks bis in diese Zeit zurück. Schon bald nach Fertigstellung der ersten Abschnitte 1892–1903 war ein Ausflug hierher fester Bestandteil der sonntäglichen Familienausflüge.

Die Stadt von oben

Vom Fernmeldeturm lässt sich die Mischung aus zoologisch-botanischem Garten und Erlebnisraum auf 42 ha am besten betrachten. Von oben, versteht sich. Dafür wählt man nicht den Haupteingang, sondern den an der Neckarseite. Wer seine Blickrichtung ständig ändern möchte, besucht das Skyline, denn das Restaurant in 121 m Höhe dreht sich kaum merklich um seine Achse. Von hier aus sind es wenige Schritte zum Bootshaus mit seiner schönen Terrasse – kinderfreundlich ist man hier auch. Auf der anderen Seite des Neckars liegt ein weiteres gutes Lokal direkt am Wasser: die Maruba.

Füße hochlegen erwünscht: Wer vom Eingang des Fernmeldeturms links in den Luisenpark abbiegt, kommt in die Klangoase, für die der Musiker Peter Seiler Stücke komponiert hat. Hier und im chinesischen Teehaus kann man heiraten. Geplant wurde die Anlage im östlichen Parkteil mit Wasserfall und Blumenpavillon nach den Grundsätzen des Feng Shui – 30 Teesorten gibt's hier zum Testen.

Längst Kult sind die Gondolettas, die auf dem Kutzerweiher ihre Runden drehen. Die 50 Boote, die von einer Grundkette über den Kunstsee gezogen werden, fahren so ruhig, dass man nicht nur die schöne Seenlandschaft – vorbei an einer der größten Flamingokolonien Europas – studieren kann, sondern auch die riesigen Schlünde der Karpfen. ›Alles aussteigen‹, heißt es an der Festhalle Baumhain, in der auch Nachtflohmärkte stattfinden. Über eine Treppe und vorbei an Vogelvolieren geht's dann zum Pinguingehege.

Fächerwedel und Bananenstauden: Im Pflanzenschauhaus des Luisenparks kommt Dschungelfeeling auf.

Ein Meer aus Seerosen

Das Pflanzenschauhaus nebenan bietet sich mit seinem Restaurant gut für ein Mittagessen an. Wie eine subtropische Oase präsentieren sich außen große Wasserbecken, im Innern Liszt-Äffchen oder eine Tigerpython in einer Art Tropenlandschaft. Besonders eindrucksvoll ist das Schmetterlingsparadies mit seinen frei fliegenden Faltern. Gleich daneben gibt es für Familien einen Lichtblick für verregnete Tage: einen Indoorspielplatz.

Chinesisches Teehaus im Luisenpark

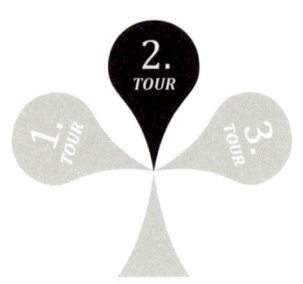

Mannheim im Barock
Die Vermessung des Himmels

Nur die mit Ohren gehören dazu: Gemeint sind die typischen Fensterlaibungen an Barockhäusern, die man überall in der Stadt finden kann. An der Jesuitenkirche, an der Sternwarte, am Zeughaus. Oder am Schillerhaus, wo es schon vor 400 Jahren etwas Grün gab – aber nie einen Dichter.

Einbahnstraßen. Wer denkt schon beim Thema Barock an Wege, die nur in eine Richtung gehen? Und dennoch ist der Mannheimer Grundriss ein Relikt der Geschichte. Denn die Quadrate sorgen bis heute dafür, dass die Wege oft schmal und einspurig sind. Eine barocke Planstadt, die auf dem Reißbrett entstand, war Mannheim zwar nie – auch wenn das oft erzählt wird. Denn schon 1607 hatte Friedrich IV. wichtige Punkte der Stadtplanung festgelegt, die man dann einfach beibehielt: etwa den Standort des Schlosses direkt am Rhein. Oder eben die schachbrettartige Stadtstruktur, die man erst später Quadrate nannte.

Vor dem Barock wurde Mannheim im Zuge der Religionskriege mehrmals stark zerstört. Das hatte den Vorteil, dass Karl Ludwig 1652 beim Wiederaufbau nur wenig Rücksicht auf bestehende Bauten nehmen musste. Andererseits war die Bevölkerung derart ausgedünnt, dass dem Kurfürst die Bürger fehlten. Die kamen schließlich in Gestalt von Heerscharen französischer, wallonischer und flämischer Kolonisten, angelockt mit steuerlichen Entlastungen, Zunft-, Religionsfreiheit und einer Portion Toleranz. Und so ist es geblieben, heute leben in Mannheim Vertreter von über 160 Nationen.

Daran, dass das Nationaltheater bis zu seiner Zerstörung 1943 in B3 stand, erinnert das Dichterdenkmal von 1862 auf dem Schillerplatz. Alle zwei Jahre lädt das Nationaltheater Ensembles ein, Schillers Stücke zu spielen. Zudem wird seit 1954 der Schillerpreis der Stadt an bedeutende Persönlichkeiten verliehen.

Riesige Augen am Zeughaus

Das kurfürstliche Zeughaus, 1777/78 von Peter Anton von Verschaffelt errichtet, war erst ein Waffenarsenal, dann eine Kaserne. Heute ist es Hauptsitz der Reiss-Engelhorn-Museen und Projektionsfläche für eine monumentale Lichtinstallation: LUX von Elisabeth Brockmann füllt alle Fenster aus und ergibt mit seinen 50 Elementen ein riesiges Augenpaar, das vom Innern des Gebäudes nach draußen schaut.

Die Vermessung des Himmels

Dass Carl Theodor auch ein Freund der Wissenschaften war, zeigt sich an der Sternwarte. Der Kurfürst hatte den achteckigen Turm 1772–74 für den Hofastronom Christian Mayer errichten lassen, der sich nichts weniger als die Vermessung des Himmels vornahm – und die Festlegung eines Kurpfälzer Meridians. Zu seinen Aufgaben gehörten ›die tägliche und jährliche genaue Zeitrechnung, die Berichtigung der Uhren, die Unterhaltung des Briefwechsels mit auswendigen Gelehrten‹. Ende des 19. Jhs. wurde die Sicht immer schlechter – die Industrialisierung verwandelte die Region in ein Lichtermeer. Seit 1908 lebten Künstler im Turm, der im Krieg zwar beschädigt wurde, seit 1958 aber als Atelierhaus dient.

Jenseits der Kalten Gass

An der Nordseite der Jesuitenkirche führt die Kalte Gass zwischen A4 und B4 entlang. Warum sie im Volksmund so genannt wird, ist schnell klar – die Kirche ist derart dominant in die Straßenflucht gerückt, dass der Weg daneben der schmalste (und wohl auch schattigste) im ganzen Quadratenetz ist.

Um die Schauseite der Jesuitenkirche zur Geltung zu bringen, wurde die Straße zwischen A3 und A4 zum Asamplatz erweitert, der an ein Erfolgsduo des Spätbarocks erinnert: Während Cosmas Damian Asam das monumentale Deckengemälde in der Schlosskirche schuf, gestaltete sein Bruder Egid Quirin die Kuppel und Decke des Langhauses der Jesuitenkirche – all ihre Werke gingen allerdings im Zweiten Weltkrieg verloren. Durch Restaurierungen ist der barocke Glanz der Jesuitenkirche heute wieder zurückgekehrt. Davon zeugen der 20 m hohe und 243 t schwere Hauptaltar von Peter Anton Verschaffelt, der auch die Seitenaltäre schuf, oder die kurfürstlichen Hoflogen von Paul Egell.

»JETZT LEBE ICH ZU MANNHEIM IN EINEM ANGENEHMEN DICHTRISCHEN TAUMEL.«
Friedrich Schiller

Malaria, Karrieresprung und Liebe

So ließen sich die Etappen, die Friedrich Schiller 1783–85 in Mannheim durchmachte, zusammenfassen. 1782 hatte sich der damals noch unbekannte Autor mit seinen ›Räubern‹ ins Zentrum der Sturm-und-Drang-Epoche geschrieben und endlich seinen künstlerischen Durchbruch geschafft. Die Uraufführung seines Bühnenerstlings am Nationaltheater wurde ein riesiger Erfolg: ›Das Theater glich einem Irrenhaus, rollende Augen, geballte Fäuste, heisere Aufschreie im Zuschauerraum. Fremde Menschen fielen einander schluchzend in die Arme, Frauen wankten, einer Ohnmacht nahe, zur Tür‹ – so beschrieb ein Augenzeuge die Aufführung, die auf solch emotionale Weise von den Zuschauern aufgenommen wurde.

Neben derartigen Erfolgen erlebte Schiller in Mannheim auch Tiefs: Zwar wurde er 1783 Hausautor des Nationaltheaters und verliebte sich unter anderem in Charlotte von Kalb, dann aber erkrankte er schwer.

Dass er vor seiner Abreise nach Leipzig zuletzt in einem Hinterhaus in B5 wohnte, daran erinnert das Museum Schillerhaus. Da sein eigentliches Domizil, das ›Hölzelsche Haus‹ in B5, 8, abgerissen wurde, kauften die Reiss-Engelhorn-Museen ein vergleichbares Gebäude nebenan, das mit seinem idyllischen Innenhof und Gartenhaus schon fast zu pittoresk wirkt – denn Schiller lebte in eher ärmlichen Verhältnissen. Hier wird bei Lesungen und Literaturveranstaltungen an ihn und die Mannheimer Theatergeschichte erinnert (auch im Zeughaus, in dessen drittem Obergeschoss etwa das Soufflierbuch der ›Räuber‹-Uraufführung zu sehen ist).

Die Sternwarte wird bei Führungen vom Verein Stadtbild zugänglich gemacht.

Die Friesenheimer Insel

Für Sternegucker und Schiffsverkehr

Abseits des Stadtzentrums wird Tango neben Containerschiffen getanzt, Kaffee in einer ehemaligen Bettfedernfabrik geröstet oder mit der Emma die Langsamkeit zelebriert.

Alltäglich ist der Arbeitsplatz des Fährmanns zur Friesenheimer Insel nicht: Im Winter bewirtet er die Gäste im benachbarten Fischrestaurant Dehus, im Sommer schippert er Emma über den Altrheinarm, an dem sich nur wenig verändert hat. Und das ist gut so: Durch eine Übereinkunft von 1825 hält die Stadt den Betrieb der ältesten noch funktionierenden Fähre Deutschlands aufrecht. Denn seit der Rheinbegradigung ist das Areal zwischen Alt- und Neurhein nicht mehr Teil von Ludwigshafen-Friesenheim oder Oppau, sondern in der Tat eine Insel. Die Bauern, die schon vor der Rheinbegradigung hier ihre Äcker hatten, brauchten also eine Möglichkeit, um überzusetzen. Fünf Minuten dauert die Fahrt auf der Emma, die an einer Grundkette entlang hinüber bis nach Sandhofen tuckert.

Zanderklößchen vom Spätzle-Opa

Die Fähre und Dehus – auch das ist seit etwa 100 Jahren eine Einheit. Denn die Betreiber des rustikalen Restaurants hatten auch immer die Jagd- und Fischrechte des Areals. ›Das ist meine Insel‹, sagt Georg Wetzel, und man glaubt es ihm sofort. Viele Gäste nennen ihn den ›Spätzle-Opa‹. Denn die macht der gelernte Koch selbst, so wie viele Wild- und Fischgerichte, bei denen man sicher sein kann: Vieles, was hier auf den Teller kommt, war vorher auf den Rheinwiesen oder im Strom unterwegs.

Schließen einander nicht aus: Liegestühle und Industrieromantik auf und rund um die Friesenheimer Insel

Kilometerlanges Lichtermeer: die BASF

Der westliche, unbebaute Teil der Friesenheimer Insel ist Landschaftsschutzgebiet. Durch den Schiffsverkehr haben sich hier seltene Pflanzenarten wie der Seidelbast oder die riesige Eselsdistel angesiedelt. Auf dem gegenüberliegenden Rheinufer erstreckt sich kilometerlang die BASF. Die weltweit größte zusammenhängende Chemiefabrik ist von der Friesenheimer Insel aus in fast voller Länge zu sehen.

Ständig passieren große Schiffe. Eine eindrucksvolle Kulisse, besonders bei Sonnenuntergang. Direkt am Rheinufer liegt das Gebäude der alten Orderstation, in der Reedereien jahrzehntelang eine Passierstelle betrieben, um durchfahrende Schiffe zu registrieren und Anweisungen an die Kapitäne zu übermitteln. Ein Foto von Robert Häusser von 1955 zeigt den damaligen Betreiber der Orderstation mit Fernglas und Telefon bei der Arbeit. Überliefert ist, dass die Kommunikation auch über Megafon funktionierte. 1970 wurde der Betrieb eingestellt.

Eine Burg auf der Insel

Besonders für die Friesenheimer Insel ist auch, was sich hier an Architekturgeschichte erhalten hat. So gibt es noch das neogotische Klärwerk, das der Bildhauer Rüdiger Krenkel als Atelier nutzt. Wie ein Monument der Moderne ragt in der Friesenheimer Straße 14 die Genossenschaftliche Burg empor. Anfang der 1930er-Jahre als Fabrik für Mehl, Teigwaren und Malzkaffee entstanden, sind hier heute Lager und Ateliers untergebracht, die im Rahmen von Führungen des Vereins Rhein-Neckar-Industriekultur öffentlich zugänglich sind. Ganzjährig ist die Geschichte des Hafenareals auf 31 Infotafeln nachzulesen, die der Verein auf einem ›Weg zur Industriekultur‹ eingerichtet hat.

In Zusammenarbeit mit der Kurpfalz Personenschiffahrt organisiert der Verein Rhein-Neckar-Industriekultur von April bis Oktober einmal im Monat Dämmer- oder Morgentouren durch den Industriehafen – mit Hintergrundinfos aus der Hafengeschichte.

Manches lässt sich erst vom Wasser aus entdecken: Etwa eine barocke Sandsteinpyramide, die Kurfürst Carl Theodor als astronomischen Messpunkt für seine Sternwarte hatte aufstellen lassen. Sie steht auf dem (leider nicht zugänglichen) Gelände einer ehemaligen Autofabrik, umgeben von Industrielärm und brackigem Kanalwasser. Daraus resultiert auch der Name ›Pyramidenstraße‹.

Wo der Teufel Prada trägt

Viele Gebäude aus der Gründerzeit sind heute keine Industriestandorte mehr. Wer über die Diffenébrücke mit ihren mächtigen roten Auslegern in die Industriestraße fährt, erreicht unter der Hausnummer 47 die ehemalige Kartonagenfabrik, in der das international bekannte Modelabel von Dorothee Schumacher sitzt. Ein geschichtsträchtiges Gebäude, das die jüdischen Besitzer Alfred Hirschland und Robert Steger 1938 unter dem Druck der Nazis verkaufen mussten. 1998 verwandelte es der Architekt Yves Bayard in ein lichtdurchflutetes Industrieloft, in dem die Produktentwicklung, der Einkauf und Vertrieb untergebracht sind – für 140 Mitarbeiter aus 16 Nationen. 2006 war es das Mannheimer Label, der Meryl Streep, Anne Hathaway und auch das restliche Filmset von ›Der Teufel trägt Prada‹ ausstattete. Sehenswert ist auch das Areal der ehemaligen Bettfedernfabrik in der Industriestraße 35, auf dem Helder & Leuwen Kaffee rösten, in der Tanzschule Flores Tango getanzt und in der Event-Gastronomie Playa del Ma Cocktails angeboten werden.

Ein Wasserglas und ein Stuhl – das sind die Dinge, die man zur Erinnerung an Ferdinand von Zeppelin (1838–1917) bei Dehus hütet. Beides soll der Graf benutzt haben, als er am 15. September 1909 mit seinem Luftschiff auf der Friesenheimer Insel landete.

Museum Weltkulturen

Augen auf in Mannheim

Mannheimer Museumslandschaft

Mannheimer Kunstverein
Augustaanlage 58

○ JA ○ NEIN

Schon Henri Cartier-Bresson oder Neo Rauch stellten im schönen Ausstellungspavillon von Theo Pabst an der Augustaanlage aus. Gegründet 1833, ist der Mannheimer Kunstverein einer der ältesten Deutschlands.
www.mannheimer-kunstverein.de

Mo Edogas Himmelskugel
Carl-Reiß-Platz

○ JA ○ NEIN

Mo Edoga, 1992 Besucherliebling auf der documenta IX in Kassel, baute auch hinter dem Kunstverein eine einst 8 m große ›Himmelskugel‹. Die fällt zwar seit seinem Tod 2014 zusammen – tut dies aber formschön.

Skulpturenweg auf der Kulturmeile
Augustaanlage

○ JA ○ NEIN

Entlang der Augustaanlage stehen eindrucksvolle Skulpturen wie das ›Eisenspiel für Mannheim‹ (Robert Schad), der ›Turm‹ (Hans Nagel) oder die ›Große Mannheimerin‹ (Franz Bernhard).
www.visit-mannheim.de/Media/attraktionen/kunstmeile

Planetarium
Europaplatz 1-3

○ JA ○ NEIN

In Mannheim ist die Milchstraße nur 20 m entfernt – so hoch ist die Kuppel des Planetariums, an der High-Tech-Projektoren für atemberaubende Sternenhimmel sorgen – auch bei bedecktem Wetter.
www.planetarium-mannheim.de

Aufzugmuseum
Lembacher Straße 10
Besuch nach Anmeldung

○ JA ○ NEIN

Seit 1873 stellt Familie Lochbühler Aufzüge her und hat im Seckenheimer Wasserturm ein europaweit einzigartiges Museum eingerichtet. Das größte Exponat? Ein historischer Paternoster.
www.lochbuehler.de/aufzugsmuseum-bilder

Einraumhaus
Dammstraße

○ JA ○ NEIN

Klingt nach Wohnraum, ist aber Mannheims spannendster Ort in Sachen zeitgenössischer Kunst. Myriam Holme und Philipp Morlock laden zu Ausstellungen, Konzerten, Vorträgen und Performances ein.
www.einraumhaus.com

REM – Museum Weltkulturen
Quadrat D5

○ JA ○ NEIN

Rund 40.000 Exponate aus fünf Kontinenten. Die spannendsten von ihnen kommen in die Sonderausstellungen: Pharaonensärge aus Ägypten, riesige Knochenfunde der Eiszeit, chinesische Dickbauchbuddhas.
www.rem-mannheim.de

II Pausieren in Mannheim

Lido am Rhein

Ein geradezu verwunschener Ort: die Silberpappel am Rhein

IM QUADRAT

Lamey- und Scipiogarten
Quadrate, Quadrate. Und mittendrin: Grün. Der Lameygarten in R7 eignet sich für kurze Abstecher aus dem Shoppinggewusel und erinnert an die Villa des badischen Innenministers August Lamey (1774–1845). In N5, hinter Engelhorn Sports, hat sich der Garten der Familie Scipio erhalten: Ihre Villa war 1944 im Bombenhagel untergegangen, seit 1953 gehört der kleine Park der Stadt.

EHESTIFTER AM WASSER

Stollenwörthweiher
Es soll Mannheimer geben, die nutzen ihn nicht nur als Liegefläche. Auf dem Steg des Stollenwörthweihers werden Zeitungen gelesen, Frühstückseier verspeist und sogar Ehen gestiftet. Der ›Stollen‹ ist einer der schönsten Badeseen der Region. Mit bester Wasserqualität und gleich zwei, von Vereinen betriebenen Bädern: Das Heinz-Hunsinger-Bad liegt am Südufer, das Sommerbad im Westen des Weihers.
www.stollenwörthweiher.de

AM LIDO DER KURPFALZ

Strandbad
Zwischen Rheinkilometer 249 und 250 tauchten sie massenhaft auf und unter. Denn das Schwimmen war in den 60ern am ›Lido der Kurpfalz‹ noch erlaubt. Wagemutige ließen sich am Rheinbogen von vorbeifahrenden Schiffen mitziehen. Heute verdient das Strandbad noch immer seinen Namen, auch wenn das Baden (leider) verboten ist: Der Rheinbogen ist hier wunderschön und das Wasser klar.
Strandbadweg 1

URWÜCHSIG

Reißinsel
Einen Urwald am Rhein hatten sich Carl und Anna Reiß gewünscht, als sie 1916 Mannheim eine Halbinsel schenkten: ›Hier soll der Baum alt werden und stürzen, ohne dass menschliche Hand ihn fällt‹, bestimmten die Geschwister und bewahrten das Auenland vor der industriellen Nutzung. Heute ist die Reißinsel eins von neun Naturschutzgebieten und eins der bedeutendsten Auenschutzgebiete am Oberrhein. Hier wachsen Weißdorn, Pfaffenhütchen, Gewöhnlicher Schneeball und Roter Hartriegel, leben 60 Vogelarten, wie etwa Buntspecht oder Steinkauz. Von hier ist es nicht weit zum kleineren Altrheinarm, der Silberpappel genannt wird – eine der letzten natürlichen Flusslandschaften der Region.
Südlich der Innenstadt am Rhein

AUF ZWEI RÄDERN UNTERWEGS

Den Neckar entlang und weiter in Richtung Heidelberg
Standesgemäß ist es allemal, in der Stadt, in der das Fahrrad erfunden wurde, auf zwei Rädern durch die Gegend zu kurven. Doch seien wir mal ehrlich: Wer den Neckar entlangradelt, sucht weniger die sportliche Herausforderung als ein schönes Stück Natur. Das gibt es tatsächlich, denn der Neckaruferweg in Richtung Heidelberg zieht sich durch ein Landschaftsschutzgebiet. Auf dem Weg sollten Sie Halt im idyllischen Biergarten des Seckenheimer Schlösschens (1768) machen.
Und hinter der nächsten Neckarschleife, im mittelalterlichen Ladenburg, gibt es übrigens auch eine gute Eisdiele …

Warum Münster?

Kreativkai im Hafen am Dortmund-Ems-Kanal

Radtour um die Stadt

In welcher deutschen Stadt gibt es mehr Fahrräder als Einwohner? Genau, in Münster! Ein Mekka für Radfahrer also, nicht nur wegen der 4,5 km langen Lindenallee, die sich wie ein grüner Gürtel um die Altstadt legt.

Sieben Kilometer vom Zentrum entfernt und Romantik pur: Hof zur Linde

Die astronomische Uhr am Dom von ganz nah

Das ist Münster

Die Münsteraner sind Lob gewohnt. Die Stadt gilt als Klimahauptstadt, manche behaupten sogar als lebenswerteste Stadt der Welt. Die 310.000 Einwohner freuen sich über den Mix aus historischer Postkartenidylle und zeitgenössischen Akzenten, aus studentischer Dynamik und Traditionsbewusstsein, aus großstädtischem City-Leben und ländlicher Umgebung. Trotz des enormen Wachstums bleibt die Stadt weiterhin ›im Grünen‹. Selbst zu Fuß ist man von der Altstadt schnell am Aasee. Und auch die grüne Parklandschaft des Münsterlandes und die Wasserburgen sind nicht weit weg.

Uni und Studentenleben

Münster ist eine junge Stadt mit rund 60.000 Studierenden an der Westfälischen Wilhelms-Universität und den acht weiteren Hochschulen. Allein die WWU bietet ihren 45.000 Studierenden mehr als 280 Studiengänge. Weil es in Münster keinen zentralen Campus gibt, verteilen sich die Lehr- und Forschungsgebäude vom Domplatz aus vor allem im Westen der Stadt. Ohne Studenten wäre Münster heute gar nicht mehr vorstellbar.

Fahrradhauptstadt

Schon die Zahlen an sich sind beeindruckend: Die Münsteraner besitzen rund eine halbe Million Drahtesel und sind um die 400.000 Mal pro Tag auf ihrer ›Leeze‹ in der Stadt unterwegs. Damit hat die Fortbewegung auf dem Fahrrad den größten Anteil am städtischen Verkehr. Es gibt sogar drei Fahrradparkhäuser. Besonderes Highlight ist für Radfahrer die schöne Promenade rund um die Altstadt, wo es allerdings schon mal voll werden kann. Und ausgezeichnet wurde Münster ebenfalls mehrfach: zur fahrradfreundlichsten Stadt Deutschlands.

Wilsberg, Tatort und Co.

Auch in Film und Fernsehen müssen die Protagonisten natürlich aufs Rad, um authentisch zu bleiben. Privatdetektiv Georg Wilsberg und Hauptkommissar Frank Thiel klären regelmäßig mysteriöse oder skurrile Mordfälle auf. Bei ARD und ZDF gehören die beiden Krimireihen ›Wilsberg‹ und ›Tatort‹ zu den beliebtesten Sendungen und haben Münster im Fernsehen einen Stammplatz verschafft.

Münster

Wunderschön ist der Bummel oder eine Radtour auf dem 4,5 km langen Promenadenring im Schatten von 2000 mächtigen Linden.

Im hinteren Teil des Hafens blieben die alten Speicher erhalten. Und das ist auch gut so.

Skulpturen-Metropole

Seit 1977 finden alle zehn Jahre internationale Skulpturenausstellungen statt. Diese Großevents haben die Stadt verändert, denn die Künstler dürfen sich bei den ›Skulptur Projekten Münster‹ den Ort ihrer Installation selbst aussuchen. Nicht wenige rückten Gebäude wie den Zwinger, eine ehemalige Tankstelle oder sogar eine Toilette in ein neues Licht. Mittlerweile haben renommierte Bildhauer wie Eduardo Chillida, Henry Moore und Ilya Kabakov in Münster ihre Arbeiten dauerhaft hinterlassen.

Wiedertäufer

Hoch am Turm der Lambertikirche hängen noch immer die drei Käfige, in denen 1536 die Leichen von Jan van Leiden, Bernd Knipperdollinck und Bernd Krechting zur Abschreckung ausgestellt wurden. Was war im so katholischen Münster geschehen? Aufgerüttelt vom wortgewaltigen Prediger Bernhard Rothmann setzte sich hier 1532/33 die Reformation durch, was auch Bischof Franz von Waldeck vertraglich zunächst akzeptierte. Doch innerhalb eines Jahres radikalisierten sich Rothmann und die Bürgerschaft weiter, bis 1534 die Täufer die Mehrheit im Rat errangen. Der holländische Prophet Jan Matthys sah in Münster das ›Neue Jerusalem‹, es kam zu Bilderstürmen, Andersgläubige wurden vertrieben. Nach Matthys Tod machte sich Jan Bockelson, genannt Jan van Leiden, zum König des Täuferreichs. Er setzte seine Herrschaft rigoros durch, doch 1535 konnte der Bischof die ausgehungerte Stadt schließlich durch Verrat erobern. Die drei führenden Wiedertäufer wurden am 22. Januar 1536 auf dem Prinzipalmarkt vor dem Rathaus zunächst gefoltert und dann hingerichtet.

Masematte

Münster hat eine sprachliche Besonderheit: In der zweiten Hälfte des 19. Jhs. entwickelte sich in den Arbeiter- und Handwerkervierteln eine Subkultur mit eigener Geheimsprache: Masematte. Manche Wörter sind davon in den Alltagsgebrauch übergegangen: ›jovel‹ bedeutet gut, ›schovel‹ schlecht oder gemein. Am Wochenende gehen die Münsteraner ›schwofen‹ (tanzen) und gern nutzen sie ihre ›Leeze‹ (Fahrrad).

Das Münsteraner Schloss ist heute Sitz der Univerwaltung.

Flanieren durch Münster

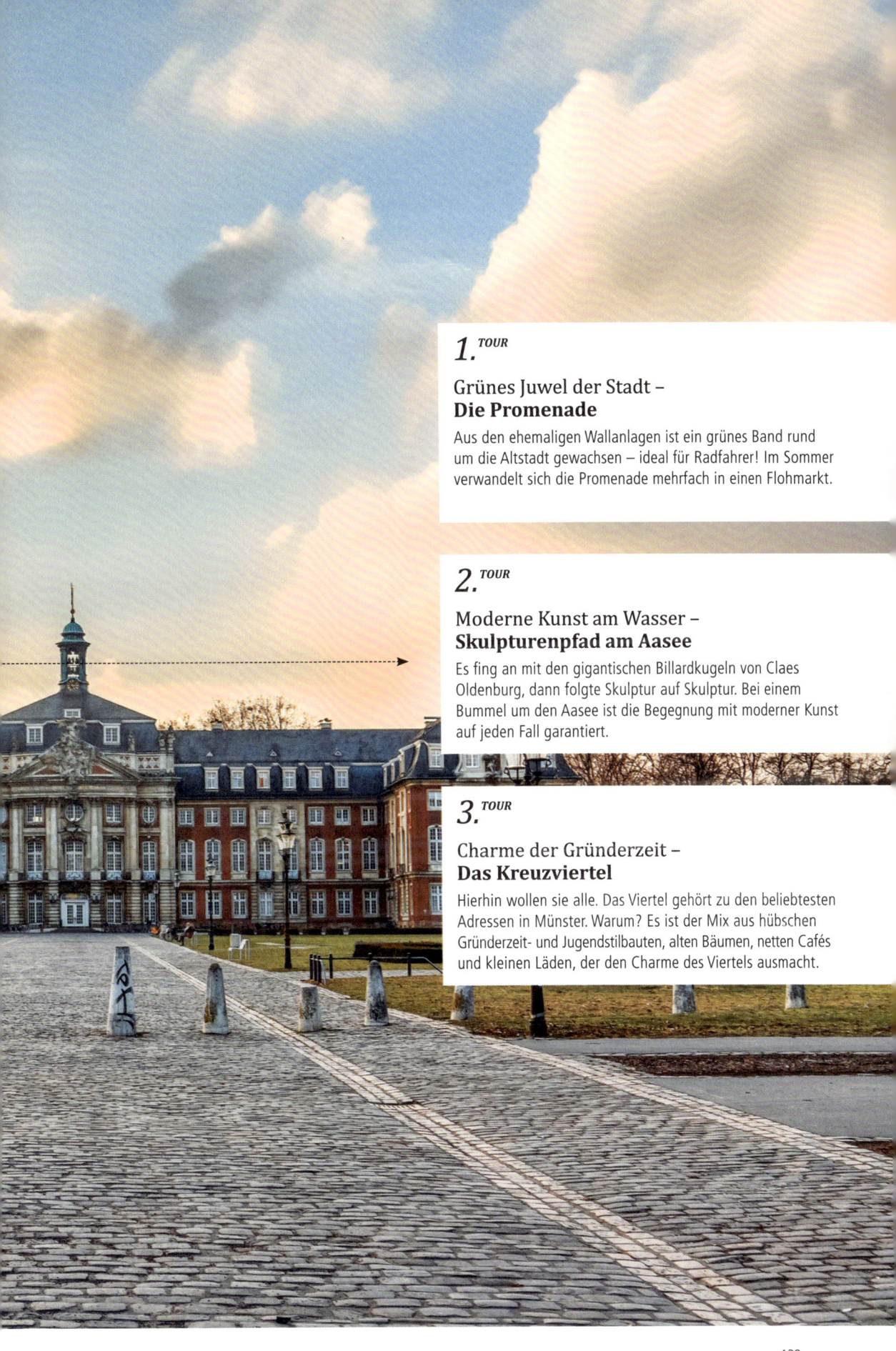

1. TOUR

Grünes Juwel der Stadt –
Die Promenade

Aus den ehemaligen Wallanlagen ist ein grünes Band rund um die Altstadt gewachsen – ideal für Radfahrer! Im Sommer verwandelt sich die Promenade mehrfach in einen Flohmarkt.

2. TOUR

Moderne Kunst am Wasser –
Skulpturenpfad am Aasee

Es fing an mit den gigantischen Billardkugeln von Claes Oldenburg, dann folgte Skulptur auf Skulptur. Bei einem Bummel um den Aasee ist die Begegnung mit moderner Kunst auf jeden Fall garantiert.

3. TOUR

Charme der Gründerzeit –
Das Kreuzviertel

Hierhin wollen sie alle. Das Viertel gehört zu den beliebtesten Adressen in Münster. Warum? Es ist der Mix aus hübschen Gründerzeit- und Jugendstilbauten, alten Bäumen, netten Cafés und kleinen Läden, der den Charme des Viertels ausmacht.

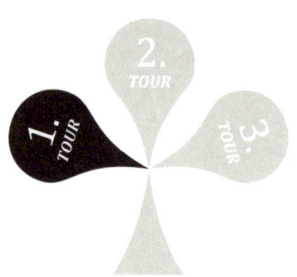

Die Promenade
Grünes Juwel der Stadt

Wie ein grünes Band zieht sich die 4,5 km lange Promenade rund um die Münsteraner Innenstadt. Einst befanden sich hier die mächtigen Wallanlagen, heute genießen Radfahrer und Spaziergänger die prächtige Lindenallee. Ein Rundgang beginnt am herrschaftlichen Schloss und führt u. a. zum Aasee, zum Museum für Lackkunst, zum Zwinger und zum Kreuzviertel.

Bis ins 18. Jh. war Münster eine stark befestigte Stadt, doch nach dem Siebenjährigen Krieg (1756–63) wurden die Befestigungsanlagen geschliffen, und niemand Geringeres als der Barockbaumeister Johann Conrad Schlaun ließ auf den äußeren Wallanlagen einen grünen Promenadengürtel rund um Münster anlegen. Schlaun schenkte der Stadt damit eine ihrer schönsten Grünanlagen, die mit rund 2000 Lindenbäumen eine vollständig geschlossene Allee bildet.

Elegantes Universitätsschloss

Ausgangspunkt des Rundgangs ist das ehemals fürstbischöfliche Schloss. Der elegante Bau wurde 1767 ebenfalls von Johann Conrad Schlaun in Angriff genommen. Die Mischung aus rotem Backstein und hellem Baumberger Sandstein trägt unverwechselbar seine Handschrift. Überragt wird das Schloss von einer Laterne mit Glockenspiel, die eine goldene Fortuna bekrönt. Heute residiert hier kein Fürstbischof mehr, sondern die Univerwaltung. Auch mehrere Hörsäle haben hier Unterschlupf gefunden. Hinter dem Schloss befindet sich der farbintensive Botanische Garten (s. Pausieren S. 149).

Alter Zoo und Aasee

Auf dem vorderen Schlossplatz fielen die großen Promenadenbäume leider dem Orkan Kyrill 2007 zum Opfer. Doch 200 Bürgerinnen und Bürger spendeten neue Linden, sodass die Allee langsam wieder wächst.

Der Weg führt zunächst nach Süden über die Gerichtsstraße hinweg zum Ausfluss der Aa. Rechts befand sich auf dem Gelände der heutigen LBS bis 1973 der alte Zoo von Münster. Ein kleiner Abstecher führt rechts zu der versteckt liegenden romantischen Tuckesburg, die 1892 der Münsteraner Zoogründer Professor Landois für sich selbst errichtete. Jenseits der Himmelreichallee liegt der 1887 eröffnete, parkähnliche Zentralfriedhof.

Nun geht es über einen sehr schönen, höhergelegenen Teil der Promenade unter dichten Bäumen weiter. Die Linden können bis zu 100 Jahre alt werden. Alternativ gelangt man am Ufer der Aa auf einem kleinen Schlenker auch direkt zum Aasee.

Alles im Lack

Die südliche Promenade setzt sich vom Stadtgraben über die Aegidiistraße hinweg fort. 2014 fielen hier einige der Baumriesen leider zwei

Münsters Promenade ist heute ein Radler-Paradies.

Das Lackmuseum zeigt auch zeitgenössische Kreationen, wie hier vom japanischen Künstler Tatsuaki Kuroda.

Unwettern zum Opfer. An der Ludgeristraße ist zur Linken der Marienplatz zu sehen, während zur Rechten hinter dem Kreisverkehr des Ludgeriplatzes das Südviertel beginnt.

An der Windthorststraße, die den Hauptbahnhof mit der Innenstadt verbindet, lohnt rechts ein Blick in das Museum für Lackkunst in der stattlichen Villa Bönninghausen. Die rund 2000 Stücke umfassende Sammlung der BASF Coatings AG zeigt auf zwei Stockwerken vor allem Stücke aus Ostasien und Europa. Sehenswert sind im Erdgeschoss z. B. der filigrane Altarschrein aus Japan und im Obergeschoss die kunstvollen Kommoden und Kabinettschränke.

Synagoge und Paul Wulf

Der folgende Abschnitt der Promenade ist im Sommer so dicht begrünt, dass man sich in einem Tunnel wähnt. Zur Linken passiert man die Synagoge, dann ist die Salzstraße mit dem Stadtmuseum erreicht. An der Kreuzung Salzstraße fällt rechts die Skulptur von Paul Wulf mit Brille auf. Dabei handelt es sich um einen Mann, der von den Nazis zwangssterilisiert worden war und zeitlebens für die Anerkennung seiner Leidensgenossen kämpfte. 2007 hatte die Künstlerin Silke Wagner die Paul-Wulf-Skulptur als Teil ihres Projekts ›Geschichte von unten‹ geschaffen.

3,40 m hoch ist die Figur am Servatiiplatz, deren Mantel mit wechselnden politischen Plakaten beklebt wird. Sie erinnert an Paul Wulf. Dieser klagte bis zu seinem Tod 1999 aktiv die Gräueltaten des NS-Regimes an.

Bollwerk der Stadt

Durch eine Straßenunterführung führt der Weg weiter nach Norden zur Hörsterstraße am ehemaligen Hörstertor. Zur Linken ist das ehemalige Lotharinger Kloster und heutige Standesamt zu sehen. Am Abfluss der Aa aus dem Stadtgebiet ist der ehemalige Zwinger Denkmal und Mahnmal zugleich.

Vor gut 500 Jahren entstand der runde Wehrturm als ›dat grote Bollwerk‹. Nach den Täuferkriegen im 16. Jh. nutzte der Bischof den Zwinger zur besseren Kontrolle der Stadt. 200 Jahre später baute Johann Conrad Schlaun das Gebäude zum Untersuchungsgefängnis um. 1919 verwandelte der Maler Friedrich Wilhelm Liel den Zwinger in ein Wohnhaus. Das dunkelste Kapitel kam 1944, als die Gestapo den Zwinger als Hinrichtungsstätte vor allem für Zwangsarbeiter aus der Sowjetunion und Polen nutzte.

Eine Mahntafel an der Promenade sowie Gedenkveranstaltungen erinnern daran. 1987 installierte die Künstlerin Rebecca Horn im Rahmen der Skulptur Projekte mit 42 kleinen, am Mauerwerk klopfenden Hämmern und 32 flackernden Lichtern ihr ›Gegenläufiges Konzert‹.

Buddenturm und nördliche Promenade

Die eindrucksvollen mächtigen Linden prägen die nördliche Promenade, welche die Altstadt vom schmucken Kreuzviertel trennt. An der Kreuzung mit der Nordstraße ist der auffällige Buddenturm aus dem 12. Jh. das letzte Relikt der ersten mittelalterlichen Stadtmauer. Der schlanke Turm blieb als einziger erhalten und steht heute freistehend auf einer Wiese. Zur Linken erstrecken sich dahinter die Gassen des Kuhviertels mit seinen zahlreichen und beliebten Restaurants und Studentenkneipen. Ein letztes Stück herrlicher Promenadenallee führt dann schließlich zurück zum zentralen Schlossplatz.

Der attraktive Flohmarkt steigt an der Promenade an jedem 3. Samstag im Monat von Mai bis September. Er erstreckt sich vom Schlossplatz bis zur Himmelreichallee und zum Stadtgraben. Im nördlichen Bereich sind eher kommerzielle Händler zu finden, im südlichen Hobby-Händler und der Kinderflohmarkt.

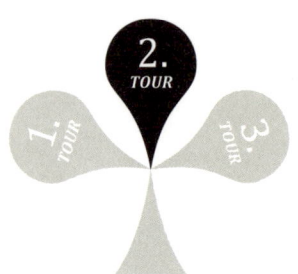

Skulpturenpfad am Aasee

Moderne Kunst am Wasser

Münster hat sich zu einem internationalen Zentrum für moderne Skulpturen entwickelt. An vielen Orten haben Bildhauer ihre Spuren hinterlassen. Am Aasee führt ein Skulpturenpfad von der Promenade hinaus zum Allwetterzoo. Auf der südlichen Seeseite ehrt die Stadt den bekannten Landschaftsmaler Otto Modersohn.

Am südwestlichen Rand der Altstadt entstand ab 1925 der Aasee, u. a. um die Altstadt vor Überschwemmungen zu schützen. 1972–76 wurde mit einer Erweiterung der neue Allwetterzoo an den Freizeitsee angebunden. 2008 wurde der Aasee-Park zum ›Schönsten Park Deutschlands‹ gekürt. Vor allem an schönen Sommertagen und an Wochenenden strömen die Münsteraner an den 40 ha großen Aasee. Die komplette Umrundung ist ohne Abstecher ca. 5,3 km lang.

»ICH WAR OFT MUTLOS, OB MEINE BESTREBUNGEN FÜR DEN FRIEDEN EIN RECHTZEITIGES RESULTAT HABEN WÜRDEN. ABER IN MÜNSTER GEWANN ICH WIEDER DAS VERTRAUEN ZU DEN MENSCHEN, DASS SIE DAS TUN, DENKEN UND WOLLEN, WIE ES SEIN MUSS.«

Albert Schweitzer

Wirbel um die Kugeln

Als 1977 die erste Internationale Skulpturenausstellung nach Münster kam, waren viele Münsteraner zunächst sehr skeptisch. Der Künstler Claes Oldenburg stellte am östlichen Ende des Aasees seine drei ›**Giant Pool Balls**‹ **1** auf und erntete damit zunächst durchaus auch Unverständnis. Doch mittlerweile sind die ›Aaseekugeln‹ eine Art Wahrzeichen, auch wenn die Stadt sie regelmäßig von Graffiti befreien muss. Im Sommer genießen auf der Wiese Scharen von jungen Leuten den Sonnenschein.

Am Nordufer kommt man zur sogenannten **Goldenen Brücke** **2** am Ausfluss der Aa. Unmittelbar hinter der Brücke war auf der Freifläche des **ehemaligen Zoos** **3** schon 1974 die Wirbel-Skulptur von Henry Moore errichtet worden. Der britische Bildhauer war der Wegbereiter für anspruchsvolle Skulpturen in Münster. Wenige Meter weiter steht die fast nadelförmige Wasser-Plastik von Heinz Mack. Zurück am Aasee bieten die **Aaseeterrassen** **1** Segelsport, Bootsverleih und das beliebte **A2 am See** **1** Aussicht aufs Wasser.

142

Wie ein überdimensionaler Käfer wirkt der Wewerka-Pavillon, in dessen gläsernem Bauch Wechselausstellungen der Kunstakademie stattfinden.

Pier, Antenne und Pavillon

Auf dem weiteren Weg entlang des Ufers gelangt man zu einem hölzernen **Pier** 4, den 1997 Jorge Pardo als Skulptur entworfen hat. Rechts des Weges schuf Ilya Kabakov im selben Jahr seine Antennen-Installation ›**Blickst du hinauf und liest die Worte…**‹ 5. Dazu sollte man sich unter der Antenne ins Gras legen und ›in den offenen Himmel schauen‹, um den an Goethe angelehnten Text lesen zu können. Noch weiter rechts auf der Wiese ist der gläserne **Wewerka-Pavillon** 6 ein Ausstellungsort für moderne Installationen.

Allwetterzoo und Aa-Zufluss

Jenseits der Torminbrücke hat Donald Judd 1977 zur Rechten zwei mysteriöse konzentrische Ringe ›**Ohne Titel**‹ 7 auf der Wiese platziert. Zur Rechten erscheint bald das Freilichtmuseum **Mühlenhof** 8 und dann verbindet ein Kanal den Aasee mit dem **Allwetterzoo** 9. Direkt hinter der Brücke appelliert die rostbraune Skulptur ›**Zusammenleben**‹ 10 auf Initiative des iranischen Künstlers Mahmoud Torabi an das friedliche Miteinander in einer multikulturellen Gesellschaft. Dahinter schließt sich ein kleiner Hügel mit Aussichtspunkt und Picknickstelle an.

Vom renaturierten Zufluss der Aa führt eine Verlängerung des Spaziergangs zum **Haus Kump** 11, das zum Tagungs- und Handwerkerbildungszentrum ausgebaut wurde.

OTTOS ANSICHT

Otto Modersohn, Mitbegründer der Künstlerkolonie Worpswede, durchstreifte oft das Aatal. Als Jugendlicher zeichnete er es rund 45 Mal. Am südlichen Aasee-Ufer zeigen Schautafeln am ›Modersohnweg‹ sein Frühwerk.

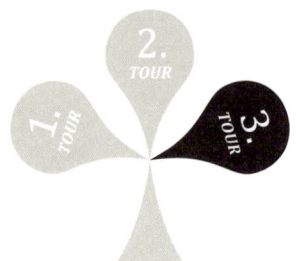

Das Kreuzviertel
Charme der Gründerzeit

Nördlich der Promenade erstreckt sich das schicke Kreuzviertel. Prächtige Jugendstil- und Gründerzeithäuser bestimmen das Bild. Mittelpunkt des Quartiers ist die Kreuzkirche, rundum finden sich einladende Cafés und Restaurants. Das Viertel zählt heute zu den begehrtesten Wohngegenden der Stadt.

Startpunkt des Rundgangs ist der Buddenturm an der Promenade auf der Höhe des mittelalterlichen Kreuztors. Während der freistehende Turm (12. Jh.) nur wenig von der Wehrhaftigkeit der alten Stadtbefestigung verrät, zeichnet der kleine Park nördlich der Promenade die Umrisse der einstigen Kreuzschanze ab, die der Stadtmauer vorgelagert war. Gleich das erste Haus an der Straße Am Kreuztor, die vom Buddenturm an der Kreuzschanze vorbei ins Viertel führt, ist die Villa Terfloth. Bauherr der romantischen Villa mit Pseudo-Turm war 1904 der Lebensmittel-Großhändler Robert Terfloth, seinerzeit Vorsitzender der Münsteraner Kaufmannschaft. Nun geht es rechts in die Von-Langen-Straße und dann links in die Kampstraße.

Gründerzeit pur im kultigen Kreuzviertel

Einst Teil der mittelalterlichen Stadtmauer: der Buddenturm

Rund um die Kreuzkirche

Zentraler Blickfang am Straßenende ist die neogotische Kreuzkirche, die 1899–1902 der Regierungsbaumeister Hilger Hertel d. J. als zentrales Element des neuen Stadtteils errichten ließ.

Rund um die Kirche steigt im Sommer das populäre Kreuzviertelfest, und mehrere Restaurants und Eiscafés verleihen dem Platz etwas südländischen Charme. Bei schönem Wetter trifft sich hier die Nachbarschaft auf ein Schwätzchen bei Pizza, Eis oder Kaffee.

Der schönste Straßenzug

An der Nordseite der Kreuzkirche führt die Dettenstraße nach wenigen Metern zur Raesfeldstraße. Schon die Straßenkreuzung ist durch die bunten Bürgerhäuser mit Prunkfassaden und Giebeln ein Augenschmaus. Vielleicht ist dies sogar die schönste Kreuzung in Münster. Nach rechts durchschneidet die Coerdestraße das Stadtviertel, auch die Kettelerstraße auf der anderen Kreuzungsseite verfügt über ansehnliche Häuser.

Der weitere Rundgang führt durch die Raesfeldstraße nach links, wo die Häuser Raesfeldstraße 13/Nordstraße 34 sowie Raesfeldstraße 18–22 sogar teils mit Fachwerk und Loggien gestaltet wurden. Sehr markant wirken die prächtigen Eckhäuser an der Kreuzung zur Nordstraße, die wie viele Häuser hier zwischen 1904 und 1906 entstanden. Westlich der Nordstraße sind auch die Häuser Raesfeldstraße Nr. 26–32 sehr schick, während auf der südlichen Straßenseite moderne Gebäude stehen.

> **HIER WURDEN LEHRKRÄFTE SCHWER UMWORBEN**
>
> In der Gertrudenstraße stehen zwischen Raesfeld- und Studtstraße einige der sogenannten Professoren-Häuser, die zu Beginn des 20. Jhs. schlüsselfertig auf ihre Bewohner warteten. Dadurch sollte die 1902 neu gegründete Uni für Lehrkräfte attraktiver werden.

Der Prinzipalmarkt ist für seine Prunkgiebel bekannt.

Münster als Tatort

Millionen Fernsehzuschauer fiebern regelmäßig im ZDF mit dem westfälisch-kauzigen Privatdetektiv Georg Wilsberg oder im ARD-Tatort mit Hauptkommissar Frank Thiel und seinem schrulligen Partner, dem Rechtsmediziner Prof. Boerne, um eine erstaunlich hohe Zahl von Morden in Münster aufzuklären. Durch die beiden Kult-Krimis, die auf viel Humor setzen, ist Münster bundesweit zu einer der bekanntesten TV-Krimischauplätze geworden.

WILSBERG – WIE ALLES BEGANN

Antiquariat Solder
Das kleine Antiquariat Solder an der Frauenstraße 49–50 darf auf keinem Krimi-Rundgang fehlen, denn in den ZDF-Krimis wird der Namenszug einfach durch ›Antiquariat Wilsberg‹ ersetzt – und schon betreten Sie die Welt des etwas muffligen, aber sehr hilfsbereiten und hartnäckigen Privatdetektivs Georg Wilsberg, der in seinem Hauptberuf offiziell Antiquar ist, aber eigentlich nie dabei gefilmt wird, wie er tatsächlich ein Buch verkauft.
›Wilsberg‹ hat 1990 der Münsteraner Journalist und Schriftsteller Jürgen Kehrer erfunden: in seinem ersten Roman ›Und die Toten lässt man ruhen‹. In den Büchern betreibt der Detektiv übrigens ein Briefmarken- und Münzgeschäft. 1995 drehte das ZDF dann einen Pilotfilm mit Joachim Król, bevor es 1998 mit Leonard Lansink in der Hauptrolle richtig losging. Bis zu viermal jährlich flimmern die Krimis samstags über die Mattscheiben. Dabei stehen dem klammen Detektiv der Finanzbeamte Ekki sowie seine Patentochter Alex zur Seite.

Auf Seiten der Polizei ist neben Hauptkommissarin Anna wurde ihr Assistent Overbeck zu einer Kultfigur, weil er einen besonderen Mix aus Arroganz, Selbstüberschätzung und Tolpatschigkeit rüberbringt. Die Szenen im und vorm Antiquariat entstehen in Münster, die dahinterliegende Wohnung ist aber eine Studiofiktion in Köln, wo auch andere Filmteile gedreht werden. Die Crews sind gerne in Münster, weil die Bevölkerung auf Einschränkungen durch die Dreharbeiten eher gelassen und neugierig reagiert.

›POLIZEIPRÄSIDIUM‹

Bispinghof
Typisch für Wilsberg und Tatort ist die Umwandlung von realen Gebäuden für filmische Zwecke. So ist das Polizeipräsidium bei Wilsberg im realen Leben am Bispinghof Teil des Pädagogischen Instituts. Der Eingang führt zum Hausmeister … In anderen Filmen wird das Amtsgericht zum Rathaus, ein Segelclub zu einer Privatklinik oder der Stadthausturm zu einem Konzertsaal. Übrigens: Im realen Leben beschäftigt sich die Polizei in Münster weniger mit Mord als mit Raddiebstahl.

ALTSTADTFLAIR

Domplatz und Prinzipalmarkt
Auch die ARD hat ein eigenes Tatort-Team in Münster. Frank Thiel (Axel Prahl) und Prof. Karl-Friedrich Boerne (Jan-Josef Liefers) gewannen durch scharfzüngige Dialoge das Publikum sofort für sich. Und die kleinwüchsige Assistentin des Professors muss als ›Alberich‹ ihrem arrogant-schrulligen Chef immer wieder Paroli bieten, während ›Vaddern‹ Thiel als Taxifahrer und gelegentlicher Haschkonsument oft in Konflikt zu seinem Polizistensohn gerät. Da der Tatort keine ständigen Drehorte als Angelpunkt hat, ist man hier noch stärker auf ›münstertypische‹ Szenen angewiesen.
So muss Kommissar Thiel – genau wie Detektiv Wilsberg – regelmäßig mit dem Rad über den Domplatz oder den Prinzipalmarkt radeln. Auf dem Prinzipalmarkt finden dann auch schon mal Demos statt oder die Staatsanwältin besucht ein Konzert, während Boerne eher mit seinem schicken Auto vorfährt. Natürlich spielen auch die Wiedertäufer und ihre Käfige eine Rolle, da sie schon in Kehrers Literaturvorlagen Thema sind.

II
Pausieren in Münster

Schön ist es am Aasee, der neben den Billardkugeln von Claes Oldenburg, doch auch der Schlossgarten, die Hafenmeile oder die Rieselfelder sind perfekte Orte für eine Pause vom Alltag.

Münster

›O, schaurig ist's, übers Moor zu gehen‹: das Venner Moor im Süden von Münster

SCHLOSSGARTEN

Botanischer Garten
Auf der Rückseite des Universitätsschlosses lädt der 4,6 ha große Botanische Garten zu einer sehr entspannten Pause inmitten farbenprächtiger Pflanzen und hoher Bäume ein. Hier kann man den Alltagsstress einmal völlig vergessen und sich vom Stadtbummel erholen.

PAUSE AM HAFENRAND

Hafenmeile
Wenn man in Münster etwas anders ausgehen oder sich einfach bei einem kühlen Drink ans Wasser setzen möchte, dann ist der Hafen auf der östlichen Stadtseite eine gute Adresse. Ausgehend vom Hafenplatz reihen sich viele Cafés und Restaurants am alten Stadthafen entlang – dieser Bereich ist sehr angesagt und an sonnigen Sommerabenden ist es oft besser, wenn man seinen Tisch vorab reserviert.
Mittlerweile gibt es am Hafen auch ein Theater, ein Atelierhaus, eine Käserei sowie weiter südlich den alternativeren Kultur- und Clubbereich am Hawerkamp.

SCHWIMMEN AM SEE

See, Heide und Wald
Hiltruper See und Hohe Ward
Im äußersten Süden von Münster beginnt am 15 ha großen Hiltruper See das Waldgebiet der Hohen Ward. Zum Dortmund-Ems-Kanal sind es von der ehemaligen Sandgrube nur wenige Meter, das Freibad Hiltrup lockt im Sommer die Gäste an. Am See gibt es eine kleine Heidefläche und zu beiden Seiten der Eisenbahn lädt das Wasserschutzgebiet der Hohen Ward zum Spazieren, Radeln und Reiten ein.
Westfalenstraße / Zum Hiltruper See

VOGELPARADIES RIESELFELDER

Rieselfelder
Am nördlichen Stadtrand sind die ehemaligen Rieselfelder nicht nur ein beliebtes Naherholungsgebiet für Radfahrer, sondern zugleich auch ein streng geschütztes Vogelschutzgebiet von europäischem Rang. In den alten Klärbecken finden sich ideale Bedingungen für Zug- und Brutvögel. Der Rieselfeldhof mit der Gaststätte Heidekrug sowie die Biologische Station (Coermühle 100 bzw. 181) sind die wichtigsten Anlaufpunkte. Mit dem Fahrrad sind es aus dem Stadtzentrum gut 10 km.

DROSTENHOF UND TIERGARTEN

Wolbeck
Im Südosten von Münster verfügt Wolbeck über einen sehenswerten Drostenhof aus der Mitte des 16. Jhs., in den sich der Münsteraner Fürstbischof während der Reformation zurückgezogen hatte. Während von der Burg nichts erhalten blieb, glänzt der herrschaftliche Drostenhof mit seinen schönen Renaissancefassaden noch heute.
Südöstlich des Ortskerns steht der 288 ha große herrliche Mischwald des Wolbecker Tiergartens unter Naturschutz. Einst jagten hier die Fürstbischöfe, heute kann sich ein Teil als ›Naturwaldzelle‹ bzw. ›Wildnisgebiet‹ sogar ohne menschliche Bewirtschaftung entwickeln. Besonders idyllisch ist es in der Angel-Aue rund um das ehemalige fürstbischöfliche Jagdhaus (1712). Der NABU hat hier einen 6,2 km langen Lehrpfad eingerichtet und einen Faltplan dazu aufgelegt.
Drostenhof: Am Steintor 5

Warum Regensburg?

Goliathhaus

Alte Dame, jung geblieben

Regensburg hat geschafft, was nicht allen Städten mit einer großen Vergangenheit gelingt: die wunderschöne Altstadt mit ihrem fast schon mediterranen Flair zu erhalten und gleichzeitig attraktiv zu sein für junge Einwohner und Gäste.

Dom St. Peter im Dunst

Panorama von Regensburg

Das ist Regensburg

Gibt es ein romantischeres Bild als das der Regensburger Altstadt bei Nacht, wenn schmiedeeiserne Straßenlaternen warme Lichtkreise auf gotische Hausfassaden und glattpoliertes altes Kopfsteinpflaster werfen? Nun, genau besehen: Kein Gas, kein Quecksilberdampf befeuert sie. Sie sind mit eigens für die historischen Lampen entwickelten energiesparenden LED-Birnen bestückt, die ungewöhnlich warmes Licht verströmen – ein schönes Symbol für Regensburgs mühelosen Spagat zwischen Mittelalter und Moderne!

Regensburg-Blues und Regensburg-Hype

Regensburg erlebt eine Erfolgsstory, von der vor 50 Jahren wohl kaum einer zu träumen gewagt hätte. Damals war es um den Regierungssitz der Oberpfalz wirtschaftlich sehr schlecht bestellt. Erst die gezielte Wirtschaftsförderung und der Ausbau der Infrastruktur wie die Autobahnanbindung und der Wiederaufbau des Donauhafens brachten die Wende. Nach dem Fall der Mauer und der Öffnung der osteuropäischen Märkte rückte die Stadt überdies von der nordöstlichen Peripherie Bayerns wieder zurück in die Mitte Europas.

Deutschlandweite Rankings belegen: Das Aschenputtel wandelte sich rasant zur strahlenden Prinzessin mit niedrigen Arbeitslosenzahlen, hoher Wertschöpfung und erstaunlicher Dynamik. Typische Regensburger Produkte sind etwa Organische LED von OSRAM, BMW-Coupés und -Cabrios, das preisgekrönte Online-Spiel MMORPG Tibia aus der Game-Schmiede CipSoft, synthetische Gene von GENEART, Chips und Halbleiter von Infineon und ganz traditionell der Händlmaier-Senf.

Die nördlichste Stadt Siziliens

Ein Sommerabend am Bismarckplatz: Grüppchen breiten ihre Picknickdecken aus, packen Mitgebrachtes auf Schalen und Brotzeitbrettchen und stoßen mit Prosecco an. Pärchen, Familien, Wohngemeinschaften feiern heiter und gelassen in den Abend. Hier, am Bismarckplatz, strahlt die alte Dame Regensburg mediterrane Leichtigkeit aus, wie man sie sonst eher aus Städten wie Rom oder Florenz kennt. Deshalb wetteifert Regensburg ja

Italienische Verhältnisse? Architektonisch allemal, wie hier auf dem Haidplatz.

Graffitikünstler willkommen! Im Obermünsterviertel gedeiht so manches alternative Pflänzchen.

auch mit anderen bayerischen Metropolen um den Titel der ›nördlichsten Stadt Italiens‹.

Anlässlich der Korruptionsvorwürfe gegen Oberbürgermeister Joachim Wolbergs, die 2020 zu seiner Verurteilung führten, ist man versucht zu sagen, Regensburg sei ein sehr weit nördlich gelegener Ableger Siziliens. Auf Regensburgs Sauberstadt-Image hinterließ diese Affäre, ebenso wie die um Missbrauch und Gewalt bei den Regensburger Domspatzen, einen dunklen Schatten. Ist es tatsächlich so schlimm? Die Regensburger wehren sich vehement dagegen, in einen Topf mit Korruption, Filz und womöglich organisiertem Verbrechen geworfen zu werden. Und sind fassungslos. Denn Joachim Wolbergs war wohl der beliebteste Politiker, den die Stadt je hervorgebracht hat.

Mittelalter live

Der sensiblen Stadtplanung verdankte Regensburg die Ernennung zum UNESCO-Welterbe. ›Die Altstadt von Regensburg ist ein herausragendes Beispiel für eine binneneuropäische mittelalterliche Handelsstadt, deren historische Entwicklungsstufen gut erhalten sind‹, lautet eines der Kriterien, mit der die UNESCO den Welterbetitel für Regensburg begründete. Ein anderes nennt die immense Zahl von über 1200 Denkmälern im Altstadtbereich, die Regensburg zu dem am vollständigsten erhaltenen romanischen und gotischen Ensemble nördlich der Alpen macht. Tatsächlich gleicht ein Bummel durch die Altstadt einer Zeitreise: Patriziertürme säumen die Gassen, gotische Biforienfenster, Kreuzgratgewölbe und Renaissancearkaden sind an jedem zweiten Haus zu entdecken. Und doch ist dieses Schatzkästchen der Architektur kein Museum, sondern ein lebendiges Stadtgebilde. Die Regensburger joggen an der mittelalterlichen Stadtmauer entlang, holen ihre Frühstücksbrötchen in der Renaissancekapelle einer Kaufmannsfamilie, sitzen mittags im Café, wo im 14. Jh. Seidenstoffe lagerten und gehen abends in eine Kneipe, unter deren Gewölben früher Kutschen eingestellt waren. Belastet so viel Historie? Offensichtlich nicht, denn Regensburg zieht vor allem junge Leute an: Seit 2010 sticht es mit 55 bis 57% Ein-Personen-Haushalten regelmäßig Berlin als Single-Hauptstadt Deutschlands aus!

Steinerne Brücke über die Donau

Flanieren durch Regensburg

1. TOUR
2. TOUR
3. TOUR

1. TOUR

Italianità an der Donau –
Vom Turmbau zu Regensburg

Es ist wie in so manch' italienischem Städtchen: historischer Wohnturm neben Wohnturm – jede Familie baute ein wenig höher hinaus. Viele von ihnen sind noch erhalten.

2. TOUR

Immer der Mauer lang –
Joggingrunde im Alleengürtel

Die 4 km lange Strecke eignet sich hervorragend zum Walken oder als Joggingrunde, die man auf dem Rückweg an der Donau entlang zu knapp 6 km Gesamtlänge schließen kann. Also, Laufschuhe an und los!

3. TOUR

Kleine Fluchten –
Stadtamhof und die Donauinseln

Es sind nur wenige Schritte über die Brücke, und schon findet man sich im beschaulichen Schwesterstädtchen Stadtamhof wieder. Grüne Donauinseln, lauschige Cafés und ein Kino im Stadel sind die Attraktionen.

Vom Turmbau zu Regensburg
Italianità an der Donau

Sind Ihnen beim Bummeln durch die Altstadt die vielen Türme aufgefallen? Manche sind in den schmalen Gassen auf den ersten Blick gar nicht zu sehen. Man fragt sich oft, was die Regensburger zu diesen architektonischen Höhenflügen veranlasst haben mag. Los geht's mit der Spurensuche.

Die Erklärung lag eigentlich nahe: Regensburg unterhielt intensive Handelsbeziehungen mit Italien, und jedes Mal, wenn Regensburger Kaufleute nach Bologna, Pisa oder Florenz kamen, waren sie beeindruckt von den Geschlechtertürmen ihrer Handelspartner. Warum nicht auch in Regensburg? Am Ende, man schrieb das 13. Jh., schmückten mindestens 60 Türme die Skyline der mittelalterlichen Donaumetropole.

Turm und Drang

Vor dem Turmbau, der im 12. Jh. seinen Anfang nahm, muss man sich Regensburg als eine Stadt vorstellen, in der außer der Pfalz, dem Bischofshof und der Klöster vorrangig Holz- und Lehmhäuser die ungepflasterten Gassen säumten. Feuer wirkte in diesem Umfeld verheerend. Um das 11. Jh. errichteten deshalb wohlhabende Adelige und

Alt oder neu? Regensburgs ›Wolkenkratzer‹ geben Rätsel auf.

Fernhändler die ersten Häuser aus Stein. Sie richteten ihre Schmalseite zur Gasse und zogen sich nach hinten oft mit mehreren Innenhöfen tief in das Grundstück hinein. Ein typisches Beispiel für diese ersten, damals wegen ihrer bis zu vier Geschosse als ›Türme‹ wahrgenommenen Häuser ist das **Runtingerhaus** 1 an der Keplerstraße. Der ältere romanische Wohnturm bildet heute den östlichen Teil des Anwesens. Den westlichen mit dem Treppengiebel ließ die Kaufmannsfamilie Runtinger erst im 14. Jh. so ausbauen, als sie das Anwesen gekauft hatte. Die meisten der romanischen Turmhäuser besitzen im Erdgeschoss einen überwölbten Raum – Warenlager oder Hauskapelle? Die Historiker streiten.

Ein typisches Turmhaus ist auch das **Kepler-Wohnhaus** 2 (Nr. 2): Um 1250 errichtet, besteht es aus dem in Fachwerk und Holz ausgeführten niedrigeren Vorderhaus sowie dem höheren Steinturm dahinter. Eine ähnliche Aufteilung mit dem Turmbau im rückwärtigen Teil des Grundstücks findet sich an mehreren Kaufmannshäusern, während es bei Anwesen des Adels meist umgekehrt ist. Beispiel für Letzteres ist das **Haus Blauer Hecht** 3 (Nr. 7), Ende des 13. Jh. als Wohnburg erbaut. Warum der Turm mal so, mal so platziert wurde? Möglich, dass die Patrizier ihren ›einfachen‹ Mitkaufleuten die Aufstellung zur Straßenseite verwehrten.

Eine Berühmtheit unter den Stadttürmen ist – dank Dampfnudel Uli im Erdgeschoss – der Baumburger Turm.

Meiner ist höher

In einer von niedrigen Stein- und Holzhäusern geprägten Stadt drückten Türme Wohlstand und Wehrhaftigkeit aus. In den italienischen Städten mit ihren massiven Konflikten zwischen den einzelnen, häufig gewalttätigen Adels- und Kaufmannsgeschlechtern dienten die Geschlechtertürme der Verteidigung. Sie waren mit Zinnen bewehrt und besaßen Schießscharten. Gelebt hat man darin nicht. Regensburg hingegen war friedlich, und so waren auch die ältesten Türme schon teils als Wohnhäuser ausgebaut. Auch die späteren gotischen Turmbauten dienten offensichtlich weitaus mehr dem Bedürfnis zu repräsentieren, als sich zu verteidigen. Wie sonst wäre die Loggia im ersten Stock zu erklären, wie sie beispielhaft am 28 m hohen **Baumburger Turm** 4 erhalten ist? Ende des 13. Jhs. entstand er für eine Patrizierfamilie. Die überwölbte Hauskapelle im Erdgeschoss können Sie besichtigen, wenn der **Dampfnudel Uli** geöffnet hat. Die Räume darüber waren als Wohnräume unbrauchbar – sie besaßen keinen Kamin, ein Merkmal, das bei allen gotischen Patriziertürmen auffällt. Wahrscheinlich wurden auch hier Waren gelagert.

Bedingt wehrhaft

Im Areal von Wahlenstraße, Oberer und Unterer Bachgasse sowie Hinter der Grieb ist die Turmdichte besonders hoch. Markantester ist der 50 m hohe **Goldene Turm** 5, um 1250 auf quadratischem Grundriss erbaut (Wahlenstr. 16). Er gehört zu einer Vierflügelanlage, die bis zur parallel verlaufenden Unteren Bachgasse reicht und in Teilen älter ist als der Turm selbst. In der Unteren Bachgasse 7 verbirgt sich im **Kunstkabinett Regensburg** eine spannende Kunstgalerie mit wechselnden Ausstellungen unter der gotischen Holzbalkendecke. Die Schauseite des Turms zur Wahlenstraße betonen gotische Maßwerkfenster. Die Anfang des 15. Jhs. eingefügten Schießscharten stehen übrigens in

Früher ein Patrizierturm, heute ein Studentenwohnheim: der goldene Turm

einem Winkel zu der schmalen Straße, der sie völlig ungeeignet machte, um Angreifer abzuwehren. Den ursprünglichen Zinnenkranz – ebenfalls ein Symbol der Wehrhaftigkeit – überdeckt ein Walmdach. 1985 saniert, ist das Anwesen heute ein Studentenwohnheim.

Zahlreiche Veränderungen erfuhr auch das **Kastenmayerhaus** 6 mit seinem Turm (Nr. 24). Das Anwesen erstreckt sich über mehrere Höfe ebenfalls bis an die Untere Bachgasse. Die Bauformen reichen hier von Gotik über Barock bis Klassizismus, der Turm selbst aber blieb bis auf die zugemauerte Loggia weitgehend im Original.

> »WIE HASSE ICH DIESE MITTELGROSSEN STÄDTE MIT IHREN BERÜHMTEN BAUDENKMÄLERN.«
>
> Thomas Bernhard über Regensburg

Fünf auf einen Streich

Eine der Lieblingsgassen vieler Regensburger ist Hinter der Grieb: Eine kompaktere mittelalterliche Bebauung ist kaum vorstellbar. Außerdem lassen sich historisch-architektonische Neugier und kulinarischer Genuss wunderbar verbinden. Was gibt es schöneres, als im Sommer an einem Tisch im Innenhof des **amore, vino & amici** 1 zu speisen und die Umgebung auf sich wirken zu lassen. Forschungen haben ergeben, dass der gesamte Komplex, der aus zwei nordsüdwärts ausgerichteten Anwesen mit mehreren Türmen besteht, auf eine im 12. Jh. bekannte Adelsfamilie zurückgeht, die ›In der Grub‹ hieß. Ausgehend von drei romanischen Steinhäusern wuchs in einem Zeitraum von 200 Jahren die heute sichtbare Bebauung mit fünf Türmen, mehreren Höfen, Wohn- und Lagerhäusern zusammen. Höhepunkt ist das **Gravenreuther Haus** 7 mit gleich zwei zinnengekrönten Türmen, die den Innenhof des Regensburger In-Italieners bewachen. Übrigens sind auch dessen Räume interessant: Die Gäste dinieren unter uralten Holzbohlen oder den Kreuzgratgewölben der ehemaligen Hauskapelle.

Eines der berühmtesten Schäferstündchen der Geschichte fand 1546 im Goldenen Kreuz statt, nämlich das von Kaiser Karl V. mit der Bürgerlichen Barbara Blomberg, deren Spross Don Juan d'Austria als Relief das Anwesen schmückt. Der Kaiser ließ seinen unehelichen Sohn in Spanien erziehen. Als Sieger der Schlacht von Lepanto gegen die Türken ging Don Juan in die Geschichte ein.

Alles edel für den Adel

Der dreieckige Haidplatz war im Mittelalter Regensburgs wichtigster Platz. Hier standen die Anwesen der reichsten Patrizier wie die seltsam trapezförmige Arch (Nr. 3/4) und das einer Burg gleichende **Goldene Kreuz** 8. Der Platz sah einst Feste und Turniere, an denen die höchsten deutschen und europäischen Würdenträger von ihren Apartments im Goldenen Kreuz aus teilhatten. Das im 13. Jh. erbaute und im 16. Jh. erweiterte Haus fungierte als Edelherberge.

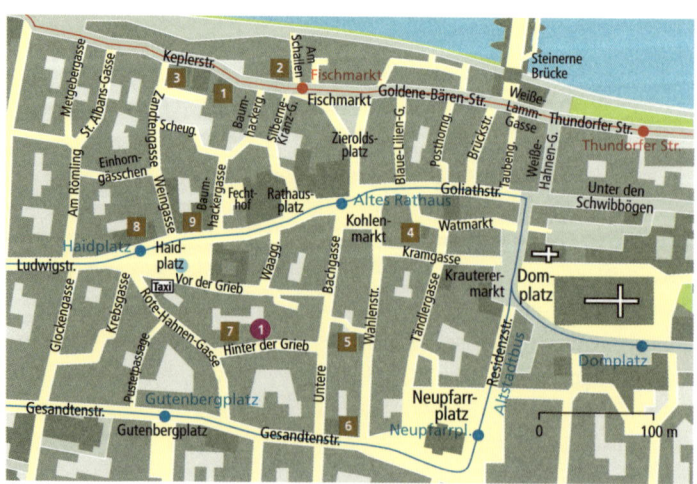

Joggingrunde im Alleengürtel
Immer der Mauer lang

Rund um den mittelalterlichen Kern rahmt, dem früheren Verlauf der 1858 abgebrochenen Stadtmauer folgend, ein grüner Gürtel von Alleen und Parkanlagen die Stadt ein.

Die erste Allee außerhalb des Mauerrings ließ 1779 Fürst Carl Anselm von Thurn und Taxis pflanzen. Aus ihr entwickelten sich in den folgenden Jahrhunderten Parkanlagen. Der Herzogspark im Nordwesten der Altstadt, war eine der ersten. Hier errichtete Hofrat Georg Friedrich von Müller 1804 ein Palais und ließ die Bastionen bepflanzen.

Vor Gucken nicht das Laufen vergessen

Auf Teilstücke der mittelalterlichen Stadtmauer aus dem 13. Jh. stoßen Sie etwas weiter entlang der Prebrunnallee. Eine historische Landmarke bildet die gotische Bildsäule, bevor man an der Einmündung der Prüfeninger Straße die beiden Rundtürme des Jakobstors erreicht. Weiter folgt die Allee dem Mauerverlauf nach Südosten, wo Sie an der Kumpfmühler Straße einen Abstecher in den Dörnbergpark mit dem 1805 errichteten Dörnberg-Palais unternehmen können.

Kunst-Jogging geht auch – hier vorbei an Waldemar Grzimeks ›Bedrohter II‹.

Joggen zwischen Prominenten

Jenseits der Kumpfmühler Straße begleitet die Stadtmauer wieder die Allee. Dann zweigt ein Weg nach links in Richtung des gut erhaltenen Emmeramer Tores ab, das in den ehemaligen Klosterbezirk von St. Emmeram, heute Schloss Thurn und Taxis, führt. Kurz darauf treffen wir auf ein eigenwilliges, von einer steinernen Sphinx gekröntes Denkmal für den dänischen Reichstagsgesandten Carl Heinrich Freiherr von Gleichen. Die Fürst-Anselm-Allee säumt nun den großen Schlosspark und passiert kurz vor der Kreuzung mit der Maximilianstraße einen 1806 zu Ehren von Carl Anselm errichteten Obelisken und das 1859 aufgestellte Keplerdenkmal. An den 1630 in Regensburg verstorbenen Astronomen erinnert ein kleiner Rundtempel. Die gotische Predigtsäule soll an den Sieg Karls des Großen über die Hunnen an dieser Stelle gemahnen.

Endspurt in ehemaliger Gefahrenzone

Über die viel befahrene D.-Martin-Luther-Straße hinweg führt das letzte Stück des Wegs entlang der Ostenallee durch dichtes Grün. Das um 1300 erbaute Ostentor ist der am besten erhaltene Zugang zur mittelalterlichen Stadt. Von den beiden Erkern oberhalb des Durchgangs gossen die Verteidiger Pech und siedendes Öl auf die Angreifer. Das neugotische Torhäuschen daneben bringt Sie schließlich in den Villapark und zu der 1856 für Maximilian von Bayern errichteten Königlichen Villa mit ihrem wahrhaft fürstlichen Blick über Altstadt und Donau. Hier sind Sie an der östlichen Stadtbastion angekommen. Nach links geht's nun entlang der Donau auf das Haus der Bayerischen Geschichte zu, das sich der Historie Bayerns seit 1806 widmet und erzählt, wie aus dem Königreich ein Freistaat wurde. Außerdem lädt ein angenehmes Café zur Rast.

Das Denkmalaufstellen war im 19. Jh. besonders beliebt. Die Bürger sollten bei ihrem Spaziergang durch das Vorbild prominenter Persönlichkeiten zum Nachdenken und zur Nachahmung angeregt werden.

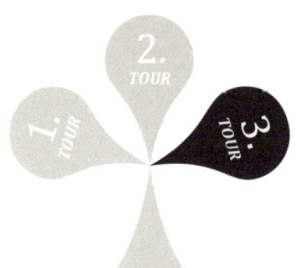

Stadtamhof und die Donauinseln
Kleine Fluchten

Vom höchsten Punkt der Steinernen Brücke aus blickt man ein bisschen von oben herab auf Stadtamhof am nördlichen Donauufer. Das haben wohl auch die Regensburger in den langen Jahrhunderten der gemeinsamen und doch nicht gemeinschaftlichen Geschichte der beiden Ansiedlungen häufig getan. Lange galt: Nach drüben heiraten? Gott bewahre!

Ursache des seltsamen Verhältnisses zweier Städte, die in Sichtweite voneinander liegen, war Regensburgs Erhebung zur kaiserlichen Freien Reichsstadt. Stadtamhof blieb herzöglich-bayerisch, was ein gewisses Spannungsverhältnis begründete. Dabei war der Ort geradezu auf den Kontakt zu Regensburg ausgelegt. Schauen Sie von der ›Steinernen‹ hinüber: Die Brücke mündet direkt in Stadtamhofs Hauptstraße, die schnurgerade zum damaligen Stadttor – heute eine klassizistische Kopie – führte.

Die alte Badeanstalt ist ein architektonisches Kleinod am Strand.

Pflegen und Brauen

Ein Anwesen am Nordufer gehörte allerdings zur Reichsstadt: das St. Katharinenspital. 1220 wurde ein 100 Patienten fassender Krankentrakt erbaut. Neben der Versorgung Bedürftiger beschäftigten sich die Laienbrüder von St. Katharina mit dem Bierbrauen – die Spitalbrauerei ist das älteste Brauhaus Regensburgs. Wie Stadtamhof auch wurde die Einrichtung am 23. April 1809 von österreichischen Truppen stark zerstört, die von Napoleon aus Regensburg heraus und über die Donau getrieben worden waren. Die Fliehenden zündeten den Ort an, um ihre Verfolger aufzuhalten. Auch der Schwarze Turm am Nordende der Steinernen Brücke war beschädigt, wurde abgetragen und stattdessen ein Brückenbasar errichtet: Die beiden u-förmigen, niedrigen Gebäude empfangen Spaziergänger, die über die ›Steinerne‹ kommen, mit Restaurants, Cafés und Geschäften.

Regensburg

Die Schmalspurbahn Walhallabockerl war ein gelungener Coup, um den Tourismus zur Walhalla anzukurbeln.

Ohne Tourismusförderung läuft nichts

Ein kurzer Weg den Stadtamhof entlang nach Norden führt zur Schmalspurlokomotive Walhallabockerl. 1889 bis 1968 zog sie die Bahn von Stadtamhof die Donau entlang bis zur Walhalla und weiter nach Wörth. Böse Zungen behaupten, die Bahnlinie sei nur deshalb gebaut worden, weil zu wenige Besucher zur Walhalla kamen. Dank dieser Tourismus-Fördermaßnahme schwoll der Strom der Walhalla-Pilger merklich an. Wenn Sie Hunger auf Süßes verspüren, dann hier ab in die Kuchenbar mit leckeren Kuchen.

Cineasten im Getreidespeicher

Der Andreasstadel in der Andreasstraße ist in seiner Wuchtigkeit kaum zu übersehen. Zwei Geschosse sowie weitere drei unter dem Satteldach sind bis auf die Außenwände ausschließlich in Holz ausgeführt. 1597 ließ ihn Herzog Albrecht V. als Konkurrenz zum Regensburger Stadel erbauen. Nach umfangreichen Renovierungsarbeiten, bei denen die alte Holzkonstruktion weitgehend erhalten wurde, dient es heute als Programmkino, Künstlerhaus und Hotel. Hier beginnt die idyllische Gasse Am Gries an der Donau entlang zur Mündung des Flusses Regen. Die Häuschen mit ihren sommerbunten Vorgärten, in denen früher die Fischer und Schiffsmeister lebten, stammen aus dem 17./18. Jh., zum Teil im Kern sogar noch aus dem Mittelalter.

Strawanzen aufm Wöhrd

Gleich hinter dem Andreasstadel führt der Grieser Steig auf die östliche der beiden Donauinseln, den Unteren Wöhrd, wo im Mittelalter ebenfalls städtische Stadel standen und Handwerker lebten. Ein angenehmer Spaziergang führt auf der von Gründerzeitvillen gesäumten Wöhrdstraße und dem im 15. Jh. als Einfassung der Donau angelegten Damm Hammerbeschlächt durch ein fast dörfliches Idyll nach Westen unter der Steinernen Brücke hindurch auf den Oberen Wöhrd. Von unten haben Sie einen guten Blick auf die rätselhaften Figuren und Reliefs, die die Steinerne Brücke schmücken. Hier waren im 16. Jh. Mühlen angesiedelt, deren Betreiber in den Häusern entlang der Badstraße lebten. Unter den Hausnummern 2, 4 und 6 finden sich charakteristische Beispiele für die Architektur des 16. Jhs. Den gesamten westlichen Teil des Oberen Wöhrd nimmt der Inselpark ein, eine idyllische Grünanlage, deren Hauptattraktion das beliebte Wöhrdbad bildet. Über den Eisernen Steg strawanzen Sie vom Oberen Wöhrd zurück an die Regensburger Holzlände.

Egal, ob Sie nach Stadtamhof wollen oder zurück zum Dom – die Steinerne Brücke ist dafür der schönste Weg.

Augen auf in Regensburg

Graffiti aus Papier im Zentrum von Regensburg

Regensburger Museumslandschaft

document Schnupftabakfabrik
Gesandtenstraße 3/5

○ JA ○ NEIN

Die Schnupftabakfabrik Bernard und Bernard produzierte bis 2000 in der Altstadt ihren berühmten Schmalzler Franzl. Das Museum entführt in die duftende Atmosphäre der Schnupftabakherstellung.
www.regensburg.de

Kepler Gedächtnishaus
Keplerstraße 5
(nur mit Führung zu besichtigen)

○ JA ○ NEIN

Das Museum für den Astronomen Johannes Kepler verbindet ein gut erhaltenes mittelalterliches Haus mit der Bandbreite seines Werks anhand von astronomischen Messgeräten und seinen Schriften.
www.regensburg.de

Museum in der Dreieinigkeitskirche
Am Ölberg 1

○ JA ○ NEIN

Die evangelische Kirche versteht sich als Museum zur Geschichte der Freien Reichsstadt. Barocke Grabmäler schmücken den umliegenden Gesandtenfriedhof. Fantastisches Panorama vom Turm aus!
www.dreieinigkeitskirche.de

Schloss Thurn und Taxis
Emmeramsplatz 5

○ JA ○ NEIN

Die Wohnräume der Fürstenfamilie, darunter der knapp 200 m² große Ballsaal mit Rokokodekoration, und als Höhepunkt der Kreuzgang von St. Emmeram mit dem berühmten Benediktusportal.
www.thurnundtaxis.de

Städtische Galerie im Leeren Beutel
Bertoldstraße 9

○ JA ○ NEIN

In den Ausstellungsräumen des ehemaligen Getreidestadels ist die ostbayerische Kunst zu Hause. Wechselnde Ausstellungen präsentieren Werke von Künstlern wie Lothar Fischer, Helmut Sturm oder Erwin Eisch.
www.regensburg.de

Donau-Schiffahrts-Museum
Thundorferstraße

○ JA ○ NEIN

Wie die Donauschifffahrt funktionierte, erläutert die sehenswerte Ausstellung auf zwei ausgedienten Donauschiffen, der Ruthof (1922) und der Freudenau (1942).
donau-schiffahrtsmuseum-regensburg.de

Historisches Museum/ Mittelalterabteilung
Dachauplatz

○ JA ○ NEIN

Fantastische Kunstwerke aus Romanik und Gotik entfalten in der gotischen Architektur der Klosteranlage einen ganz besonderen Zauber. Toll ist das interaktive Modell der Altstadt!
www.regensburg.de

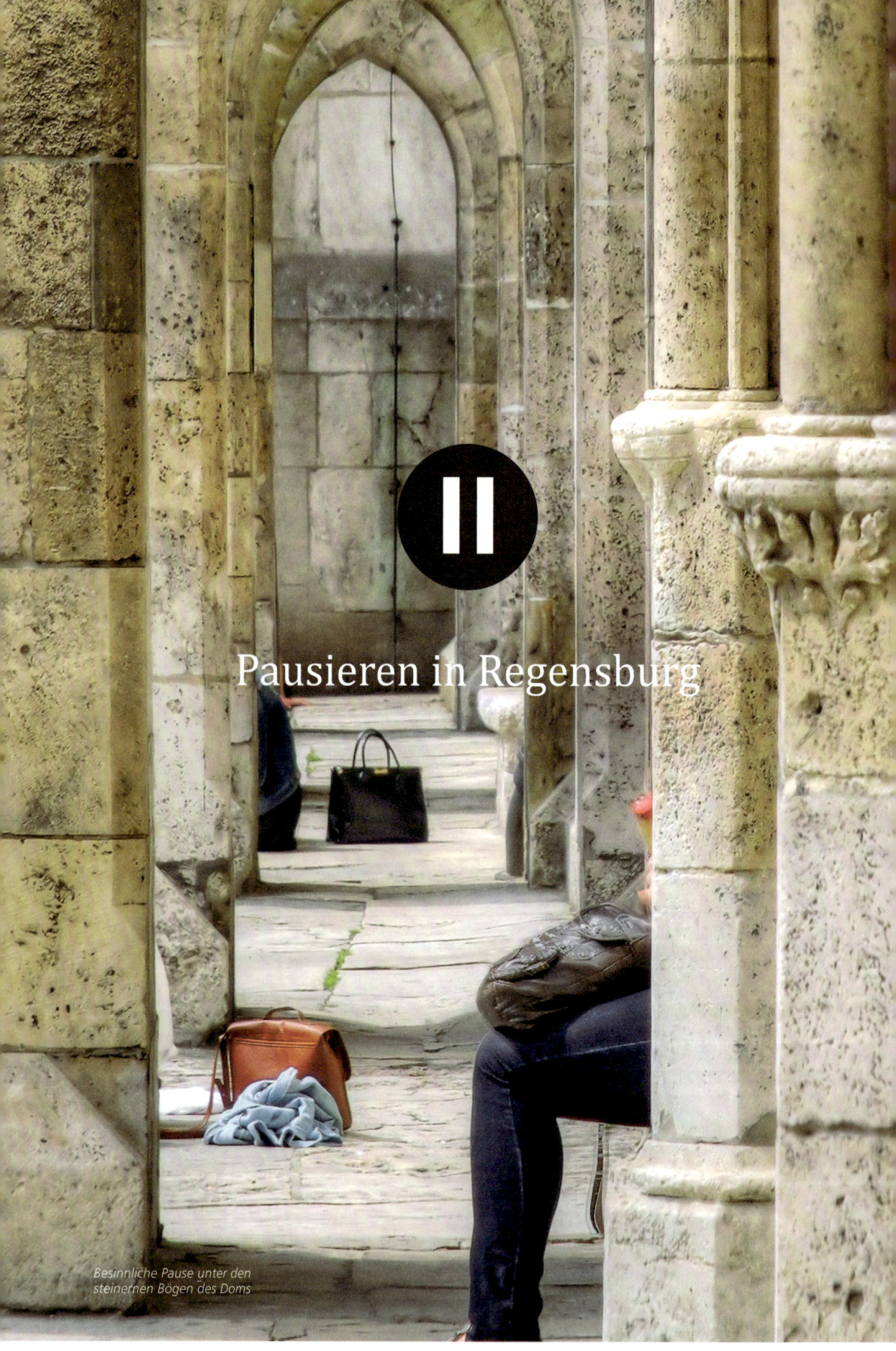

II
Pausieren in Regensburg

Besinnliche Pause unter den steinernen Bögen des Doms

Regensburg

Wenn die Temperaturen steigen, ist das Donauufer beliebtes Terrain zum Chillen.

BESINNUNG MIT ORGEL

Mittagsmeditation im Dom
Das Einzige, was die Organisatoren der Mittagsmeditation im Dom nicht richtig bedacht haben, ist die Lightshow. Denn wenn montags bis freitags um 12 Uhr Orgelspiel und besinnliche Texte zum Innehalten auffordern, hat die Sonne ihren Platz hinter den Glasfenstern im Chorschluss bereits verlassen, und deshalb leuchten sie nicht ganz so glanzvoll wie am Vormittag. Aber man ist ja da, um sich in die steinerne Schönheit des Doms, die majestätischen Töne der Orgel und die besinnlichen Texte zu versenken.
Domplatz 1

ES GRÜNT SO GRÜN

Grüne Oase
Entspannen heißt hier, sich auszutauschen, denn die Leute, die in das Urban-Gardening-Projekt Grüne Oase im Obermünsterviertel kommen, sind meist sehr kommunikativ. So erfährt man beim Gärtnern in den Hochbeeten an der Obermünsterstraße (oder beim Dabeizusehen) interessante Geschichten aus dem (noch) recht alternativen Viertel und schließt vielleicht eine neue Freundschaft.
Steckgasse, Ecke Obermünsterstraße

FLANIEREN UNTER LINDEN

Stadtpark
Die älteste Parkanlage der Stadt war ursprünglich ein verfüllter Steinbruch, dann ein Friedhof und entwickelte sich schließlich zu einem beliebten Naherholungsgebiet mit Blumenrabatten, See, Wasserfontäne und Spielplatz. Wenn die Bänke zu unbequem erscheinen und Sie keine Decke dabeihaben, um es sich auf der Wiese gemütlich zu machen, ist das Café unter den Linden mit einem schattigen Biergarten ideal für eine kulinarische Verschnaufpause.
Platz der Einheit

FÜR GROSS UND KLEIN

Spielplatz an der Weingasse
Auf dem kleinen Spielplatz zwischen hohen Altstadthäusern ist nicht allzu viel geboten: eine Wippe, ein Holzhäuschen, ein paar Bänke, ein paar Bäume. Dafür ist es total friedlich, mit oder ohne Kind. Mit einer Zeitung auf der Bank sitzen, die rückwärtige Fassade des Keplerhauses und daneben einen romanischen Turm bestaunen. Aus irgendeinem Fenster dringt Musik. Bewohntes Mittelalter, und Sie, ganz entspannt, mittendrin.
Weingasse

WIE DORNRÖSCHEN

Rosarium
Das Schweizer Fachwerkhäuschen des Bistros Rosarium im südwestlichen Winkel des Dörnbergparks wurde Mitte des 19. Jhs. errichtet, als Carl von Effner im Auftrag des Freiherrn von Dörnberg einen herrschaftlichen Garten zu einem englischen Landschaftspark umgestaltete. Bis heute ist die grüne Oase ein Ruhepunkt für Anwohner und die Angestellten der umliegenden Büros und das von Rosensträuchern eingerahmte Bistro ein beliebter Treff in der Mittagspause. Umhüllt vom Duft der Rosen kann man hier so richtig abschalten und sich dabei eines der preiswerten und leckeren Mittagsgerichte schmecken lassen.
Hoppestr. 3A

Warum Rostock?

Alter Marktplatz

Stadt oder Strand?

Wer noch grübelt, findet die Antwort in Rostock-Warnemünde. Hier die stolze Hansestadt, dort das hübsche Seebad und Fischerdorf – mit Schiff oder S-Bahn nur ein paar Stationen voneinander entfernt. Wo ist es schöner? Muss man nicht entscheiden. Zum Sonnenuntergang und Schiffe-Kieken geht's in jedem Fall ans Wasser. Chillen und Grillen am Strand von Warnemünde oder im Rostocker Stadthafen – wie man's macht, macht man's richtig.

Landeplatz für Möven & Co.: ein Duckdalben

Rostock und Warnemünde auf einen Blick

Die Hanse- und Universitätsstadt Rostock ist die größte Stadt des Landes und überraschend vielseitig. Sie bietet eine fußgängerfreundliche Altstadt, einen Stadthafen an der unteren Warnow, ein lebendiges Kultur- und reges Kneipenleben. Ihre ›schönste Tochter‹ ist ein Stadtteil am Meer: das Seebad Warnemünde mit dem breitesten Strand an der deutschen Ostseeküste.

DIE ALTSTADT

Quirlige Lebensader der alten Hansestadt ist die Kröpelinerstraße, die vom Neuen Markt über den Universitätsplatz zum Kröpeliner Tor die Altstadt quert. Die Haupteinkaufsstraße prägt ein interessanter Architekturmix. Das Spektrum der Bauepochen reicht von mittelalterlichen Kontorhäusern bis zu Plattenbau aus den 1970er-Jahren. Autos und Straßenbahnen sind verbannt in die parallel verlaufende Lange Straße, die viel jünger ist, als sie aussieht. Elemente der Backsteingotik geben den Bauten aus den 1950ern den Anschein langer Historie. Echt alt ist dagegen die mächtige Marienkirche aus dem 13. Jh. im Herzen der Altstadt. Hinter dem Universitätsplatz überrascht das Kloster zum Heiligen Geist mit dörflicher Idylle. Vom Neuen Markt führen Gassen in die charmante, nach 1991 sanierte östliche Altstadt. Backsteingotische Prachtkirchen sind St. Nikolai und St. Petri am Alten Markt.

STADTHAFEN

Die verkehrsreiche Hauptverkehrsstraße, die man überquert, um zum Stadthafen zu gelangen, trägt den trügerischen Namen Am Strande. Der Strand fehlt, das Warnowufer ist zubetoniert und trotzdem ein attraktiver Treffpunkt. Historische Speicher, ein alter Brückenkran und einige Museumsschiffe bilden den Rahmen für eine Restaurant- und Kneipenmeile direkt am Wasser. Von einem Anleger starten die Ausflugs-

Brunnen der Lebensfreude

Kröpeliner Straße

schiffe, die auf der Warnow nach Warnemünde schippern.

SCHMARL, LÜTTEN KLEIN, LICHTENHAGEN

Großwohnsiedlungen prägen die Ortsteile zwischen Rostock und Warnemünde. Weltweites Entsetzen erregten die massiven ausländerfeindlichen Ausschreitungen im August 1992 in Lichtenhagen. Sie sind auch nach fast 30 Jahren nicht vergessen. Viele Plattenbauten wurde seither modernisiert, farblich aufgefrischt und mit Grünflächen versehen. Weit mehr als eine der Standardmaßnahmen war die Anlage des IGA-Parks an der Warnow. Nicht nur für die Stadtteilbewohner ist er etwas Besonderes.

WARNEMÜNDE

Das Fischer- und Seefahrerstädtchen gehört bereits seit 1323 zu Rostock. Damals kaufte die reiche und mächtige Hansestadt das Fischerdorf an der Mündung der Warnow und sicherte sich damit freien Zugang zur Ostsee. Heute ist es ein beliebter Stopp für Kreuzfahrtschiffe. Vom Seehafen verkehren Fähren nach Dänemark, Schweden, Finnland, Estland – eine prachtvolle Fernweh-Kulisse, wenn man an Warnemündes berühmtem Strand entspannt. Kapitäns- und Fischerhäuser säumen den Alten Strom, in dem Fischerboote und Ausflugsdampfer, kleine und große Jachten vor Anker liegen. Mit Leuchtturm und Mole eine maritime Bilderbuchidylle.

ROSTOCKER HEIDE

Auf der anderen Seite der Warnow erstreckt sich die Rostocker Heide bis fast zur Halbinselkette Fischland-Darß-Zingst. Anders als der Name vermuten lässt, ist es keine Heide, sondern ein ausgedehntes Mischwaldgebiet, durchzogen von Wiesen und Moorgebieten. Von Warnemünde pendelt die Fähre hinüber zur Hohen Düne. Kaum am Ostufer der Warnow angekommen, können Sie gleich auf den Parkplatz am Anleger einbiegen. Vorbei am luxuriösen Resort Hohe Düne und dem Marine Science Center (siehe unten) geht es Richtung Ostmole mit dem kleinen roten Leuchtturm – direkt gegenüber dem kleinen grünen Leuchtturm in Warnemünde.

HEILIGENDAMM

Ein Panoramaweg führt von Warnemünde nach Heiligendamm, dem ersten deutschen Seebad (1793). Die 18 km lange Tour folgt streckenweise dem Europäischen Fernwanderweg E9 oben auf der Steilküste, dann wieder verläuft sie direkt am Strand. Man passiert das Kap Stoltera und das kleine Ostseebad Nienhagen. Westlich des Seebads erstreckt sich direkt am Meer der berühmte Gespensterwald. Wer weiter will: Von Heiligendamm fährt die Molli-Bahn in die noble, großherzogliche Sommerresidenz Bad Doberan.

Treffpunkt der Segel-Oldtimer: Hanse Sail

Flanieren durch Rostock

Urlaubsflair bei jedem Wetter: Strand in Warnemünde

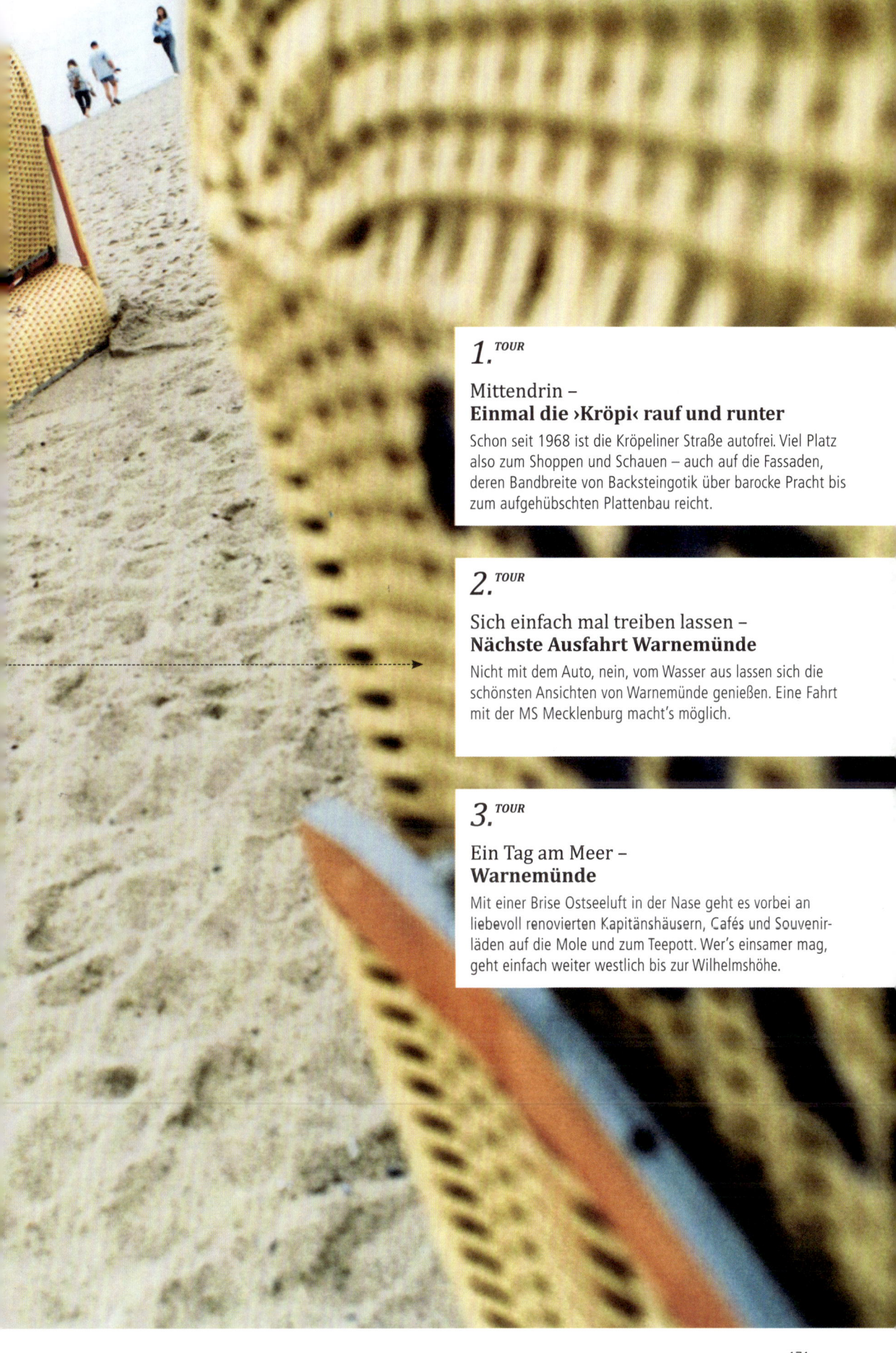

1. TOUR

Mittendrin –
Einmal die ›Kröpi‹ rauf und runter

Schon seit 1968 ist die Kröpeliner Straße autofrei. Viel Platz also zum Shoppen und Schauen – auch auf die Fassaden, deren Bandbreite von Backsteingotik über barocke Pracht bis zum aufgehübschten Plattenbau reicht.

2. TOUR

Sich einfach mal treiben lassen –
Nächste Ausfahrt Warnemünde

Nicht mit dem Auto, nein, vom Wasser aus lassen sich die schönsten Ansichten von Warnemünde genießen. Eine Fahrt mit der MS Mecklenburg macht's möglich.

3. TOUR

Ein Tag am Meer –
Warnemünde

Mit einer Brise Ostseeluft in der Nase geht es vorbei an liebevoll renovierten Kapitänshäusern, Cafés und Souvenirläden auf die Mole und zum Teepott. Wer's einsamer mag, geht einfach weiter westlich bis zur Wilhelmshöhe.

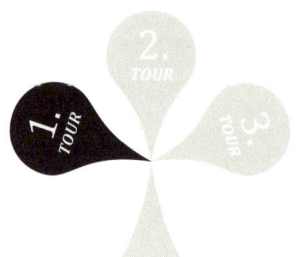

Mittendrin
Einmal die ›Kröpi‹ rauf und runter

800 Jahre im Zeitraffer. Rund um den Neuen Markt und auf dem Bummelboulevard Kröpeliner Straße vermischt sich das Flair der alten Hafen-, Seemanns- und Studentenstadt mit dem spröden Charme von Pseudogotik und Plattenbau.

Herrliche Hanse

Ein Freilichtmuseum für Hanseromantik ist Rostock nicht. Im Zweiten Weltkrieg fielen 60 % der Gebäude der Altstadt im Bombenhagel in Schutt und Asche. So blieben von ursprünglich 34 Giebelhäusern am Neuen Markt nur sieben unbeschädigt, die Lücken füllen funktionale Neubauten. Und doch lohnt es sich, sich umzusehen. Die Ostseite des Marktes nimmt das Rathaus ein. Seine prächtige, im 14./15. Jh. entstandene und von sieben Türmchen gekrönte gotische Backsteinfassade verdeckt seit 1727 ein mehrgeschossiger barocker Vorbau. Auch in den Straßenzügen hinter dem Rathaus, findet sich noch so manches architektonische Kleinod aus der Hansezeit, darunter das Kerkhoffhaus (Hinter dem Rathaus 5) und das Krahnstöverhaus (Große Wasserstraße 30), mit Kneipe … also gerne mal reinschauen.

Rathaus und Brunnen von Rostock

Nahaufnahme der astronomischen Uhr des 15. Jahrhunderts in der Marienkirche Rostock. Die mittelalterliche Uhr ist die einzige, die noch mit Originaluhren in Betrieb ist.

Geliebte Glucke

Ein Prachtexemplar der Backsteingotik ›hockt‹ raumeinnehmend am Ziegenmarkt. Das wohlhabende Rostocker Handelspatriziat stellte die Gelder für den Bau zur Verfügung: die im 13. Jh. erbaute Marienkirche sollte ihrem architektonischen Vorbild – der Lübecker Marienkirche – in nichts nachstehen. Zu den kostbarsten Ausstattungsstücken gehört die 1472 geschaffene astronomische Uhr, ein mechanisches Wunderwerk. Als sie das erste Mal tickte, war Amerika noch nicht entdeckt.

Epochen Tutti-Frutti

Das alte Hauptgebäude der Universität, das barocke Herzogliche Palais, die klassizistische Wache und der 1980 von Jo Jastram geschaffene beckenlose Brunnen der Lebensfreude (Pornobrunnen nennen ihn die Rostocker) schmücken den dreieckigen Universitätsplatz. Kinder, Studenten, Touristen, Ur-Rostocker lieben es, hier eine Pause einzulegen. Abgelenkt von den verschlungenen Nackten könnte man fast das Fünfgiebelhaus an der Ecke zur Breitenstraße übersehen. Der Neubau aus dem Jahr 1986 fügt sich gut in die historische Bausubstanz ein. Die industrielle Plattenbauweise wurde hier individuell abgewandelt. Die vorgefertigten Betonelemente erhielten Fassaden, die durch Lauben, kleine Erker und Bänder aus grün glasierten Backsteinen belebt wurden.

> »EINE STADT, DIE SEIT JAHRHUNDERTEN VON SCHLECHTEN BAUMEISTERN VERHUNZT WURDE. WUNDERBAR, DASS SIE TROTZ ALLEM NOCH GEWISSE REIZE HATTE.«
>
> Walter Kempowski

Das Ende ist der Anfang

Den westlichen Abschluss der ›Kröpi‹ bildet das Kröpeliner Tor, eines von ehemals 22 Stadttoren, die im 13. und 14. Jh. zur Verteidigung der Stadt errichtet wurden. Heute beherbergt es eine Ausstellung zur Stadtgeschichte. Hinter dem Tor beginnt das autobrausende Leben der Großstadt. Die sich anschließende Kröpeliner Vorstadt (hier einfach kurz KTV genannt) ist ein Studentenviertel mit vielen Kneipen, Bars und Internationalen Restaurants.

Sich einfach mal treiben lassen
Nächste Ausfahrt Warnemünde

Warum ins Auto oder die S-Bahn steigen, wenn es auch ein Schiff sein kann? Im Rostocker Stadthafen legen die Fahrgastschiffe der Blauen Flotte ab. Nach einer großzügigen Wendung vor dem beeindruckenden, von Marienkirche, historischen Speichern und Giebelhäusern geprägten Stadtpanorama tuckert die MS Mecklenburg auf der Warnow ganz gemächlich Richtung Ostsee.

Hafen im Wandel

Man braucht nicht viel Phantasie, um sich das Leben in der Hansezeit vorzustellen, als hier die Koggen der Rigafahrer und Kutter der Schonenfahrer dicht an dicht am Kai lagen. Im Mittelalter und in der Frühen Neuzeit waren Handel und Verkehr der Hansestadt fast ausschließlich auf den (heutigen Stadt-)Hafen ausgerichtet.

In der DDR entwickelte sich Rostock zum Schiffbau- und Schifffahrtszentrum des Landes. Mit dem Bau eines neuen Überseehafens wurde der alte Hafen für den Seeverkehr und Warenumschlag weitgehend funktionslos. Heute dient er als Segler- und Museumshafen.

Hier sitzt die Verwaltungszentrale aller Aida-Kreuzfahrtschiffe: der nach neuesten Umweltstandards errichtete Komplex Aida Home

Rostock

Bei der Hanse Sail geben sich jedes Jahr im Sommer traditionelle Großsegler auf der Warnow ein Stelldichein.

Mehrere historische Kräne bieten interessante Einblicke in die frühere Umschlagtechnik. Doch nur noch während der jährlichen Hanse Sail beherrschen die Masten großer Windjammer das Bild wie einst in stolzen Hansetagen. Und wer Lust hat, kann sogar auf einem der historischen Schiffe mitsegeln.

Gestern, heute, morgen...

Vorbei geht es an neuen Wohngebieten mit exklusivem Blick auf die Warnow. Wie es wohl wäre, hier zu wohnen? Die MS Mecklenburg passiert das auf einem Frachter untergebrachte Schifffahrtsmuseum in Rostock-Schmarl und die MV WERFTEN Rostock, die frühere Neptun Werft, die sich mit dem Bau von Stückgutfrachtern, Arktis-Schiffen sowie der Service- und Untersuchungsbohrinsel Stena Don durch schwierige Zeiten manövriert haben. Geradezu dynamisch (und hoch subventioniert) verlief die Entwicklung nach der Wende in Warnemünde: Am Ostufer der Warnow entstand mit dem Yachthafen Hohe Düne ein 5-Sterne-Luxushafen – eingebettet in eine Hotelanlage der Extraklasse mit preisgekrönte SPA-Anlage.

> **PANORAMA UND GESCHICHTE**
>
> Rostock vom Wasser aus – superschön und interessant sind die geführten Paddeltouren im Stadthafen: www.stadtpaddeln-rostock.de

Here we go...

Die MS Mecklenburg lässt die Yachthafenresidenz in der Ferne rechts liegen und macht am Passagierkai am Neuen Strom fest. Bis 2020 stand Rostock-Warnemünde ganz oben auf der Liste der deutschen Kreuzfahrtschiffhäfen. Das 2005 offiziell eröffnete Cruise Center ist eine imponierende zweigeschossige Stahl-Glas-Konstruktion, die auf einen Passagierwechsel von bis zu 2500 Personen am Tag ausgelegt ist. Die Zukunft ist ungewiss, die Kreuzfahrtbranche steht vor dem Umbruch. Warnemünde aber bleibt, was es immer war, ein bildhübsches Fischerdorf und Seebad. Badegäste verlassen das Schiff, um den Tag am Strand zu verbringen. Keine schlechte Idee – man kann auch ein späteres Schiff zurücknehmen.

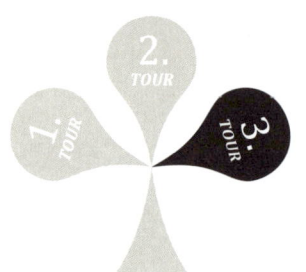

Warnemünde
Ein Tag am Meer

Das wird ein schöner Spaziergang! Runter vom Schiff oder vom Bahnsteig, zwei oder drei Minuten geradeaus und schon stehen Sie am Alten Strom, der das Dorf vom Bahnhof trennt. Fischerbuden aneinandergereiht – das ist der Fischmarkt – dahinter wiegen sich die Kutter im ruhigen Wasser. Möwen spazieren über das Pflaster, es riecht nach frisch gefangenem Fisch und nach Meer – dieser wunderbare Mix aus salzige Luft, Tang und Muscheln.

Es ist noch früh am Morgen. Schnell noch einmal die Glasbrüstung putzen, denn gleich kommen die Touristen zu Scharen an den Alten Strom.

Bummeln am Alten Strom

Über die Brücke und dann rechts herum. Man hat die Wahl: an der von Fischkuttern und Ausflugsschiffen gesäumten Kaikante entlang zu spazieren oder weiter oben, wo sich die Giebel der hübschen Seemannshäuser aneinanderreihen. Hier lebten die Fischer in der ersten Reihe mit Blick auf ihre Boote. Pensionen, Läden, Cafés – und bummelnde, drängelnde Menschen. Wer ein stilleres Warnemünde erleben möchte, sollte in die ›Achterreeg‹, also in die hintere Reihe wechseln. Auch hier finden sich bildhübsche Häuschen, aber dafür kaum Menschen.

Ship-Spotting auf der Mole

Auf die Unbedingt-Liste gehört die Westmole, die aufs Meer hinausführt. Verlaufen kann man sich nicht, einfach dem (Menschen-)Strom folgen. Zum Greifen nah passieren die riesigen Fährschiffe zwischen West- und Ostmole, der eine mit einem roten, der andere mit einem grünen Leuchtfeuer versehen. Zwischen den Molen geht es raus auf die Ostsee.

Promenadenbummel

Der Strand erstreckt sich gleich hinter der Mole, an einer kräftigen, langen Mauer staut sich der Sand auf, den der Wind heranträgt. Doch erst einmal geht es zum Leuchtturm an der Promenade, seit 1898 ist er das Wahrzeichen Warnemündes. Zu seinen Füßen der Teepott – ein Werk des DDR-Stararchitekten Ulrich Müther, der ›Beton falten konnte wie andere Papierservietten.‹ Nach der Wende restauriert, kann man hier wieder einkehren. Auch die Strandbar nebenan lädt mit exotischen Lounges zum Chillen am Strand ein. Weiter westwärts unübersehbar steht der große Klotz des legendären Hotels Neptun, erbaut in den 1970er-Jahren. Schon zu DDR-Zeiten stieg hier die Prominenz ab, der Blick übers Meer und den Strand kann auch heute noch aus jedem der Zimmer und vom Panoramacafé im 19. Stock genossen werden.

Einmal Steilküste und zurück

Die Füße wollen raus aus den Schuhen? Ab an den Strand. Fast immer kreisen am Himmel ein paar Drachen. Platz ist genug da, aber zugegeben, in der Sommersaison wird es auch hier voll. Wem der Trubel zu viel ist, sollte weiterspazieren Richtung Westen – dahin, wo der Wald beginnt, wo die Küste steil und der Strand schmaler und steiniger wird… und wo man (an der Wilhelmshöhe) auch einkehren kann.

Wann ist Schluss mit Flanieren? Wann es passt. Hin auf der Promenade, zurück am Meer oder umgekehrt. Ganz nach Lust und Laune.

Mit der Retrowelle kommen auch die Hyparschalenbauten von Ulrich Müther wieder in Mode. Den Teepott errichtete er 1968. Er steht denkmalgeschützt direkt am Strand neben dem Leuchtturm.

Augen auf in Rostock

Im Darwineum des Rostocker Zoos

Rostocker Museumslandschaft

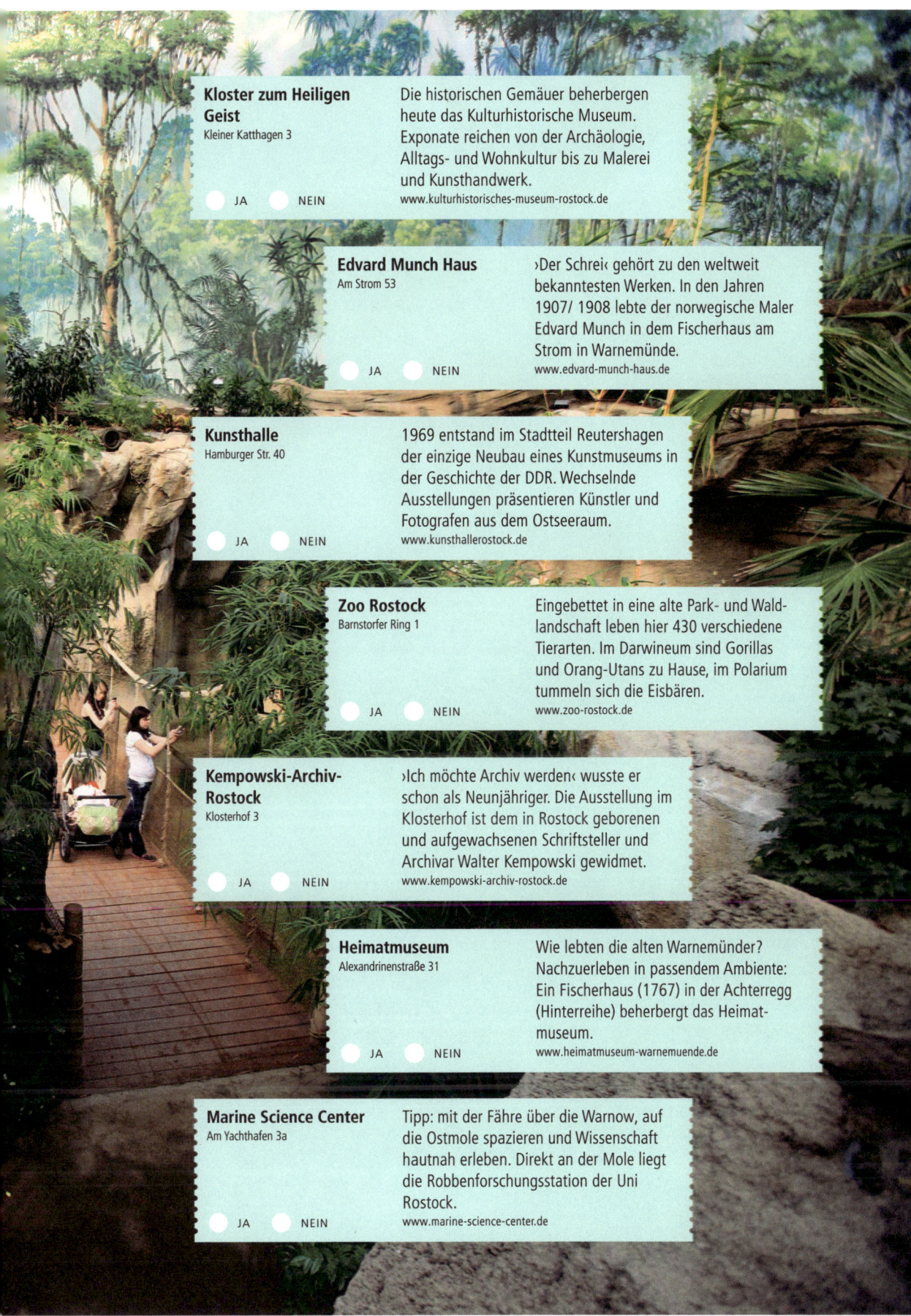

Kloster zum Heiligen Geist
Kleiner Katthagen 3

○ JA ○ NEIN

Die historischen Gemäuer beherbergen heute das Kulturhistorische Museum. Exponate reichen von der Archäologie, Alltags- und Wohnkultur bis zu Malerei und Kunsthandwerk.
www.kulturhistorisches-museum-rostock.de

Edvard Munch Haus
Am Strom 53

○ JA ○ NEIN

›Der Schrei‹ gehört zu den weltweit bekanntesten Werken. In den Jahren 1907/ 1908 lebte der norwegische Maler Edvard Munch in dem Fischerhaus am Strom in Warnemünde.
www.edvard-munch-haus.de

Kunsthalle
Hamburger Str. 40

○ JA ○ NEIN

1969 entstand im Stadtteil Reutershagen der einzige Neubau eines Kunstmuseums in der Geschichte der DDR. Wechselnde Ausstellungen präsentieren Künstler und Fotografen aus dem Ostseeraum.
www.kunsthallerostock.de

Zoo Rostock
Barnstorfer Ring 1

○ JA ○ NEIN

Eingebettet in eine alte Park- und Waldlandschaft leben hier 430 verschiedene Tierarten. Im Darwineum sind Gorillas und Orang-Utans zu Hause, im Polarium tummeln sich die Eisbären.
www.zoo-rostock.de

Kempowski-Archiv-Rostock
Klosterhof 3

○ JA ○ NEIN

›Ich möchte Archiv werden‹ wusste er schon als Neunjähriger. Die Ausstellung im Klosterhof ist dem in Rostock geborenen und aufgewachsenen Schriftsteller und Archivar Walter Kempowski gewidmet.
www.kempowski-archiv-rostock.de

Heimatmuseum
Alexandrinenstraße 31

○ JA ○ NEIN

Wie lebten die alten Warnemünder? Nachzuerleben in passendem Ambiente: Ein Fischerhaus (1767) in der Achterregg (Hinterreihe) beherbergt das Heimatmuseum.
www.heimatmuseum-warnemuende.de

Marine Science Center
Am Yachthafen 3a

○ JA ○ NEIN

Tipp: mit der Fähre über die Warnow, auf die Ostmole spazieren und Wissenschaft hautnah erleben. Direkt an der Mole liegt die Robbenforschungsstation der Uni Rostock.
www.marine-science-center.de

II Pausieren in Rostock

Botanischer Garten

Rostock

Immer wieder schön, wenn Ruhe einkehrt und die letzten Sonnenstrahlen den Warnemünder Hafen erleuchten.

SUMMER IN THE CITY

Warnemünder Strand und Stadthafen
Sommerabende am Warnemünder Strand: eine Decke im Sand ausbreiten, ein kleines Picknick … Nachschub an Getränken bieten die Kioske der Strandkorbvermieter an den Strandübergängen. Eine wunderbare Stimmung, hier wird ganz einfach der Feierabend und das Leben genossen bis die Sonne im Meer versunken ist. Doch es gibt noch Alternativen: Sobald der Himmel klar und die Luft warm ist, heißt das Motto der Rostocker: Chillen am Stadthafen – mit Grill, Bier und Musik – und später am Abend den Sonnenuntergang zwischen den Segelbooten beobachten.

AB NACH OBEN

Petrikirche
Nähert man sich der Stadt aus dem Osten ist er nicht zu übersehen. 196 Stufen führen auf den Turm der 1252 erstmals urkundlich erwähnten Kirche. Für Nicht-so-Sportliche gibt es einen Fahrstuhl. Der Ausblick über die Rostocker Altstadt ist grandios.
Alter Markt 1

OASE IM STADTZENTRUM

Wallanlagen
Raus aus dem städtischen Trubel und hinein ins Grün. Zwischen Kröpeliner Tor und Kloster zum Heiligen Kreuz verläuft ein Abschnitt der bei Spaziergängern, Joggern, Radfahrern und Vögeln beliebten Wallanlagen. Im Osten schließt sich der Rosengarten an (zwischen Schwaanscher Straße und Steintor).

KLOSTERSTILLE MIT KAFFEE

Klosterhof
Einkaufstrubel und Klosterstille, dazwischen liegen nur ein wenige Meter. Hinter dem belebten Universitätsplatz lädt der idyllische Hof des Klosters zum Heiligen Kreuz zum Verweilen ein. In dem gemütlichen Café verabreden sich auch die Rostocker gerne.
Kleiner Katthagen 3

›FRIEDEN‹

IGA Park und Schifffahrtsmuseum
Die schöne Parklandschaft zieht sich über 100 Hektar am Ufer der Warnow entlang – mit Weidendom und kleinem Badestrand. Am Kai liegt das Traditionsschiff ›Frieden‹ mit dem sehenswerten Schiffbau- und Schifffahrtsmuseum.
Schmarl Dorf 40

SCHÖNE ZEIT IM GRÜNEN

Botanischer Garten
Die reizvolle gartenarchitektonische Gestaltung mit Alpinum, Arboretum, Japangarten und die Loki-Schmidt-Gewächshäuser laden zum Spazieren und Entdecken so manch exotischer Raritäten.
Hamburger Str. 28

DIE NÄCHSTE WELLE KOMMT BESTIMMT

Surfen, Suppen oder nur Gucken
Sich ein Board und Paddel ausleihen und über die Warnow schippern, können auch absolute Anfänger. Material gibt's bei Supremesurf – Hauptshop am Stadthafen und im Beachhouse am Strand mit netter kleiner Bar. Wer es ruhig angehen lassen will, kann hier in einer Strandliege auch einfach nur den Wellenreitern zuschauen. Wellen? Die kommen in jedem Fall im 2-Stunden-Takt, wenn die großen Fähren ein- und auslaufen.

181

Warum Saarbrücken?

Die Alte Bergwerksdirektion dient als Portal des Shopping-Centers Europagalerie

Saar-voir-vivre

Saarbrücken ist nicht das Glamour-Girl unter den deutschen Großstädten. Aber sie ist mega-entspannt und hat diesen ganz speziellen Charme: gelassene Lebensfreude, gepaart mit Lust auf Geselligkeit, Kultur und kulinarische Genüsse. »Saar-voir-vivre« nennen die Saarländer diese besondere Melange.

Historischer Saarkran

Barockes Juwel: die Ludwigskirche

Saarbrücken in Zahlen

2 mal am Tag spielt das Glockenspiel im Rathaus

0 km sind es bis zur französischen Grenze

1 Fluss durchquert die Stadt, das ist die Saar, ihr hat die Stadt den Namen zu verdanken

100 internationale Künstler stellen auf der UrbanArt Biennale im Weltkulturerbe Völklinger Hütte aus

1.000 Jahre Geschichte

4 Michelin-Sterne leuchten über Saarbrücken: »Mir wisse, was gudd is!«

3.000 Veranstaltungen pro Jahr

175.000 Bewohner leben in der einzigen Großstadt des Saarlands

Flanieren durch Saarbrücken

Flanieren und Shoppen in der Fröschengasse

1. TOUR

Herrschaftszeiten –
Rund um Schloss und Schlossplatz

Zwei barocke Fürsten und ein genialer Baumeister gaben der Stadt ihr Gesicht. Zuvor haben sie sich eine Dienstreise nach Frankreich gegönnt und für das Saarbrücker Schloss sogar in Versailles Maß genommen.

2. TOUR

Kirchen, Kneipen, Marktgetümmel –
St. Johann und das Drumherum

Rund um den St. Johanner Markt schlägt das Herz der Altstadt. Eine bunte Bühne für Flaneure, Kultur-Touris und Einkaufsbummler. Zum saarländischen Gebabbel gesellt sich das französische Palaver unserer Nachbarn von ›drüben‹.

3. TOUR

Wo die Großstadt noch Dorf geblieben ist –
St. Arnualer Markt

Gemütlich und beschaulich geht es zu in diesem historischen Stadtteil mit römischen Wurzeln. Und im angrenzenden grünen ›Tabakstal‹ stößt man auf Spuren der jüngsten Vergangenheit.

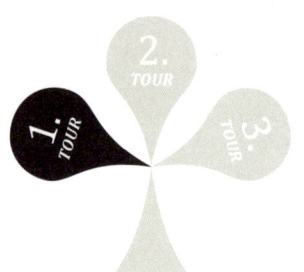

Rund um Schloss und Schlossplatz
Herrschaftszeiten

Startpunkt der Tour ist die Alte Brücke, die über die Saar führt. Hinter Ihnen liegen die barocken Altstadtgassen von St. Johann, nach links schauen Sie saaraufwärts auf das Ufer mit Treidelpfad und Liegewiesen vor dem Staatstheater. Am Ende der Brücke tut sich eine hohe Mauer auf. Sie ist Teil von Sarabrucca, dem ›Saarbrocken‹, einem Felsen, nach dem Saarbrücken benannt ist (nicht etwa nach seinen Brücken!).

Auf dem Brocken thronte um das Jahr 1000 eine erste Burg, gefolgt von diversen Nachbauten und Schlössern. Davon sieht man von hier aus noch nichts. Erst muss auf der Brücke noch die Stadtautobahn überquert werden, dann führt eine Gasse rechts der Mauer und der Schlosskirche hoch zum Schlossplatz. Im Schlossgarten findet im Sommer die Musikveranstaltung ›Sonntags ans Schloss‹ statt. Und die ist nicht nur was für Erwachsene, sondern auch für Kinder. An dem ursprünglich barocken Schloss erinnert zwar nicht mehr viel an seinen Baumeister Friedrich Johann Stengel. Und doch ist seine lange Geschichte erwähnenswert: Als der Baumeister 1735 zum ersten Mal in Saarbrücken weilt, findet er ein ramponiertes Renaissanceschloss vor. Fürst Wilhelm Heinrich, generös und frankophil, spendiert sich und seinem Architekten erst mal eine Dienstreise nach Paris. Danach ist klar: Auch das neue Schloss in Saarbrücken soll was haben vom Glanz und der verspielten Leichtigkeit des königlichen Versailles. Voilà, das hat es auch heute noch – trotz vieler Veränderungen, Zerstörungen und Umbauten.

Zurück in die Gegenwart

Die heutige Form erhielt das Schloss 1989 vom Kölner Architekten Gottfried Böhm, der ihm (nicht unumstritten) viele moderne Elemente, vor allem einen spektakulären Mittelbau aus Glas und Stahl, verpasst hat. Heute residieren im Schloss, ganz profan in modernen Büros, die Bediensteten des Regionalverbandes Saarbrücken. Die neuen Schlossherren haben absolut nichts gegen einen Besuch des neuen ›Bürgerschlosses‹. Spazieren Sie also durch den ehemaligen Ehrenhof hoch zum Hauptportal im neuen Mittelbau, im Inneren eine lichte Melange aus Moderne und barocken Reminiszenzen aus dem alten Schloss.

Harmonisches Plätzchen

Durch den rückwärtigen Ausgang des Schlosses gelangt man zum Schlossgarten, von dessen Terrasse Sie einen weiten Rundblick haben. Die Terrasse führt zurück auf den Schlossplatz, der begrenzt wird vom Alten Rathaus, 1750 erbaut als bürgerliches Pendant zum Schloss. Die weiteren Gebäude am Platz sind eine Mischung aus Stengelschen Bürgerhäusern und Gebäuden der Nachkriegszeit, und trotzdem bilden sie auch heute noch ein geschlossenes Ensemble – ganz im Geiste des Barockbaumeisters.

Malerische Kulisse: die Schlosskirche bildet das Entrée des Saarbrücker Schloss-Komplexes.

»HAUPTSACH GUDD GESS, GESCHAFFT HAN MA SCHNELL.« («HAUPTSACHE GUT GEGESSEN, DIE ARBEIT IST SCHNELL ERLEDIGT.«)

Saarländische Redewendung

Viel Glas und ein tragendes Stahlskelett – der Mittelbau des Schlosses erhielt so ein ganz modernes Gesicht.

St. Johann und das Drumherum
Kirchen, Kneipen, Marktgetümmel

Er ist der Stadtpatron Saarbrückens, und so ist es klar, dass der heilige Johannes der Täufer auch seine eigene Kirche erhalten musste. Von wem wurde sie erbaut? Natürlich, Friedrich Joachim Stengel wurde auch hierfür engagiert. Vier Jahre vor Beginn des Baus der Ludwigskirche vollendete Stengel im Jahr 1758 die Kirche St. Johann.

Wer Crowdfunding für eine Erfindung des Internets hält, sieht sich getäuscht. Schon im 18. Jh. zeigte sich manch einer spendierfreudig, und so kam eine recht erkleckliche Summe für den Kirchenneubau aus verschiedenen Schatullen zusammen. Gelohnt hat sich das allemal, St. Johann ist auch heute noch ein barocker Prachtbau. Das helle Innere wirkt für die Epoche erstaunlicherweise geradezu schlicht, wenn auch Figurengruppen, Altäre und Kanzel in barockem Gold und Weiß erstrahlen.

Barock geht es auch außerhalb der Kirche weiter; schlendern Sie von der Kirche aus durch die Türkenstraße und nach rechts Richtung Marktplatz. Hier stehen, ebenso wie in den angrenzenden Gassen, noch auf zahlreiche Gebäude aus dieser Epoche. Nicht versäumen sollten Sie einen Blick in den malerischen Innenhof der Stadtgalerie

Ökumene im Barock: Stengel baute außer der evangelischen Ludwigskirche auch die katholische Basilika St. Johann.

Saarbrücken

Der Innenhof der Stadtgalerie mit seinen schönen Bogengängen wird auch für Ausstellungen zeitgenössischer Kunst und für Konzerte genutzt.

Die neugotische Sandstein-Fassade des Rathauses St. Johann fängt nachts an zu leuchten.

(Sankt Johanner Markt 24), der mit seinen Bogengängen ein elegantes Flair verbreitet. Im Sommer sitzt es sich nett in der Außengastronomie auf dem Marktplatz – und wer einfach nur einen Moment innehalten, aber nicht gleich einen Kaffee trinken will, kann auch auf den Stufen des Marktbrunnens Platz nehmen, der den weitläufigen Markt mit seiner weißen Pracht dominiert.

Ab in die Neuzeit

Vom Marktplatz aus führt der Weg in nordöstlicher Richtung durch die Kaltenbachstraße zum Rathaus St. Johann. Das hat weitaus weniger Jahre auf dem Buckel als es aussieht. Erbaut wurde es zwischen 1897 und 1900. Hier befindet sich auch die Touristinformation. An diese kann man sich auch wenden, wenn man den 54 m hohen Rathausturm erklimmen will, entsprechende Touren finden zweimal im Monat statt und lohnen allein wegen der phantastischen Aussicht.

Noch Lust auf eine weitere Kirche? Kein Problem, schräg gegenüber vom Rathaus steht die evangelische Johanneskirche (also nicht zu verwechseln mit der Basilika), erbaut zum Ende des 19. Jhs., die, oh Wunder, die Zerstörungen des Zweiten Weltkriegs nahezu unbeschadet überstanden hat.

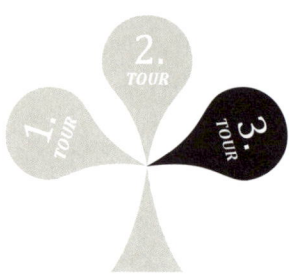

St. Arnualer Markt

Wo die Großstadt noch Dorf geblieben ist

Lieber etwas dörflicher? Bitte schön, geht auch in Saarbrücken: Rund um den St. Arnualer Markt ist die Großstadt noch Dorf geblieben. Der schöne Kirchplatz wird gesäumt von kleinen Bauern- und Bürgerhäusern – die ältesten stammen sogar aus dem späten Mittelalter.

Kinder rennen über den Platz zur nahen Grundschule, aus der Bäckerei und dem Blumenladen streben Leute mit Baguette und bunten Sträußen zum ersten Espresso ins Wirtshaus Unter der Linde, das sich mit Tischen und Bänken auf dem Marktplatz breitgemacht hat. Hier gibt's feine Bistroküche und zur Mittagszeit das beliebte saarländische ›Stammessen‹. Donnerstags gesellen sich die Markthändler mit ihren Ständen dazu: Feiner Ziegenkäse aus dem Warndt, Bauernbrot aus der Pfalz sind da die Renner.

Monumentale Gräberschau

Und über allem wacht majestätisch die Stiftskirche St. Arnual. Der Namensgeber war um das Jahr 600 Bischof von Metz und soll hier eine erste Kirche gebaut haben. Auch wenn Sie sich nicht brennend für verblichene Gebeine interessieren, sollten Sie einen Blick in die spätgotische Kirche werfen. Schräg fällt das Sonnenlicht durch die Kirchenfenster, streift Figuren und Ornamente aus rötlichem Sandstein. Dutzende wuchtige Grabmäler säumen die Wände und den Rand des Kirchenschiffs. Darauf, höchst ausdrucksvoll in Stein gemeißelt, die Figuren und Konterfeis der früheren Nassau-Saarbrücker Grafenfamilien und anderer Persönlichkeiten, die hier ihre Grablege hatten. Begleitet von Tieren, Engelchen und allerlei Zierrat. Alles andere als leblos-versteinert wirken sie, eher versunken in tiefen, langen Schlaf. Wenn Saarbrücker Chöre zuweilen volltönend ihre Bach-Kantaten erklingen lassen, dann lauschen sie hellwach mit geschlossenen Augen – wie viele Zuhörer um sie herum.

Schlendern, radeln, staunen

Hinter St. Arnual beginnt das Almet, im Volksmund nur ›Tabakstal‹ genannt (nach dem Tabaksweiher eingangs des Tales). Hier franst die Stadt aus in ein buntes Potpourri aus Schrebergärten, Viehweiden, Pferdekoppeln, wilden Obstwiesen und pittoresken Steinskulpturen, die sich als ehemalige Panzersperren des Westwalls entpuppen. Ein abenteuerliches Revier zum Schlendern, Radeln, Staunen und Einkehren, etwa in der Tabaksmühle, einem beliebten Ausflugslokal mit schönem Biergarten am Weiher. Noch uriger ist der Ulanenhof mitten in der ›Pampa‹ auf dem Gelände des Stadtbauernhofs.

Tierisch wird es noch ein Stückchen weiter auf der Alpakafarm am Erbeldinger Hof. Hier, im Naherholungsgebiet vor den Toren der Stadt, leben Alpakas, Lamas, Esel, Hunde und Katzen in friedlicher Eintracht. Warum nicht mal mit einem Lama oder Alpaka die Natur erkunden?

Ganz entspannt im St. Arnualer »Dorfgasthaus« Unter der Linde.

Große Knopfaugen, ganz weiches Fell: Auf der Saar Alpaka Farm kann man mit den sanften Tieren wandern gehen.

Saarbrücker Museumslandschaft

Augen auf in Saarbrücken

Schrille Kunst im öffentlichen Raum
The Urban ArtWalk

Saarbrücker Museumslandschaft

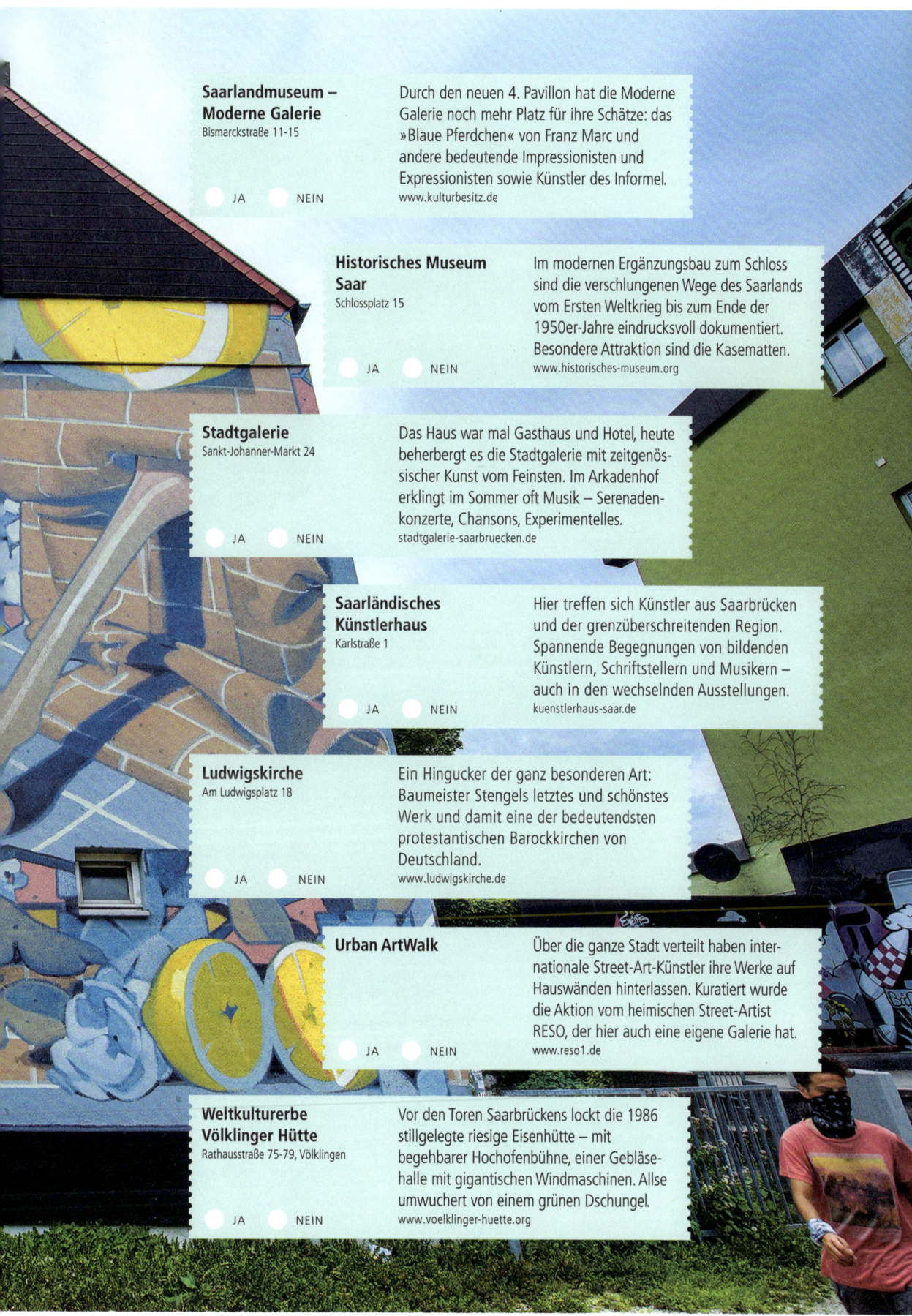

Saarlandmuseum – Moderne Galerie
Bismarckstraße 11-15

○ JA ○ NEIN

Durch den neuen 4. Pavillon hat die Moderne Galerie noch mehr Platz für ihre Schätze: das »Blaue Pferdchen« von Franz Marc und andere bedeutende Impressionisten und Expressionisten sowie Künstler des Informel.
www.kulturbesitz.de

Historisches Museum Saar
Schlossplatz 15

○ JA ○ NEIN

Im modernen Ergänzungsbau zum Schloss sind die verschlungenen Wege des Saarlands vom Ersten Weltkrieg bis zum Ende der 1950er-Jahre eindrucksvoll dokumentiert. Besondere Attraktion sind die Kasematten.
www.historisches-museum.org

Stadtgalerie
Sankt-Johanner-Markt 24

○ JA ○ NEIN

Das Haus war mal Gasthaus und Hotel, heute beherbergt es die Stadtgalerie mit zeitgenössischer Kunst vom Feinsten. Im Arkadenhof erklingt im Sommer oft Musik – Serenadenkonzerte, Chansons, Experimentelles.
stadtgalerie-saarbruecken.de

Saarländisches Künstlerhaus
Karlstraße 1

○ JA ○ NEIN

Hier treffen sich Künstler aus Saarbrücken und der grenzüberschreitenden Region. Spannende Begegnungen von bildenden Künstlern, Schriftstellern und Musikern – auch in den wechselnden Ausstellungen.
kuenstlerhaus-saar.de

Ludwigskirche
Am Ludwigsplatz 18

○ JA ○ NEIN

Ein Hingucker der ganz besonderen Art: Baumeister Stengels letztes und schönstes Werk und damit eine der bedeutendsten protestantischen Barockkirchen von Deutschland.
www.ludwigskirche.de

Urban ArtWalk

○ JA ○ NEIN

Über die ganze Stadt verteilt haben internationale Street-Art-Künstler ihre Werke auf Hauswänden hinterlassen. Kuratiert wurde die Aktion vom heimischen Street-Artist RESO, der hier auch eine eigene Galerie hat.
www.reso1.de

Weltkulturerbe Völklinger Hütte
Rathausstraße 75-79, Völklingen

○ JA ○ NEIN

Vor den Toren Saarbrückens lockt die 1986 stillgelegte riesige Eisenhütte – mit begehbarer Hochofenbühne, einer Gebläsehalle mit gigantischen Windmaschinen. Allse umwuchert von einem grünen Dschungel.
www.voelklinger-huette.org

II
Pausieren in Saarbrücken

Barock-Erotik im Schlossgarten

Saarbrücken

Der deutsch-französische Garten in voller Blüte.

PARK MIT INDUSTRIEKULTUR

Bürgerpark
Auf 9 ha ist eine große Park- und Freizeitanlage am ehemaligen Kohlehafen entstanden, wo einst Trümmer und Schutt lagerten. Viele kommen hierher zum Boule-Spielen und Skaten oder machen es sich einfach auf einer Wiese gemütlich und lassen den Blick auf der Wasseranlage ruhen. Industrielle Überreste, die in die Parkanlage integriert wurden, erinnern an die frühere Nutzung.
St. Johanner Straße

ABHÄNGEN ...

... im »Chinesenviertel«
Keiner weiß, warum es so heißt, vielleicht weil das (offiziell) »Nauwieserviertel« so bunt-exotisch daherkommt mit seiner wilden Mischung aus Kneipen, Theatern, Bars, Bio-, Friseur-, Klamotten- und Tattoo-Läden. Mittelpunkt des Kiezes ist der »Max-Ophüls-Platz«, benannt nach dem in Saarbrücken geborenen Regisseur. Ihm ist auch das renommierte »Filmfestival Max-Ophüls-Preis« gewidmet, das jedes Jahr im Januar die deutschsprachigen Jungfilmer in Scharen nach Saarbrücken zieht.

ORT DER VERSÖHNUNG

Deutsch-Französischer Garten
Aus dem einstigen Schlachtfeld von 1870 ist ein friedliches Tal der Versöhnung geworden, im Mittelpunkt der ›Deutsch-Französische Garten – Jardin Franco-Allemand‹ (DFG) im idyllischen Deutschmühlental zwischen Saarbrücken und Forbach. Die Parkanlage ist eine grüne Oase, die tatsächlich von Deutschen und Franzosen gleichermaßen gerne besucht wird. Auf allen Wegen wird deutsch und französisch gebabbelt. Und alle amüsieren sich mit und über so altmodische Attraktionen wie eine Wasserorgel, eine Freilichtbühne und ein Schienenbähnchen. Darüber schweben Seilbahngondeln, aus denen man die deutsch-französische Versöhnung aus der Vogelperspektive betrachten kann.
Auch die Lokale im Park besitzen zum Teil Retro-Charme. Ausnahme: das hippe kleine DFG-Gafé mitten im Park mit schöner Außenterrasse vor dem Weiher und der Konzertmuschel.
Eingänge Deutschmühlental und Metzer Str.

MENSCH TRIFFT WALDBEWOHNER

Wildpark Saarbrücken
Um eher heimische bzw. in Europa heimisch gewordene Tiere zu sehen, sei der Wildpark Saarbrücken empfohlen. Drei unterschiedlich lange Wege (mit den sprechenden Namen Eulen-, Ziegen und Luchsweg) laden zum Spaziergang ein. Augen auf! Dann sind zahlreiche Greifvögel, Wildkatzen, Luchse und Wisente zu beobachten.
Meerwiesertalweg

URWÜCHSIG

Saar-Urwald
Kaum zu glauben: Kurz hinter Saarbrücken beginnt schon der Urwald! Und das Beste: Mit der Saarbahn ist man in einer Viertelstunde dort. Sie können ihn ganz alleine erforschen oder mit einem Ranger auf die Pirsch gehen. Vor 300 Mio. Jahren war hier schon mal ein Urwald. Der ist erst versumpft, dann zu einem unterirdischen Kohlebecken erstarrt. Nun wächst ein neuer Dschungel heran. Im Tal der Stille staut sich der Steinbach zu einem kleinen Weiher, aus dem abgestorbene Baumstümpfe ragen.
Circa 10 km von Saarbrücken

Warum Schwerin?

Der Schlossgarten

Wie aus dem Märchen

Von Schwerin geht ein Zauber aus. Auf einer kleinen Insel im Schweriner See steht ein Märchenschloss, dessen goldene Dächer, Türme und Spitzen in der Sonne leuchten. Eingebettet in wunderschöne Parkanlagen, Landschaftsgärten, gerahmt von natürlichen Uferzonen und dem Blau der Seen verzaubert die ›Stadt der sieben Seen‹ (es sind mindestens zehn) ihre Besucher.

Kurfürst auf dem Pferd, Schweriner Schloss

Schwerin auf einen Blick

Schwerin – am Eingang zur Mecklenburgischen Seenplatte – ist mit knapp 96.000 Einwohnern die kleinste deutsche Landeshauptstadt. So schön die vielen Seen sind, die sie umgeben, so verhinderten sie – mangels durchgehender Straßen – die Entwicklung eines nennenswerten Handels, der die Hansestädte reich und mächtig machte. Schwerin war zwar kurzzeitig Großstadt (dazu braucht es 100.000 Einwohner), ist im Herzen aber immer eine liebenswert-überschaubare Residenzstadt geblieben.

Das Schloss, seine Gärten und das Seeufer

Wahrzeichen der Stadt und Sitz des Landtags ist das prachtvolle ehemalige Residenzschloss der mecklenburgischen Herzöge und Großherzöge. Burggarten, Schlossgarten und Grüngarten gehen ineinander über und laden zum Flanieren ein. Mit diesem traumhaften Residenz-Ensemble ist Schwerin auf gutem Weg zum Weltkulturerbe. Vom Schloss führt der Franzosenweg immer am waldreichen Ufer des Sees entlang bis nach Zippendorf, seit Anfang des 19. Jhs. ein beliebtes Ausflugsziel – mit Sandstrand und Promenade.

Altstadt

Den Alten Garten vor dem Schloss säumen eindrucksvolle Prachtbauten aus der Blütezeit der Residenz im 19. Jh.: das Theater, das Altstädtische Palais, die Kollegiengebäude, das Staatliche Museum. Die Schlossstraße verbindet den Alten Garten mit dem Marienplatz, dem Verkehrsknotenpunkt und mit zwei Shoppingcentern kommerziellen Zentrum der Altstadt.

Einen reizvollen, architektonischen Kontrast zu den repräsentativen Regierungsgebäuden und Palais des 19. Jhs. bilden die kleinen Fachwerkhäuser in schmalen, mit Kopfstein gepflasterten Gassen auf dem Weg zum Altstädtischen Markt mit dem alles überragenden mittelalterlichen Dom.

Das Schweriner Schloss

PFAFFENTEICH, PAULSSTADT UND SCHELFSTADT

Nur wenige Spazierminuten sind es vom Markt zum Pfaffenteich, der ›kleinen Binnenalster‹, gesäumt von Architekturperlen des 19. Jhs.: Arsenal, Fridericianum, Stadtvillen und Stiftungen. Westlich des Pfaffenteichs erstreckt sich die Paulsstadt mit der Paulskirche und dem repräsentativen Hauptbahnhof (1889/90 errichtet). Auf der Ostseite des Pfaffenteichs liegt die Schelfstadt, ein in Norddeutschland einzigartiges geschlossenes Bauensemble des Barock. Mittendrin: St. Nikolai, der bedeutendste barocke Kirchenbau in Mecklenburg.

WESTSTADT, LANKOW UND GROSSER DREESCH

Die Ansiedlung von Industrie in Schwerin-Süd führte Anfang der 1970er zu einem Bedarf an Arbeitskräften. Schwerin wurde Großstadt. Neue Wohnviertel und Plattenbaugebiete entstanden – die Weststadt, Lankow und Großer Dreesch. Etwas später folgten Mueßer Holz und Neu Zippendorf. Überragt werden letztere vom Fernsehturm mit Aussichtsplattform, auf dessen Öffnung viele Schweriner hoffen. Denn ihre Lage oberhalb des Schweriner Sees ist großartig.

Einige der schönsten Ausflugsziele liegen in fußläufiger Entfernung – der Schweriner Zoo, das Strandbad Zippendorf und das Freilichtmuseum in Mueß – alle direkt am See.

UM DEN SCHWERINER SEE

Der schöne Hausstrand von Schwerin liegt in Zippendorf am südlichen Ufer des Schweriner (Innen-) Sees, der durch den Paulsdamm vom Außensee getrennt ist. Ein Radweg führt über 65 Kilometer großzügig einmal herum um den viertgrößten See Deutschlands – vorbei Schlössern (Wiligrad) und unzähligen Gutshäusern. Wer lieber wandert, kann am Hauptbahnhof in die Buslinie 100 steigen, der Bus umrundet den Schweriner Innensee. Man kann aussteigen, wo es beliebt, und am Ufer entlangwandern – zum Beispiel am bewaldeten Ostufer von Leezen über das Görslower Steilufer nach Raben-Steinfeld. Zauberhafte, kleine Badebuchten liegen am Weg, in der weiten Ferne das Schweriner Schloss.

RESIDENZSTADT, LANDESHAUPTSTADT

… immer schon gewesen und doch auch zweimal richtig Glück gehabt: als Großherzog Paul Friedrich 1837 die Residenz (nach mehr als 70 Jahren) von Ludwigslust nach Schwerin zurückverlegte, und noch einmal 1990, als sich Schwerin gegen Rostock durchsetzte und Landeshauptstadt wurde. ›Landeshauptdorf‹ sagen die Spötter.

Marktplatz und Schweriner Dom

Flanieren durch Schwerin

1. TOUR

**Top of Mecklenburg-Vorpommern –
Vom Schloss durch die schönsten Gärten**

Prädikat unbedingt sehenswert. Ein prachtvolles Schloss auf einer winzigen Insel, ein zauberhafter Barockpark, der in einen (englischen) Landschaftspark übergeht. Immer weiter zu wandern, ist eine wunderbare Alternative.

2. TOUR

**Schöne Mischklänge –
Die Altstadt**

Nur Pracht und Prunk? Fehlanzeige. Schwerin kann auch hutzelig und verwinkelt. Wer in den kopfsteingepflasterten Gassen unterwegs ist, trifft auf historische Bauwerke aus etlichen Epochen und viele inhabergeführte Läden.

3. TOUR

**Besonders (und) beschaulich –
Die Schelfstadt**

Das Schloss ist wunderschön, aber wenn Sie einen Schweriner nach dem schönsten Stadtteil fragen, hat die Schelfstadt die Nase vorn. Ein Bummel in eine andere Welt, gleich hinter dem Altstädtischen Marktplatz.

Das Schweriner Schloß

Vom Schloss durch die schönsten Gärten

Top of Mecklenburg-Vorpommern

Manche halten Spaziergänge für Zeitverschwendung, in Schwerin käme niemand auf so eine Idee. Die Kunst des entspannten Schlenderns durch die Schlossgärten gehört hier zum Kulturgut. Rankende Rosen und Wein, üppige Blumenrabatten und ein Kreuzkanal, in dem sich das Schloss spiegelt. Da reicht nur eine kleine Runde, um mit dem Leben zufrieden zu sein.

Niklots Erbe

Der Weg führt vom Alten Garten über die Schlossbrücke mit den beiden Rossebändigern auf die Schlossinsel. Hoch oben thront das Reiterstandbild Niklots, des letzten Slawenfürsten, dessen Burg einst hier auf der Insel stand. Über Jahrhunderte entwickelte sich aus der Burg ein Schloss. Nach vielen Um- und Neubauten erhielt es in der Zeit von 1845 bis 1857 unter Einbeziehung vorhandener Gebäude seine heutige Gestalt. Ein merkwürdiger Stilmix sagen die einen, ein Meisterwerk des Historismus die anderen.

Fast wie ein Märchenschloss, eingebettet in eine herrliche Park- und Seenlandschaft. Doch kein Prinz, sondern der Landtag von Mecklenburg-Vorpommern ist heute hier zu Hause.

Schwerin

Hinter der Orangerie des Schweriner Schlosses weitet sich der Blick über den See

Herzstück des Schlosses ist der prunkvolle Thronsaal

Gartenträume

Der Burggarten wurde zur Zeit des Schlossumbaus im 19. Jh. angelegt. Vor dem Hauptportal des Schlosses geht es links in den Garten mit seinem außergewöhnlich schönen Baumbestand und architektonischen Besonderheiten. Der Chor der gotischen Schlosskirche sowie die sich anschließenden, mit Giebeln und Terrakotten geschmückten Schlosshäuser – Langes Haus und das Bischofshaus – datieren ins 16. Jh. Der Weg teilt sich – der untere Weg führt durch die künstlich angelegte Grotte zur Orangerie, der obere geht hinauf – zum grandiosen Blick über den See. Unterhalb liegt der restaurierte Orangeriehof mit gepflegten Rabatten, Rosen und Springbrunnen.

Über eine Brücke musst du geh'n

Bald ist das Schloss halb umrundet. Das Garten- oder Südportal ist der Eingang des Schlossmuseums. Über die Drehbrücke geht es in den barocken Schlossgarten, der Mitte des 19. Jhs. nach Plänen des berühmten Gartenarchitekten Peter Joseph Lenné erweitert wurde. Das Reiterstandbild von 1893 zeigt den Bauherren des Schlossumbaus: Großherzog Friedrich Franz II.

Von hier rechts oder links herum – ist egal. Im Sommer spenden zwei um 1860 angelegte Laubengänge Schatten. Der kleine achteckige Pavillon entstand schon 1818 und ist bis heute ein beliebtes kulinarisches Ausflugsziel der Schweriner.

Mehrere Brücken führen in den Grüngarten, mittendrin das Marmordenkmal der Großherzogin Alexandrine (1907). Wer jetzt einen kleinen Schlenker zurück an der Schweriner See macht, passiert auf dem Franzosenweg einige hübsche, rohrgedeckte Bootshäuser und gelangt zum Café in der Schlossbucht mit kleinem Sandstrand und sensationellem Blick auf das Schloss.

Eine kleine Brücke unterhalb des Schlosses führt auf die 15 m² große ›Liebesinsel‹ mit Bänken und Weiden. Eine Traumkulisse – nicht nur für Hochzeitspaare.

Die Altstadt
Schöne Mischklänge

Am Alten Garten vor dem Schloss präsentiert sich Schwerin stolz von seiner prachtvollsten Seite. Bescheidenheit sieht anders aus. Die findet sich eher in den verwinkelten Gassen, die zum Altstädtischen Markt führen. Hier trifft hell geputzter Klassizismus auf trutzigen Tudorstil und meisterliche Backsteingotik. Hui, was für ein Mix!

Auch der repräsentative Alte Garten ist nicht aus einem Guss. Neben dem neoklassizistischem Staatlichen Museum (1882) und dem 1886 im Stil der italienischen Renaissance erbauten Theatergebäude überrascht ein schlichtes Fachwerkgebäude – das Ende des 18. Jh. errichtete Alte Palais, in dem Alexandrine (Großherzoginmutter) über ein halbes Jahrhundert wohnte.

Schönes Schlendern in der Schlossstraße

Gegenüber ihrem bescheidenen Palais erhebt sich die stattliche Staatskanzlei, seit 1990 Sitz des Ministerpräsidenten bzw. der Ministerpräsidentin. Ein paar dunkle Limousinen parken davor, ansonsten beginnt hier die autofreie Zone. Cafés stellen im Sommer Stühle und Tische auf den Boulevard. Ein Klassiker ist das Café Prag an der Ecke Schloss-/Puschkinstraße. Nach rechts geht es in die Puschkinstraße mit vielen individuellen Läden. Kurz vor dem Markt, an der Einmündung der Großen Moors in die Puschkinstraße erinnert ›Der runde Tisch‹ des Künstlers Guillermo Steinbrüggen an die Wendezeit.

Der Alte Garten in Schwerin bildet seit über zwei Jahrzehnten jeden Sommer den spektakulären Rahmen für die Schweriner Schlossfestspiele. Große Opern wie Aida, Nabucco und Zauberflöte, aber auch Musicals wie West Side Story und Anatevka standen schon auf dem Programm. 2020 musste ‚Fidelio' (Ludwig van Beethovens einzige Oper) wegen Corona abgesagt werden.

Es geht auch ohne GPS: Der kupfergedeckte Turm des Schweriner Doms ist von überall her zu sehen.

Bereit für den großen Auftritt scheint bereits die Fassade des Mecklenburgischen Staatstheater zu sein.

Heinrich, ach Heinrich

Der kleine, aber charmante Markt wird überragt vom mächtigen Dom, an dem ab 1270 fast zwei Jahrhunderte gebaut wurde. Der Blick auf dieses Meisterwerk der Backsteingotik wird ›geblockt‹ durch das barocke Säulengebäude, das 1785 als Krambudengebäude für die Markthändler einfach davor gesetzt wurde.

Der Platz könnte auch den Namen Löwenmarkt tragen: Vor dem Säulengebäude steht das Löwendenkmal. Die vier Seitenbilder zeigen Episoden aus dem Leben des Stadtgründers Heinrichs des Löwen. Bemerkenswert kritisch. Der goldene Reiter auf dem Altstädtischen Rathaus nebenan stellt den Stadtgründer in ein besseres Licht, er ist das Wappen der Stadt.

Passt in keine Schubladen

Wer den Durchgang im denkmalgeschützten Altstädtischen Rathaus passiert, gelangt auf den baumbestandenen Schlachtermarkt – mit Stierbrunnen, Blumen- und Gemüsemarkt. Vorbei geht es am Domhof, dem ältesten Profangebäude der Stadt aus dem Jahre 1574. Die Domstraße führt zum Kreuzgang am Dom. Angelegt zwischen 1392 bis 1463, befand sich hier ab 1576 eine Schule für Fürstenkinder. Wer hier entlangspaziert, den empfängt Stille wie in einem Kloster. Nach einem Schlenker zum Pfaffenteich, geht es durch die belebte Mecklenburgstraße, dem Schweriner Einkaufsboulevard, zurück zur Schlossstraße.

DURCH MANCHE GASSEN KOMMT KEIN AUTO

Altstadtflair mit holprigem Kopfsteinpflaster und krummem Fachwerk findet man in der Buschstraße, der Schmiedestraße, der 1., 2. und 3. Engen Straße. Hinweis: An dem vorspringenden Obergeschoss des zauberhaften kleinen Fachwerkhäuschen in der Buschstraße Nr. 15 hat sich auf dem Weg durch die 3. Enge Straße schon so mancher den Kopf gestoßen.

Die Schelfstadt
Besonders (und) beschaulich

Lange wohnten nur ein paar Fischer und Handwerker auf der sumpfigen Schelfe. Erst als den Schwerinern der Platz (in der Altstadt) ausging, bekam Ingenieurkapitän Jacob Reutz im frühen 18. Jh. den Auftrag, eine neue Stadt zu planen. Vom Markt oder auch vom Pfaffenteich führen schmale Straßen in wenigen Minuten in dieses besondere Stadtviertel. Statt vornehmem Putz dominieren hier Backstein und Balken, manches Haus steht ein bisschen schief. Die ausgedehnten Gärten und Hinterhöfe bleiben den Besuchern fast immer verborgen.

Hineinspaziert – das Entree

Früher gelangte man durch ein Tor in die ›Neustadt‹, die erst 1832 offiziell mit Schwerin vereint wurde. Das Schelftor an der Ecke Friedrichstraße/Puschkinstraße gibt es nicht mehr, erhalten sind hier aber wunderbare Beispiele der schelfstadt-typischen zweistöckigen Fachwerkhäuser – wie das traditionsreiche Weinhaus Wöhler. Schauen Sie mal rein, im Sommerhalbjahr ist auch die schöne Terrasse im Hinterhof geöffnet.

»DAS GROSSHERZOGLICHE RESIDENZSCHLOSS ZU SCHWERIN IST DURCH SEINE ORIGINALITÄT, GROSSARTIGKEIT, TÜCHTIGKEIT UND PRACHT EIN SO BEDEUTENDES WERK …, DASS ES NICHT VIELSEITIG GENUG BELEUCHTET WERDEN KANN.«

Georg Christian Friedrich Lisch

An der Ecke Schelfmarkt/Puschkinstraße beeindruckt das Gebäude der ›Ersparnisanstalt‹, 1857 errichtet und geschmückt mit lebendgroßen Figuren im Obergeschoss, die nützliche Tugenden darstellen: Wohltätigkeit, Arbeitsamkeit, Sparsamkeit …!

Nur selten wurden Barockkirchen aus Backstein gebaut. Die Schelfkirche (St. Nikolai) macht da eine Ausnahme.

Heute fein wieder herausgeputzt: Fachwerkhäuser in der Schelfstadt

Die Kirche im Dorf

Über die nur wenige Meter lange Fischerstraße geht es in die Münzstraße, im Haus Nr. 8-10 befand sich bis Mitte des 19. Jhs. eine Münzprägungsstätte. Die Kneipe Zum Freischütz am Ziegenmarkt ist nicht nur für die Bewohner des Viertels Kult. Die Kirchenstraße führt hinauf zur Schelfkirche mit der markanten barocken Turmhaube. In der Gruft wurden lange Zeit Angehörige des mecklenburgischen Herzogshauses bestattet. Rechts erstreckt sich der Schelfmarkt – denkmalgeschütztes Fachwerk, soweit man schauen kann. Eine andere Welt, zentral und doch ruhig, hier zu wohnen, ist für viele Schweriner ein Traum. Nicht erst seit heute.

RETTUNG VOR DEM ABRISS

Kurz vor der Wende war die Schelfstadt heruntergekommen und baufällig. Den geplanten Komplettabriss verhinderten engagierte Bürger, Denkmalpfleger, Architekten und Fotografen in letzter Minute.

Palais reiht sich an Palais

Die Puschkinstraße passiert auf dem Weg zum Altstädtischen Markt das Schleswig-Holstein-Haus (1736/37, heute Kulturforum mit Hinterhof!), das nach 1990 mit finanzieller Unterstützung des Landes Schleswig-Holstein saniert wurde. Das Neustädtische Palais schräg gegenüber diente der großherzoglichen Familie während des Schlossumbaus als Wohnsitz. Heute befindet sich hier das Justizministerium des Landes. Schauen Sie mal die Treppe an, die in den zweiten Stock führt und durch das Fenster sichtbar ist. Zu DDR-Zeiten herrschte Mangel an Baumaterialien, mal eben eine alt(modisch)e Treppe oder Tür durch eine neue zu ersetzen, war nicht drin. Nebenan – die Rokokotür in der Puschkinstraße Nr. 17 ist auch so ein schelfstadt-typischer Schatz.

Augen auf in Schwerin

Das Museum Schleifmühle

Schweriner Museumslandschaft

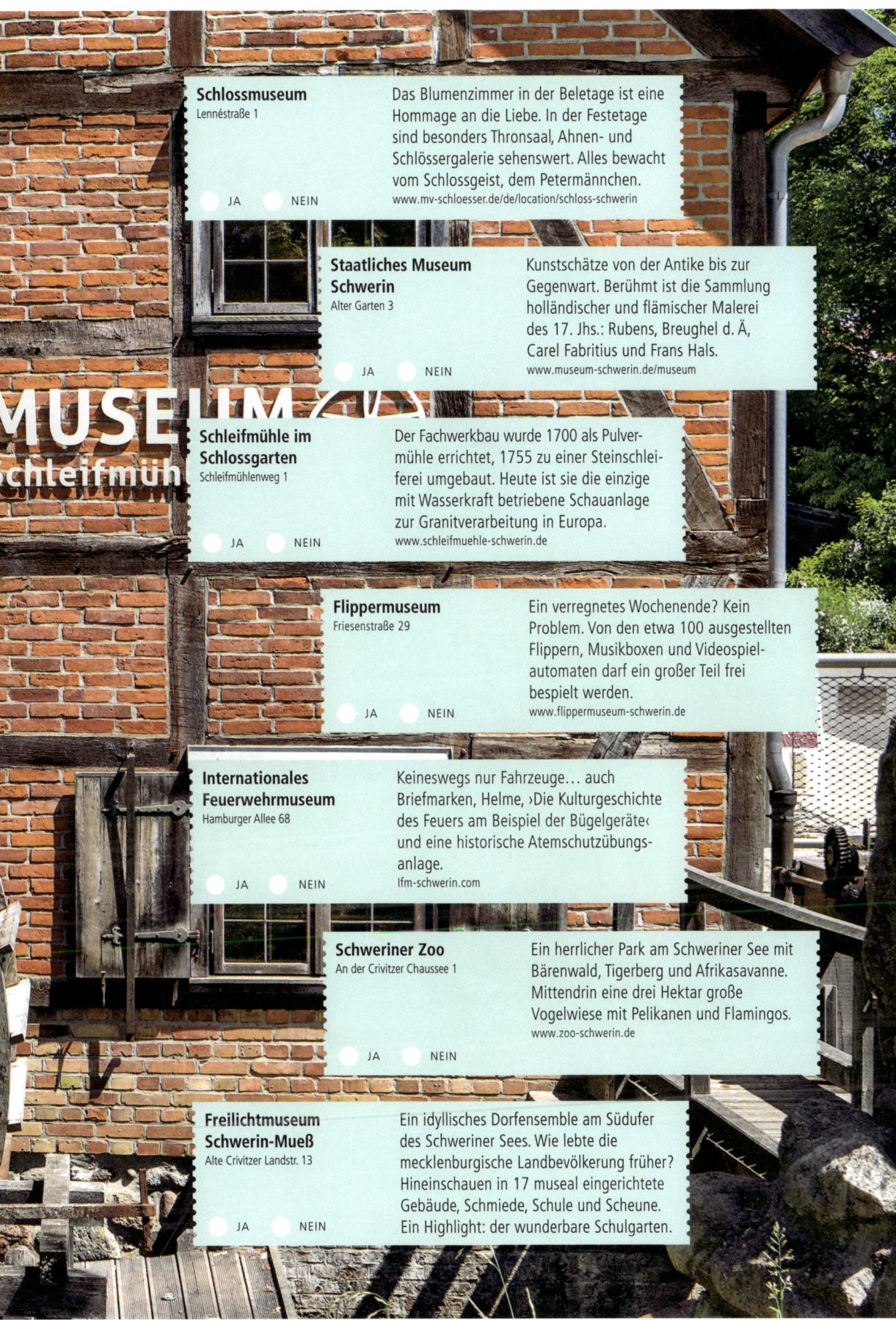

Schlossmuseum
Lennéstraße 1

Das Blumenzimmer in der Beletage ist eine Hommage an die Liebe. In der Festetage sind besonders Thronsaal, Ahnen- und Schlössergalerie sehenswert. Alles bewacht vom Schlossgeist, dem Petermännchen.

JA   NEIN
www.mv-schloesser.de/de/location/schloss-schwerin

Staatliches Museum Schwerin
Alter Garten 3

Kunstschätze von der Antike bis zur Gegenwart. Berühmt ist die Sammlung holländischer und flämischer Malerei des 17. Jhs.: Rubens, Breughel d. Ä., Carel Fabritius und Frans Hals.

JA   NEIN
www.museum-schwerin.de/museum

Schleifmühle im Schlossgarten
Schleifmühlenweg 1

Der Fachwerkbau wurde 1700 als Pulvermühle errichtet, 1755 zu einer Steinschleiferei umgebaut. Heute ist sie die einzige mit Wasserkraft betriebene Schauanlage zur Granitverarbeitung in Europa.

JA   NEIN
www.schleifmuehle-schwerin.de

Flippermuseum
Friesenstraße 29

Ein verregnetes Wochenende? Kein Problem. Von den etwa 100 ausgestellten Flippern, Musikboxen und Videospielautomaten darf ein großer Teil frei bespielt werden.

JA   NEIN
www.flippermuseum-schwerin.de

Internationales Feuerwehrmuseum
Hamburger Allee 68

Keineswegs nur Fahrzeuge… auch Briefmarken, Helme, ›Die Kulturgeschichte des Feuers am Beispiel der Bügelgeräte‹ und eine historische Atemschutzübungsanlage.

JA   NEIN
Ifm-schwerin.com

Schweriner Zoo
An der Crivitzer Chaussee 1

Ein herrlicher Park am Schweriner See mit Bärenwald, Tigerberg und Afrikasavanne. Mittendrin eine drei Hektar große Vogelwiese mit Pelikanen und Flamingos.
www.zoo-schwerin.de

JA   NEIN

Freilichtmuseum Schwerin-Mueß
Alte Crivitzer Landstr. 13

Ein idyllisches Dorfensemble am Südufer des Schweriner Sees. Wie lebte die mecklenburgische Landbevölkerung früher? Hineinschauen in 17 museal eingerichtete Gebäude, Schmiede, Schule und Scheune. Ein Highlight: der wunderbare Schulgarten.

JA   NEIN

Glücklich, wer auf dem Schweriner See mit dem eigenen Segelboot unterwegs ist – alle anderen genießen eine Fahrt mit einem der Schiffe der Weißen Flotte.

II
Pausieren in Schwerin

Schwerin

Auch ein Schwan nimmt gern ein Sonnenbad am Zippendorfer Strand

WENN ICH DIESEN SEE SEH', BRAUCH ICH KEIN MEER MEHR

Weiße Flotte
Zwischen Schloss und Staatlichem Museum befindet sich die Anlegestelle der Weißen Flotte. Herrlich ist es, sich über den Schweriner See schippern zu lassen, am Schloss vorbei, an den Inseln Kaninchenwerder und Ziegelwerder, viel Wissenswertes über Schwerin und schöne Geschichten im Ohr.
weisseflotteschwerin.de

CHILLEN AN DER BINNENALSTER

Südufer Pfaffenteich
Vom Bahnhof führt die Straße direkt auf den Pfaffenteich zu. Man kann einmal herumspazieren, mit der Petermännchen-Fähre ans andere Ufer setzen oder sich auf direktem Weg ans Südufer begeben. Sich auf der großen Freitreppe niederlassen, Schuhe aus, Füße ins Wasser, Schwäne und Fontäne schauen. Am Nordufer das Elektrizitätswerk von 1903, sieht aus wie ein kleines Schloss und wird als Theaterspielstätte genutzt.
Arsenalstraße, Spieltordamm

TREFFPUNKT FÜR SONNENHUNGRIGE

Schwimmende Wiese
Die baumlose Anlage am Burgsee wurde als ›Garten des 21. Jhs.‹ zur Bundesgartenschau 2009 entworfen und umgesetzt. Hier picknicken und feiern die Schweriner. Von den Terrassenstufen am Wasser bietet sich ein traumhafter Blick auf das Schweriner Schloss.

MIT SCHLOSSBLICK, OHNE TOURISTENTRUBEL

Marstall Halbinsel
Die Halbinsel hinter dem Marstall, einst gebaut für die Pferde und Kutschen des Großherzogs, heute Sitz des Ministeriums für Arbeit, Gleichstellung und Soziales, bietet angenehme Spazierwege und Rasenflächen zum Picknicken am See.
Werderstraße

AUGENWEIDE

Adebors Näs
Immer dem Ufer des Schweriner Sees folgen. Etwa 150 Meter nach der Gabelung des Paulshöher Weges führt ein Bohlenweg zu Adebors Näs, einer kleinen Landspitze mit Aussicht auf das Panorama der Stadt. Mal kurz ins Wasser springen? Wäre schon verlockend.
Franzosenweg

EIN TAG AM STRAND

Zippendorf
Sandstrand, eine von 70 Säuleneichen gesäumte Promenade, bildhübsche Villen, Segelboote und Dampfer auf dem Wasser. Einfach mal nichts tun, mit den Füßen im Sand, im Sommer baden, vielleicht in der Naturschutzstation vorbeischauen – oder zum Zoo wandern.

RUHE IM SCHATTEN

Alter Friedhof
Die parkähnliche Anlage nach dem Vorbild des Pariser Friedhofs wurde 1863 in Dienst gestellt. Mächtige Bäume beschatten kulturhistorische Grabstätten wie die Grabkapelle des Hofbaumeisters (und Freimaurers) Georg Adolph Demmler. Schlendern, Gucken, Geschichte und Geschichten entdecken.
Obotritenring

Warum Stuttgart?

Kunstmuseum Stuttgart

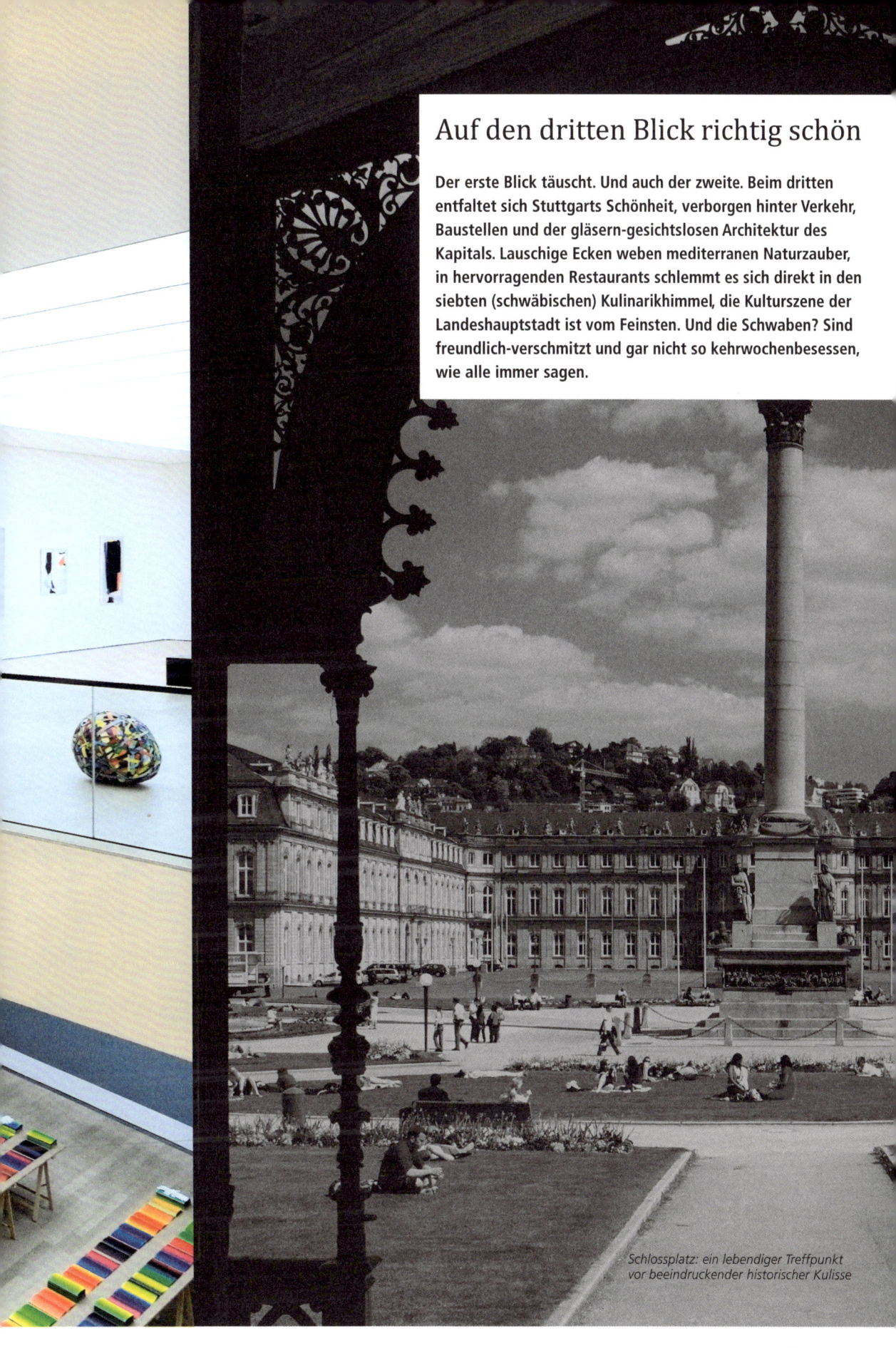

Auf den dritten Blick richtig schön

Der erste Blick täuscht. Und auch der zweite. Beim dritten entfaltet sich Stuttgarts Schönheit, verborgen hinter Verkehr, Baustellen und der gläsern-gesichtslosen Architektur des Kapitals. Lauschige Ecken weben mediterranen Naturzauber, in hervorragenden Restaurants schlemmt es sich direkt in den siebten (schwäbischen) Kulinarikhimmel, die Kulturszene der Landeshauptstadt ist vom Feinsten. Und die Schwaben? Sind freundlich-verschmitzt und gar nicht so kehrwochenbesessen, wie alle immer sagen.

Schlossplatz: ein lebendiger Treffpunkt vor beeindruckender historischer Kulisse

Stuttgart auf einen Blick

Die baden-württembergische Landeshauptstadt ist herrlich übersichtlich. An einem einzigen langen Vormittag kann man vom östlich gelegenen Bad Cannstatt durch den Schlossgarten und die Innenstadt in die Trendviertel im Süden und Westen gelangen. Zu Fuß, wohlgemerkt!

STADTMITTE

Stuttgarts kompaktes Zentrum ist überschaubar und perfekt für Flaneure. In der Innenstadt finden sich mit der Königstraße die Haupteinkaufsmeile, dazu die Weite des Schlossplatzes, der Glaskubus des Kunstmuseums, der Karlsplatz und der Schillerplatz, der Landtag und die Oper. Im neu angelegten Dorotheenquartier ist (Luxus-)Shoppen angesagt, rund um den Marktplatz liegen eine Reihe alteingesessener Geschäfte. Eine kulinarische Weltreise bietet die wunderschöne Jugendstil-Markthalle. Das Nachtleben tobt am Hans-im-Glück-Brunnen und in den angesagten Bars des an manchen Stellen etwas anrüchigen Leonhardviertels, dazu kommen die Bolzstraße und der obere Teil der aufgehübschten Lautenschlagerstraße mit der Kultkneipe Palast der Republik.
Hat man einmal die ›Stuttgart 21‹-Baustelle hinter sich, warten Ruhe und Entspannung unter den Bäumen des Schlossgartens. Die Stadtbibliothek im Europaviertel ist im Inneren ein Traum in Weiß.

WESTEN

Im Westen schlägt das kreative Herz der Stadt. Hier sorgen Designer, Architekten, Autoren, Werber in großen und kleinen Büros und Ateliers dafür, dass Stuttgart auf dem ersten Platz der ›Creative Economy‹ in Europa liegt. Außerdem ist der Westen der beliebteste Wohnbezirk der Stadt samt origineller Lädchen, die Phantasievolles und Originelles verkaufen, jede Menge gemütlicher Restaurants und Kneipen, Theater und Kulturzentren.

SÜDEN

Lehen- und Heusteigviertel, mit ihren prächtigen Gründerzeit-Ensembles aus Sandstein am südlichen Rand des Zentrums gelegen, folgen dem

Ein ganzer Kubus voller Kunst: Kunstmuseum am Schlossplatz

Mercedes-Benz Museum

Westen in punkto Beliebtheit (vor allem bei jungen Familien) auf dem Fuß. Es finden sich Nachbarschaftskneipen neben einer Fülle unterschiedlicher Restaurants und spannender Kulturadressen.

Der Marienplatz hat sich zu einem Hotspot der Stadtgesellschaft entwickelt, die angrenzende Tübinger Straße steckt voller Kneipen und Bars. Die oberhalb des Kessels liegenden südlichen Stadtteile wie Sillenbuch, Heumaden, Riedenberg oder Birkach werden von Einfamilienhäusern mit Blick auf Äcker, Wald und Streuobstwiesen geprägt – stetig steigende Immobilienpreise inklusive.

NORDEN

Über der Baustelle von ›Stuttgart 21‹ am Hauptbahnhof thronen die Villen der Begüterten. Die Hänge nördlich der Innenstadt tragen außerdem – einzigartig für eine deutsche Großstadt – Weinberge, um sie herum liegen die neuen und alten Prachtbauten. Sie sind das Spiegelbild zur gegenüberliegenden, ebenso begehrten Halbhöhenlage unterhalb der Uhlandshöhe. Ein grünes Zentrum der Villenviertel auf dem Killesberg, dessen nördliche Hänge ins eher industriell geprägte Feuerbach übergehen, ist der Höhenpark mit weiten Wiesenflächen, Blumenbeeten, Freibad und grandiosen Ausblicken an den östlichen Rändern. Im Feuerbacher Tal dagegen ist die Großstadt ganz weit weg. Ein Kontrast zum Luxuswohnen auf der Höhe sind die Mietshäuser am Nordbahnhof, die ihren eigenen Charme haben: Das ›Eisenbahnerdörfle‹ mit seinen Backsteinbauten wurde um 1900 für die – genau! – Angestellten der Eisenbahn errichtet.

OSTEN

In Stuttgarts Osten wird geschafft, hier stehen Arbeitersiedlungen aus den 1920er-Jahren, ziehen sich Industrieflächen hinunter zum einbetonierten Neckar. Die Großmarkthalle wird überragt vom Wahrzeichen des Gaskessels. Und langsam wird das Stiefkind gesellschaftsfähig: Gablenberg ist ein quicklebendiger Stadtteil mit schönen Einkaufsmöglichkeiten und netten Restaurants, auch die Kneipendichte nimmt zu. Die Höhe, der Frauenkopf, ist beliebt wie eh und je bei Radlern und Joggern, die Waldheime bieten leckere Genusspausen im Grünen. Vielleicht sogar bei einem Viertele aus einem der Weinberge in Rotenberg oder Untertürkheim.

BAD CANNSTATT

Stuttgarts ältester Stadtteil ist der bevölkerungsreichste, ein Multikulti-Bezirk, in dem rund jeder Zweite einen Migrationshintergrund hat, mit viel Geschichte und einer schönen Altstadt am Fluss. Auf dem Wasen findet das gleichnamige Volksfest statt, Mercedes-Benz Museum und Kurpark samt Mineralbad sind weitere Anziehungspunkte.

Imposanter Kulturtempel: Staatsoper im Schlossgarten

Flanieren durch Stuttgart

Nachts tummeln sich die Putten auf den Brunnen des Schlossplatzes bei stimmungsvoller Illumination.

1. TOUR

**Von Heslach zum Fernsehturm –
Das Auge fliegt mit**

Die große Runde von der Innenstadt bis in den angesagten Westen.

2. TOUR

**Zu Fuß durchs ›Grüne U‹ –
Park-Expeditionen**

Vom englischen Landschaftsgarten zur bahnbrechenden Wohnsiedlung und ins weite Grün auf der Höhe.

3. TOUR

**Von der City ins Trendviertel –
Herz und Höhe**

Sieh, die Waldidylle liegt so nah – Spaziergang mit vielen Ausblicken.

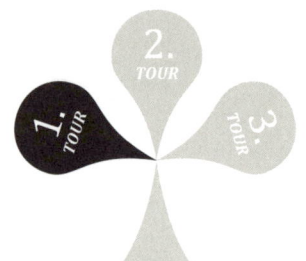

Von Heslach zum Fernsehturm
Das Auge fliegt mit

Südlich des innerstädtischen Kessels breitet sich das Grün der Wälder rund um Bopser und Waldau aus. In wenigen Minuten geht es hinaus aus dem Großstadtgewimmel unters ruhige Blätterdach von Buchen und Eichen, die ihre Äste über unzählige idyllische Wege ausbreiten. Immer wieder öffnet sich der Blick weit über die Stadt, am spektakulärsten auf der Spitze des Fernsehturms.

Etwa drei Minuten dauert es. Dann gibt es statt Tankstelle und Discounter Bäume und Vogelgezwitscher, statt Großstadttrubel Waldesruhe. Klingt wie Science-Fiction? Ist es nicht, im Gegenteil: Für den Weltenwechsel ist die fast 100 Jahre alte Standseilbahn verantwortlich, die den Südheimer Platz in Heslach mit dem Waldfriedhof verbindet. Am 550 Meter langen Stahlseil gleiten die beiden liebevoll restaurierten, mit viel glänzendem Messing ausgestatteten Teakholzwagen aneinander vorbei. Die Konstruktion mit Steigungen bis zu 28% überwindet 85 Meter Höhenunterschied – und ist eine Rarität in einer deutschen Großstadt.

Durch die Alpen auf die Osterinsel

Vom oberen Haltepunkt der scherzhaft ›Erbschleicherexpress‹ getauften Seilbahn, über die früher schon mal ganze Trauergesellschaften

Der ›Erbschleicherexpress‹: Die historische Standseilbahn verbindet den Südheimer Platz mit dem Waldfriedhof.

samt Sarg in die Höhe zum Waldfriedhof schwebten, geht es nach links durch den Wald, Richtung Dornhaldenfriedhof. Direkt hinter der zweiten, deutlich jüngeren Begräbnisstätte – auf der 1977 die RAF-Terroristen Andreas Baader, Gudrun Ensslin und Jan-Carl Raspe gegen alle bürgerlichen Widerstände ihre letzte Ruhestätte fanden – steht man plötzlich in einer, nunja, Alpenkulisse. Das zumindest suggeriert das alte Garnisonsschützenhaus: Mit seinem Fachwerk, den rötlichen Ziegelmauern, Dachreitern, Erkern und Türmchen ist es eines der wenigen Gebäude der Stadt im Schweizerstil. Das ehemalige Hauptgebäude des Militärschießplatzes, das jahrzehntelang leer stand, wandelt sich gerade zum ›Raum für Stille‹, wo Ausstellungen und Lesungen, Garten und Natur Erholung und Ruhe bieten sollen.

Vorbei an einem kleinen Teich geht es zunächst geradeaus weiter, dann halblinks durchs dichte Waldgrün, bis der breite Schotterweg in die Leonorenstraße im Stadtteil Haigst übergeht. An der dritten Möglichkeit biegen Sie rechts ab, folgen der Lohengrinstraße und der Alten Weinsteige – und fühlen sich plötzlich wie ein Vogel. Vom Santiago-de-Chile-Platz (s. Bild S. 229) aus, der dank einer Moai-Statue exotisches Osterinsel-Flair verströmt, verliert der Blick jede Erdenschwere und geht weit über das Kessel-Dächermeer bis zum grün leuchtenden Horizont.

Steile Wege in schwindelnde Höhen

Auf der nächsten Wegstrecke wünscht man sich dann tatsächlich Flügel. Vorbei an der Stadtbahnhaltestelle Weinsteige geht es auf dem Königsträßle steil hinauf durch den Wald, linker Hand taucht ein roter Backstein-Turm auf. Der alte Degerlocher Wasserturm steht auf 485 Meter Höhe – und weist den Weg zu seinem jüngeren, deutlich schlankeren und größeren Bruder, der rund 700 Meter die Straße hinunter liegt. Vorbei am Football-Trainingsplatz der Stuttgart Scorpions spaziert man in Richtung der schlanken, 217 Meter hohen Betonnadel des Fernsehturms, die direkt in den Himmel zu zirkeln scheint.

Pfeilschnell und lautlos katapultiert einen der Aufzug nach oben, die Türen öffnen sich, man tritt hinaus in den Himmel. Nicht nur das 360-Grad-Panorama, das einem Flughafen und Innenstadt, Schwarzwald und Schwäbische Alb, Wälder und Weinberge mal eben so vor den Füßen ausrollt, raubt einem den Atem. Das ist an manchen Tagen auch der stürmische Wind, der sogar den ganzen Turm zum Schwanken bringen kann. Dass man von hier aus die Alpen sehen kann, ist übrigens eine Legende. Legendär ist der Blick trotzdem.

Durch den Wald zur Pause im Park

Zeit, wieder in den Kessel hinabzusteigen. Der Weg – auf der anderen Seite der Jahnstraße – führt geradeaus durch den Wald hinab zum Teehaus im Weißenburgpark. Noch einmal: der Blick über die Stadt. Näher diesmal, aber ebenso fantastisch. Auf den Mäuerchen rund um den weißen Jugendstil-Pavillon lassen sich bei Snacks und kühlen Getränken die wandermüden Beine auf die letzte Etappe hinunter in die Stadt vorbereiten. Über die Etzel- und Alexanderstraße geht es vorbei an den Kneipen, Cafés und schnuckligen Boutiquen der Liststraße bis zum Marienplatz. Willkommen in Hipsterville! Hier und in den angesagten Lokalen der nahen Tübinger Straße tobt (nicht nur) an lauschigen Sommerabenden das junge, tätowierte Leben.

Stuttgarter Fernsehturm

»ICH MÖCHTE NICHT TOT UND BEGRABEN SEIN ALS KAISER ZU AACHEN IM DOME; WEIT LIEBER LEBT ICH ALS KLEINSTER POET ZU STUKKERT AM NECKARSTROME.«

Heinrich Heine

Zu Fuß durchs ›Grüne U‹
Park-Expeditionen

Auf dem Killesberg wohnen schon seit 100 Jahren Stuttgarts Gutbetuchte. Man kann standesgemäß im Daimler ins Villenviertel fahren – oder die Beine in die Hand nehmen und durch eine Parklandschaft in Weltstadtgröße in die Höhe wandern. Auf dem Weg liegen flauschige Wiesen, alte Bäume, ein fantastisches Menschenaffenhaus und ein architektonisches Glanzstück von Weltrang.

So sind sie, die Hauptstadt-Schwaben: Nennen ihre 8 Kilometer lange Parklandschaft, die sich von der City hinaufzieht bis zum Killesberg, gänzlich unsexy ›Grünes U‹. Was klingt wie ein Marketing-Slogan besteht seit der Internationalen Gartenbauausstellung 1993 und verbindet Schlossgarten, Rosensteinpark, Leibfriedschen Garten, Wartberg und Höhenpark Killesberg zu einem Grünzug voller Wiesen, Teiche und alter Bäume. Los geht's direkt am Hauptbahnhof, wo man zunächst einmal die große Wunde im Mittleren Schlossgarten hinter sich lassen muss: die Baugrube von ›Stuttgart 21‹. Mittendrin im Baustellentreiben liegt das frisch sanierte Planetarium – falls Sie erst zu den Sternen und dann ins Grüne reisen möchten.

Kaffee, Kuchen und neugierige Gorillas

Der Weg führt zunächst vorbei am Alten Lusthaus. Besser gesagt, an dem, was vom ›Schmuckstück deutscher Renaissance‹ aus dem 16. Jh. nach einem Brand übrig blieb: Treppen und ein paar Säulen. Auf dem Hauptweg – auf dem sich an Wochenenden viele Stuttgarter joggend, Rad fahrend und flanierend drängeln – spazieren Sie vorbei an einem See linkerhand und über einen Übergang in den Unteren Schlossgarten. Hier verliert sich das Rauschen des Verkehrs im Rauschen der Wipfel großer, uralter Bäume. Der Weg schlägt Haken, Gegrilltes duftet, und nach etwa 15 bis 20 Minuten taucht rechts der perfekte Zwischenstopp auf: Im Flora und Fauna gibt's Kaffee, Kuchen und Herzhaftes samt Blick ins Grüne und über ein Teichensemble aufs Schloss Rosenstein, das am Ende einer eindrucksvollen Platanenallee liegt und die biologische Sammlung des Naturkundemuseums beherbergt.

Jetzt müssen Sie sich entscheiden. Sie können links am Museum vorbei durch den Rosensteinpark weiterwandern, der vor rund 200 Jahren als englischer Landschaftspark angelegt wurde. Hier hoppeln – kleiner Fakt am Rande – die meisten Feldhasen Deutschlands, gerechnet auf die Fläche: rund 170 Tiere pro km². Sehen werden Sie Meister Lampe nur abends oder morgens. Entscheiden Sie sich aber dafür, rechts am Rosensteinmuseum weiterzugehen, begegnen Sie Gorillas und Schimpansen, Löwen und Tigern, Klapperschlangen und Vogelspinnen: in der Wilhelma nämlich, Deutschlands einzigem zoologisch-botanischen Garten, dessen oberer Ausgang dann wieder in den Rosensteinpark führt.

Von der Urzeit bis zum modernen Bauen

Vampirhirsche, Bärenhunde und Urzeitelefanten mit vier Stoßzähnen lauern nur ein paar hundert Meter weiter, im Museum am Löwentor.

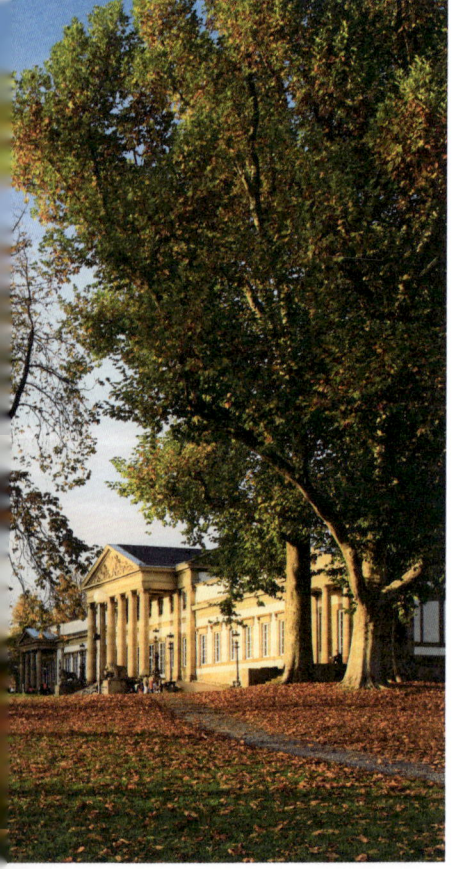

Geplant als königlicher Sommerwohnsitz, heute Naturkundemuseum: Schloss Rosenstein im Rosensteinpark

Kleine Fenster, flache Dächer: Reihenhäuser in der Weißenhofsiedlung

Wer auf eine Reise in die Urzeit verzichten will, lässt diesen Ableger des Naturkundesmuseums links liegen, überquert eine Brücke und spaziert durch den romantisch-verwilderten Leibfriedschen Garten samt Hügel und Rundumsicht. Linkerhand überqueren zwei filigrane Hängebrücken die verkehrsrauschende Heilbronner Straße.

Auch wenn es auf dem nun folgenden Gelände der Internationalen Gartenausstellung von 1993 und der Ökostation Wartberg wieder deutlich idyllischer ist: Jetzt wartet weltberühmte moderne Architektur. Durch die weiter bergauf liegende Straße Am Weißenhof spazieren Sie nun durch die Weißenhofsiedlung, die 1927 vom Deutschen Werkbund für die Ausstellung ›Die Wohnung‹ initiiert wurde. Unter der Leitung von Ludwig Mies van der Rohe bauten 17 Architekten – darunter Größen wie Walter Gropius oder Le Corbusier – 21 Häuser, die so noch kein Stuttgarter gesehen hatte: schmucklos und quadratisch, mit flachen Dächern und aus neuartigen Materialien wie Leichtbeton. Wer einen Eindruck davon gewinnen will, wie die Häuser innen aussehen: Das Le-Corbusier-Haus ist ein Museum und zugänglich.

Zug um Zug zum windschiefen Turm

Nun ist der 45 Hektar große Killesbergpark nur noch einen Steinwurf entfernt. Hier kann man wunderbar zwischen Blumenbeeten, Magnolien und Tausenden von Rosen herumspazieren oder sich von der putzigen Killesbergbahn auf Schmalspur durchs Grün kutschieren lassen. Nervenkitzel gibt's am Ende auch nochmal: Der Killesbergturm ist 43 Meter hoch, bietet einen herrlichen Ausblick und besteht aus Tragseilen – weswegen er auch bei leichtem Wind schwindelerregend hin- und herschwankt.

Neues Bauen, ganz in Weiß: Scharoun-Haus

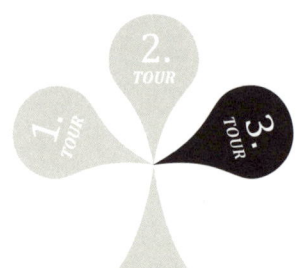

Von der City ins Trendviertel
Herz und Höhe

Natürlich könnte man auch direkt von der Innenstadt in den trendigen Westen spazieren. Dann würde man aber ein paar herrliche Ausblicke, einen Besuch in China und einen beim Bundespräsidenten verpassen. Und ein paar der berühmten Stuttgarter ›Stäffele‹, jener Treppen, die die hügelige Stadt umkreisen. Nicht umsonst wird ein geborener Stuttgarter ›Stäffelesrutscher‹ genannt.

342 Meter liegen zwischen dem tiefstem und dem höchstem Punkt der Stadt. Um diesen Höhenunterschied zu überwinden gibt es schon seit Alters her die Stäffele: Bis zu 600 Treppen, die vor allem aus der Zeit stammen, als lediglich Weinberge und Gärten die Hänge der Stadt überzogen. Mal mondän und breit, mal schief und krumm oder verwunschen-romantisch führen sie hinauf auf die Höhen des Kessels.

Einmal durch die Stadtmitte bis nach China

Eine Vorstellung davon, wie dieser genau aussieht, bekommt man im Stadtmuseum, wo ein riesiges Stuttgart-Modell im Maßstab 1:3500 jede Menge spannend aufbereitete Infos bietet. Vom Wilhelmspalais, in dem das Stadtmuseum residiert, führt der Weg über den Charlottenplatz Richtung Hauptbahnhof. Auf der Königstraße geht es vorbei an Stuttgarts guter Stube mit Schlossplatz, Neuem Schloss und dem

*Mach mal Pause:
Feuersee mit Johanneskirche*

Glaswürfel des Kunstmuseums. Noch bevor der Bahnhof mit dem rotierenden Stern auf dem Dach erreicht ist, biegt man nach links ab in die Kronenstraße und an deren Ende über die gleichnamige Staffel in die Panoramastraße. Jetzt nach rechts – und ab ins Reich der Mitte: Der Chinesische Garten, der seit der Internationalen Gartenausstellung 1993 hier steht, ist mit geschwungenen Giebeln und rätselhaften Schriftzeichen exotische Kulisse für tolle Kesselblicke.

Von hier aus wählt man am besten hangaufwärts verlaufende Staffeln und Nebenstraßen für den Weg zum Theodor-Heuss-Haus am Feuerbacher Weg. Das unscheinbare Einfamilienhaus ist mit Originalmöbeln eingerichtet und bietet einen spannenden Blick auf das Leben des ersten Bundespräsidenten der Bundesrepublik Deutschland.

Und dann: schwäbischer Tortenklatsch

Von Heuss zu einem anderen Staatsmann: Nur 500 Meter weit ist der Weg zum Bismarckturm, der allerdings nur am Wochenende geöffnet ist. Aber auch an seinem Fuß ist der Blick eindrucksvoll: Der Fernsehturm setzt am gegenüberliegenden Kesselrand ein schlankes Ausrufezeichen, östlich strömt der Neckar, westlich brandet der rote Dächerozean den Hang hinauf. Dorthin, ins Trendviertel der Stadt, führen die Serpentinen unterhalb des Turms. Zunächst schlendert man einmal mehr, auch über Staffeln, durch Villenviertel – schwindelerregend sind hier nicht nur die Ausblicke, sondern auch die Immobilienpreise. Über Robert-Bosch-Straße, Salzmannweg, Lenzhalde, Herdweg und Dillmannstraße führt der Weg zum Hölderlinplatz, um den Cafés, Restaurants und kleine Läden in schönen Gründerzeithäusern aus Sandstein zum Schauen und Pausieren einladen. Wie wär's in der Bar Vicino mit einem Top-Espresso oder mit einem Stück Torte im Oma-Kult-Café Stöckle, echtes Stuttgarter Honoratior(inn)enschwäbisch inklusive?

Reich an Stufen: die Staeffele

Über die längste Staffel der Stadt

Jetzt könnte man schnurgeradeaus die Johannesstraße hinunterspazieren – oder rechts und links von ihr die Straßen erkunden und auf das eine oder andere Shopping-Juwel stoßen. Wie auch immer, am Ende sollte man am Feuersee ankommen. Zeit für eine Pause auf den Stufen entlang der Rotebühlstraße direkt am Wasser und gegenüber der Johanneskirche. Ihre fehlende Spitze irritiert – und wird als Mahnmal gegen alle Kriege und Konflikte gesehen, nachdem sie in den Bombenangriffen des Zweiten Weltkriegs zerstört wurde.

Vom Feuersee aus ist es nur eine Station mit der S-Bahn bis in die Stadtmitte. Hier, am oberen Teil der Königstraße, wirft man in der Calwer Straße einen kleinen Blick in Stuttgarts Vergangenheit: Die denkmalgeschützten Häuser stammen aus der Zeit des Barock, des Jugendstils oder Historismus und sind Exoten in einer Stadt, deren Kern im Krieg weitgehend zerstört wurde. Ein Stück die Rotebühlstraße hinunter geht es nach rechts in die Tübinger Straße, die sich in den letzten Jahren – dank angesagter Bars und Cafés – zum Nightlife-Hotspot entwickelt hat. Folgen Sie ihr und biegen Sie an der Römerstraße rechts ab: Jetzt gilt es die längste Treppe der Stadt zu erstürmen. Über 408 anstrengende Stufen geht es hinauf auf die Karlshöhe, wo einer der schönsten Ausblicke der Stadt wartet. Im Biergarten Tschechen & Söhne gibt es dann den wahlweise flüssigen oder deftigen Lohn der Mühen.

Augen auf in Stuttgart

Porsche Museum

Stuttgarter Museumslandschaft

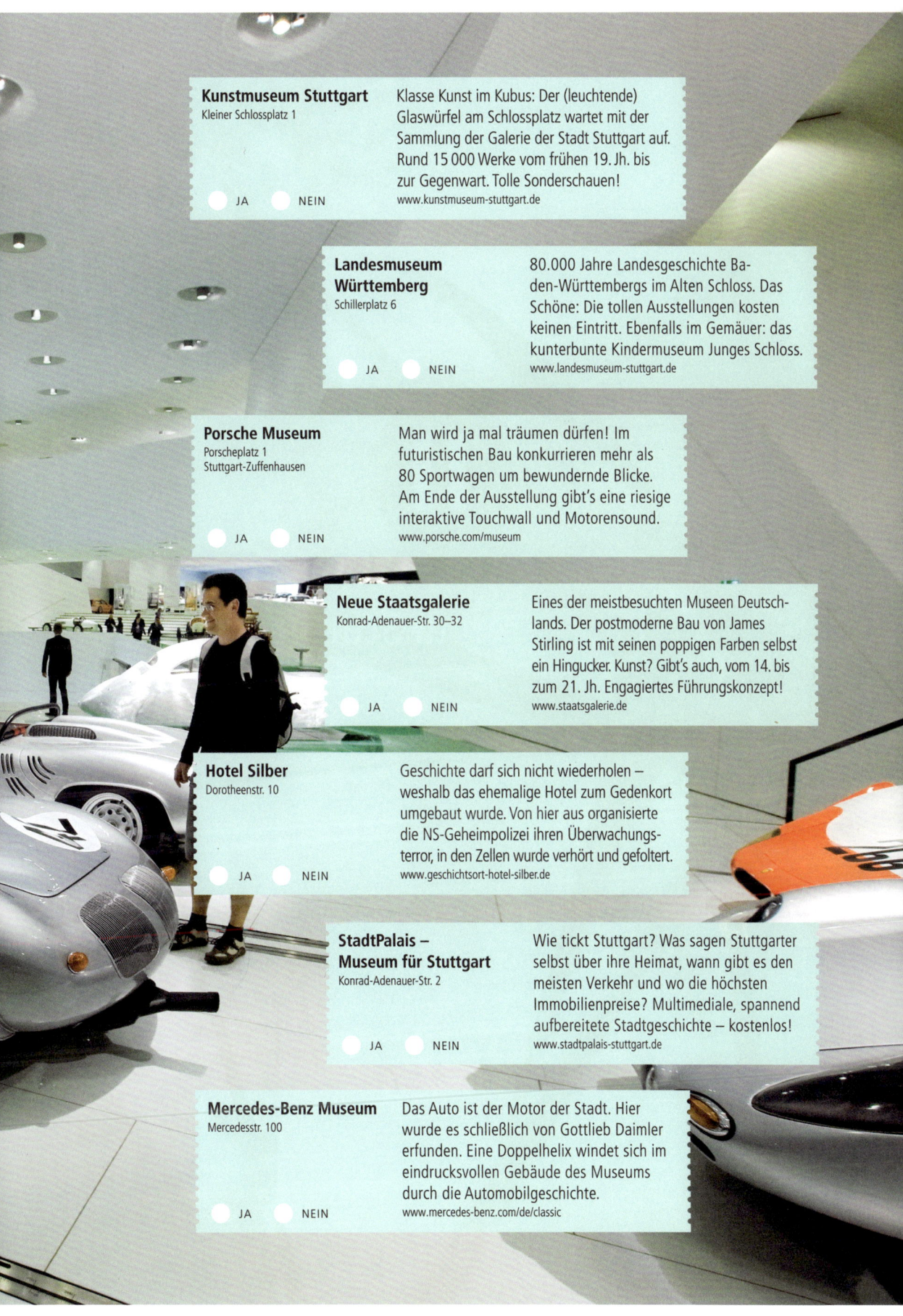

Kunstmuseum Stuttgart
Kleiner Schlossplatz 1

Klasse Kunst im Kubus: Der (leuchtende) Glaswürfel am Schlossplatz wartet mit der Sammlung der Galerie der Stadt Stuttgart auf. Rund 15 000 Werke vom frühen 19. Jh. bis zur Gegenwart. Tolle Sonderschauen!
www.kunstmuseum-stuttgart.de

○ JA ○ NEIN

Landesmuseum Württemberg
Schillerplatz 6

80.000 Jahre Landesgeschichte Baden-Württembergs im Alten Schloss. Das Schöne: Die tollen Ausstellungen kosten keinen Eintritt. Ebenfalls im Gemäuer: das kunterbunte Kindermuseum Junges Schloss.
www.landesmuseum-stuttgart.de

○ JA ○ NEIN

Porsche Museum
Porscheplatz 1
Stuttgart-Zuffenhausen

Man wird ja mal träumen dürfen! Im futuristischen Bau konkurrieren mehr als 80 Sportwagen um bewundernde Blicke. Am Ende der Ausstellung gibt's eine riesige interaktive Touchwall und Motorensound.
www.porsche.com/museum

○ JA ○ NEIN

Neue Staatsgalerie
Konrad-Adenauer-Str. 30–32

Eines der meistbesuchten Museen Deutschlands. Der postmoderne Bau von James Stirling ist mit seinen poppigen Farben selbst ein Hingucker. Kunst? Gibt's auch, vom 14. bis zum 21. Jh. Engagiertes Führungskonzept!
www.staatsgalerie.de

○ JA ○ NEIN

Hotel Silber
Dorotheenstr. 10

Geschichte darf sich nicht wiederholen – weshalb das ehemalige Hotel zum Gedenkort umgebaut wurde. Von hier aus organisierte die NS-Geheimpolizei ihren Überwachungsterror, in den Zellen wurde verhört und gefoltert.
www.geschichtsort-hotel-silber.de

○ JA ○ NEIN

StadtPalais – Museum für Stuttgart
Konrad-Adenauer-Str. 2

Wie tickt Stuttgart? Was sagen Stuttgarter selbst über ihre Heimat, wann gibt es den meisten Verkehr und wo die höchsten Immobilienpreise? Multimediale, spannend aufbereitete Stadtgeschichte – kostenlos!
www.stadtpalais-stuttgart.de

○ JA ○ NEIN

Mercedes-Benz Museum
Mercedesstr. 100

Das Auto ist der Motor der Stadt. Hier wurde es schließlich von Gottlieb Daimler erfunden. Eine Doppelhelix windet sich im eindrucksvollen Gebäude des Museums durch die Automobilgeschichte.
www.mercedes-benz.com/de/classic

○ JA ○ NEIN

II
Pausieren in Stuttgart

Bärensee

Stuttgart

Osterinsel-Flair samt Ausblick: am Santiago-de-Chile-Platz, der in Tour 1 beschrieben wird.

SAGENHAFTES EIS MIT BLICK

Eugensplatz
Über die Eugenstaffel erreichen Sie den schönen, baumbestandenen Eugensplatz mit seinem Brunnen. Von dessen Spitze aus blickt Galatea übers Häusermeer. Dass die griechische Sagengestalt, 1890 von Königin Olga gestiftet, fast nackt war, erboste damals die braven Stuttgarter. Mit der Drohung, die Statue umzudrehen, sodass ihr unbekleideter Po überm Kessel schwebte, beendete Olga alle Diskussionen. Zum grandiosen Blick über die Innenstadt passt prima eine gefrorene Leckerei des Eis-Bistros Pinguin, eines der besten der Stadt. Lust auf einen richtig guten Kaffee? Den gibt's in der Tagesbar Apotheke samt ofenfrischen Croissants. Aufs Mäuerchen setzen, durchschnaufen, Blicke schweifen lassen.
Eugensplatz

STEINERNE ZEUGEN

Städtisches Lapidarium
Ja, ist denn schon Italien? An schönen Sommertagen fühlt man sich hier, als habe einen eine Zaubermacht in den mediterranen Süden versetzt. Angelegt in den 1890er-Jahren wie ein italienischer Renaissancegarten, entfaltet sich hier die Stuttgarter Stadtgeschichte. Während in der Wandelhalle rund 200 Fragmente römischer Antiken angebracht sind, wurde der Garten nach dem Zweiten Weltkrieg zur Sammlung von Steinwerken: Grabsteine, Skulpturen, Überreste zerstörter und abgerissener Gebäude, Türstöcke und Fensterbögen landeten hier – und bilden so ein begehbares Gedächtnis der Stadt. Wer die Anlage an stillen Sommer- und Herbsttagen durchstreift, findet tiefen Frieden. Und eine perfekte Zwischenstation auf dem Weg zur Karlshöhe – wo der Biergarten Tschechen & Söhne eine Ruhepause mit Ausblick bietet.
Mörikestraße 24/1
www.stadtpalais-stuttgart.de

SPRUDELND DIE UHR ANHALTEN

Mineralbad Leuze
Mehr aus dem Boden sprudelndes Mineralwasser hat in Europa nur noch Budapest. Über 22 Millionen Liter gesundes, kohlensäurehaltiges, mal kühles, mal warmes Wasser sprudelt täglich in Brunnen und Bädern. Noch einmal so viel versickert ungenutzt im Neckar. In den Becken des Mineralbads Leuze, einem von dreien seiner Art in der Stadt, laufen die Uhren langsamer. Im Außenbecken liegend, schaut man entspannt den Wolken hinterher und genießt die wohlige Sanftheit des Thermalwassers. Die Winzer-Sauna bietet Panoramablicke über Weinberge und den Neckar.
Am Leuzebad 2a

KANADA IM WESTEN

Bärensee, Neuer See, Pfaffensee
Nur einen Steinwurf entfernt vom Trubel der Stadt sind der Bären-, der Pfaffen- und der Neue See beliebte Ausflugsziele. An Wochentagen liegt ein Hauch einsames Kanada über den Wasserflächen, die den Himmel spiegeln. Ein paar versprengte Jogger und Radfahrer, eine Handvoll Angler – ansonsten nur Waldesruh' und Blätterrauschen. Vor dem Bärenschlössle (mit gutem kulinarischem Angebot) kann man auf Wiesen den Tag verträumen. Aber nicht am Wochenende! Dann brummen die Seen vor stadtmüden Besuchern.
Magstadter Straße

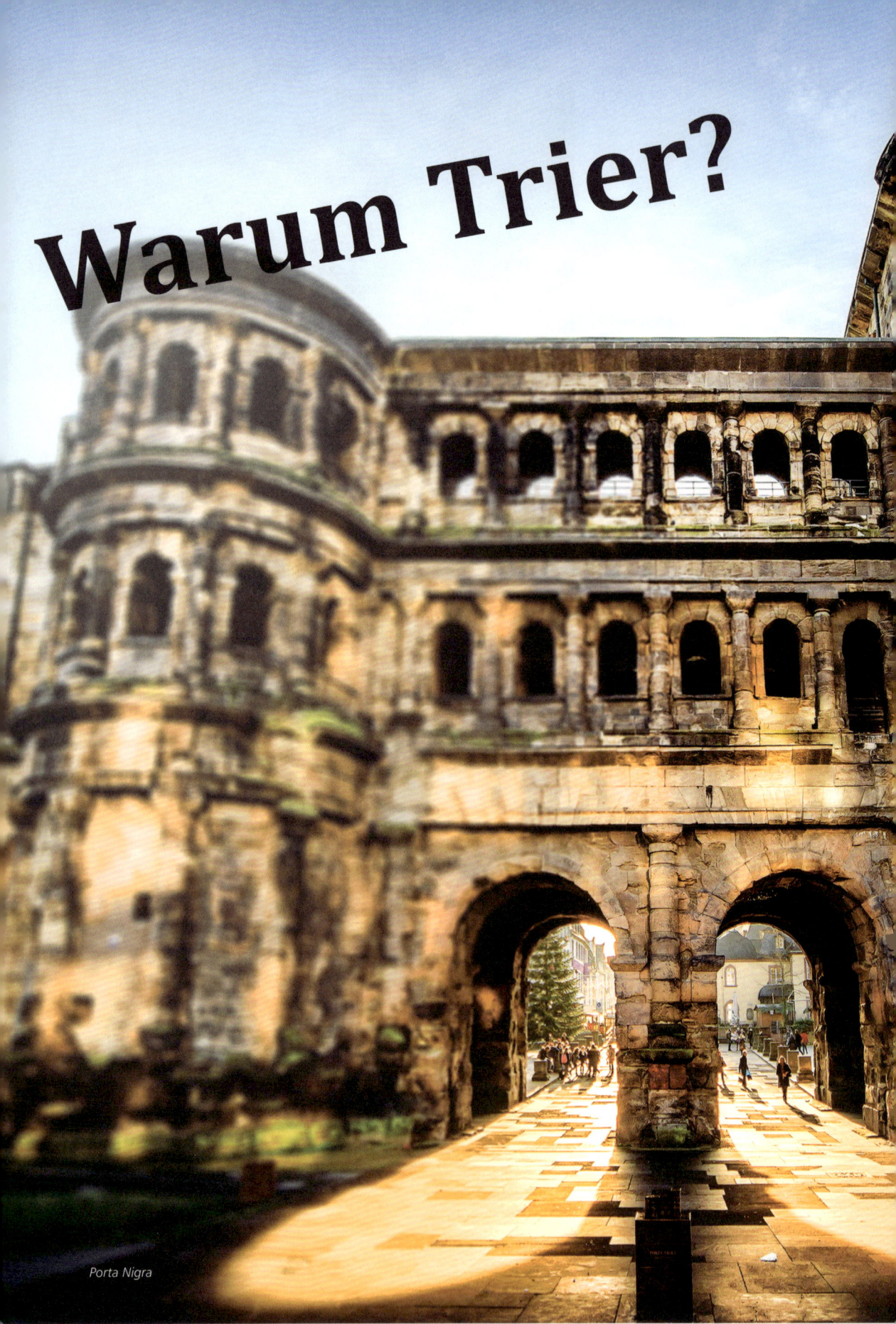

Warum Trier?

Porta Nigra

Junges Leben in alten Mauern

Trier ist die älteste Stadt Deutschlands. Aber altbacken und verschlafen? Mitnichten! Dafür sorgen schon die vielen Studenten. Trier liege am A… der Welt, behaupten böse Zungen. Tatsächlich ist man hier im Zentrum Europas. Und mitten in der wunderschönen Moselregion.

Imperator Caesar Augustus im Rheinischen Landesmuseum

Trier in Zahlen

Der Heilige Rock, das angeblich von der Mutter Konstantins des Großen, Helena, nach Trier gebrachte Leibgewand Christi, ist die kostbarste Reliquie des Trierer Doms. Sie wurde in den vergangenen 200 Jahren nur sechs Mal ausgestellt. Zuletzt vom 13. April bis 13. Mai 2012.

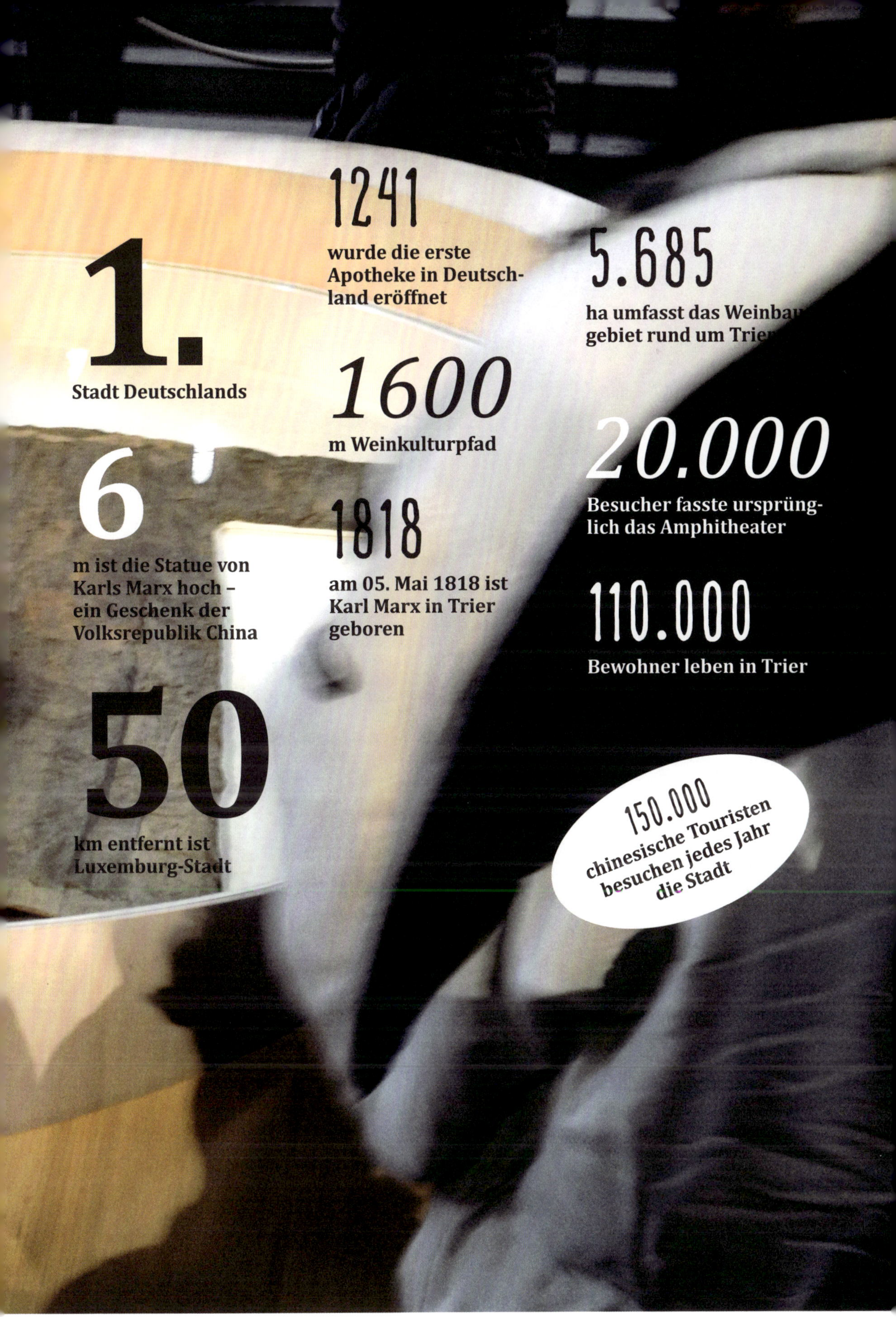

1. Stadt Deutschlands

6 m ist die Statue von Karls Marx hoch – ein Geschenk der Volksrepublik China

50 km entfernt ist Luxemburg-Stadt

1241 wurde die erste Apotheke in Deutschland eröffnet

1600 m Weinkulturpfad

1818 am 05. Mai 1818 ist Karl Marx in Trier geboren

5.685 ha umfasst das Weinbaugebiet rund um Trier

20.000 Besucher fasste ursprünglich das Amphitheater

110.000 Bewohner leben in Trier

150.000 chinesische Touristen besuchen jedes Jahr die Stadt

Flanieren durch Trier

Lokale entlang des Moselufers

1. TOUR

Salve! –
Zu Besuch bei den Römern

Trier wurde nicht an einem Tag erbaut, sondern in Jahrhunderten. Die römischen Baumeister der Antike verewigten sich mit der Porta Nigra, dem Amphitheater und den Kaiserthermen – unter anderem.

2. TOUR

Hier schlägt das Herz –
Rund um Kirchen und Plätze

Hauptmarkt und Viehmarkt, Dom, Liebfrauenkirche und Konstantinbasilika – Triers Innenstadt besitzt eine sehr hohe Dichte an Plätzen und Gebäuden, die den Namen ›sehenswürdig‹ wirklich verdienen.

3. TOUR

Karl Marx in Trier –
Revolution und Geranien

Der berühmteste Sohn der Stadt ist Karl Marx. In seinem Geburtshaus kann man in seine Lebensgeschichte eintauchen und sich mit seinen Ideen vertraut machen.

Zu Besuch bei den Römern
Salve!

Sie kamen, sahen – und blieben. Die Römer waren expansionsfreudig und machten auch vor germanischen Gefilden nicht halt. Trier gilt als die älteste Stadt Deutschlands; 16 v. Chr. von Kaiser Augustus an der Stelle einer Siedlung der von Caesar besiegten keltischen Treverer gegründet und ›Augusta Treverorum‹ genannt. 117 n. Chr. avancierte der römische Stützpunkt zur Hauptstadt der Provinz Belgica prima.

Dass die Römer nicht nur Eroberer, sondern auch große Baumeister waren – davon kann man sich kaum irgendwo besser überzeugen als in Trier. Auch wenn es schon das 100. Mal ist: Vor der Porta Nigra zu stehen, dem Wahrzeichen der Stadt, ist immer wieder beeindruckend. Handelt es sich doch um das am besten erhaltene Stadttor nördlich der Alpen, erbaut aus großen Sandsteinquadern in der Zeit um 170 n. Chr., heute auch Kulisse für Veranstaltungen wie den Handwerkermarkt. Seinen Namen hat das ›Schwarze Tor‹ übrigens erst im Mittelalter bekommen, weil es im Lauf der Zeit nachgedunkelt war. Und im Gefolge eines Zenturios, der Spannendes aus der römischen Geschichte zu berichten weiß, wird der Besuch zu einem besonderen Erlebnis.

Aus der gleichen Epoche wie die Porta Nigra stammt das Amphitheater, dessen Besuch sich im Anschluss anbietet. Es liegt ein bisschen abseits des Zentrums am Fuße des Petrisbergs und sollte am besten mit dem Bus angesteuert werden. Erbaut für fast 20.000 Besucher von Gladiatorenkämpfen, dient es heute mitunter noch als Kulisse für Konzerte oder Musicals. Mit ein wenig Fantasie kann man sich hier noch vorstellen, wie einst die Gladiatoren vor johlendem Publikum zum Kampf auf Leben und Tod gegeneinander antraten. Oder nutzen Sie auch hier eine einzigartige Gelegenheit und gehen Sie mit dem Gladiator Valerius auf eine Reise in die dunklen Regionen des Amphitheaters und damit in die Geschichte der römischen Gladiatoren.

Und, trauen Sie sich? Sind Sie ein echter Gladiator? Wer das erfahren will, kann das in der Gladiatorenschule tun und unter Anleitung von Deutschlands einzigem Berufsgladiator am eigenen Leib erfahren, wie ein Gladiator lebte, welche Ausrüstung er benötigte und wie er sich auf den großen Einsatz in der Arena vorbereitete. (www.gladiatorenschule.de)

Römische Badegeschichte erleben

Gleich drei Thermenanlagen, die ein einzigartiges Zeugnis römischer Badekultur geben, sind in Trier gefunden worden: die Kaiserthermen, die Barbarathermen und die Thermen am Viehmarkt. Die Badetasche können Sie allerdings im Hotel lassen, denn planschen kann man hier nicht (mehr). Die jüngsten, aber auch die größten sind die Kaiserthermen aus dem 4. Jh. Sie können mit einem Multimediaguide ober- und unterirdisch besichtigt werden. Noch älter, nämlich im 2. Jh. erbaut, sind die Barbarathermen. Sie bestanden tatsächlich aus Dampf- und Schwimmbädern, Ruhebänken, Restaurants und Läden – all dem eben, was man heute unter ›Wellness‹ versteht. Die Thermen am Viehmarkt schließlich sind erst in den 1980er-Jahren bei den Planungen für eine Tiefgarage entdeckt worden. Die Fundamente stammen aus dem 2. Jh., das darauf gebaute Bad aus dem 4. Jh. Die archäologischen Funde schützt ein großer Glaskubus.

Die Kaiserthermen mit ihren eindrucksvollen Bögen gehören zu den größten römischen Thermen nördlich der Alpen.

Rund um Kirchen und Plätze
Hier schlägt das Herz

Trier nur auf sein römisches Erbe reduzieren zu wollen, wäre geradezu fahrlässig. Immerhin haben sich auch spätere Generationen im Stadtbild verewigt und viel Sehenswertes für die Nachwelt hinterlassen.

Austausch von Waren, von Klatsch und Tratsch – ohne Marktplatz ging gar nichts. Am Trierer Hauptmarkt, wo Altstadtfest, Weihnachtsmarkt und von montags bis samstags ein ständiger Markt mit Obst, Gemüse und Blumen stattfinden, können Sie nach wie vor bewundern, wie kunstvoll die Baumeister früherer Zeiten zu Werke gingen. Und hier sind gleich mehrere Bauepochen vereint: Renaissance trifft auf Barock und Klassizismus. Besonders imposant mit

»ROM DES NORDENS«

Historiker Theodor Mommsen über das antike Trier

Goldengelchen oder Goldbengelchen? Die Antwort hat vielleicht Petrus, der Namensgeber des Brunnens, doch der blickt oben auf dem Brunnen entrückt in die Ferne.

Zinnen und Spitzbogenarkaden (den sogenannten ›Steipen‹): die Steipe, ursprünglich Mitte des 15. Jhs. für den Rat der Stadt errichtet. Das Gebäude wurde im Zweiten Weltkrieg vollkommen zerstört, und zum Glück widerstanden die Stadtväter in den 1960er-Jahren dem Drang, anstelle des historischen Baus eine dem Zeitgeist entsprechende Betonbebauung zu errichten. Stattdessen wurde die Steipe originalgetreu wieder aufgebaut; ebenso das angrenzende Rote Haus, gleichfalls ein Kriegsopfer, das seit über 50 Jahren aber wieder mit seiner roten Sandsteinfassade und Volutengiebel auf sich aufmerksam macht.

Undenkbar wäre ein historischer Markt ohne Marktkreuz, und Trier kann sich sogar rühmen, das älteste Marktkreuz in Europa zu besitzen. Zugegeben, Sie können auf dem Markt lediglich eine Replik, im Städtischen Museum Simeonsstift aber auch das Original bestaunen. Und dann wäre da auch noch der Petrusbrunnen, der nicht nur zum Verweilen einlädt, sondern auch dazu, sich mit den zahlreichen dargestellten Details zu beschäftigen.

Noch mehr Tour de Architecture? Dann sollten Sie – vorbei am Frankenturm aus der Romanik in der Dietrichstraße – weitergehen zum Kornmarkt, denn hier finden Sie nicht nur das klassizistische Französische Casino, sondern auch den großen Sankt Georgsbrunnen, angeblich der schönste Rokokobrunnen Deutschlands. Und wenn Sie nun noch einen Markt in seiner ursprünglichen Funktion erleben möchten, sollten Sie dienstags oder freitags den Viehmarkt aufsuchen, denn hier findet der Trierer Wochenmarkt statt – mit vielen Produkten aus der Moselregion.

Mosel- oder Messwein, das ist hier die Frage. Und die Entscheidung kann Ihnen auch keiner abnehmen. Etwas Beachtung sollten Sie dem Dom allerdings schon schenken.

Dem Glauben auf der Spur

Trier hat auch eine reiche Religionsgeschichte. Und noch ein Superlativ zu bieten: Der Dom St. Peter ist die älteste Bischofskirche in Deutschland. Errichtet im 4. Jh. auf den Resten eines römischen Wohnhauses, hat er eine wechselvolle Geschichte mit vielen Zerstörungen und Wiederaufbauten hinter sich. Das Ergebnis ist auch ein kunstgeschichtlich hochinteressantes: Von der Antike bis zur Gegenwart sind hier sämtliche Kunstrichtungen vertreten.

Hohe Kirchendichte ist garantiert: Direkt neben dem Dom steht die Liebfrauenkirche, und, wie sollte es anders sein, auch sie ist etwas Besonderes: nämlich der früheste Zentralbau der Gotik in Deutschland. Vom Dom aus einmal quer über die Straße und Sie treffen am Hauptmarkt auf die in ihrem Ursprung spätgotische Kirche St. Gangolf, deren Turm vorwitzig über die vorgelagerte Häuserzeile lugt.

Ein ganz besonderes Gotteshaus ist die Konstantinbasilika. Ursprünglich erbaut als Römische Palastaula (Thronsaal), ist sie heute eine evangelische Kirche – und was für eine: Mit einer Länge von 71 Metern, einer Breite von 32,6 Metern und einer Höhe von über 36 Metern hat sie beeindruckende (Aus-)Maße und ist damit vermutlich der größte Einzelraum, der aus der römischen Antike erhalten blieb. Über 1300 Menschen können in dem erstaunlich schmucklosen Bau gemeinsam Gottesdienst feiern.

Auch St. Matthias, im Süden Triers gelegen, ist einzigartig: Hier ruhen die Gebeine des Apostels Matthias; damit besitzt die Kirche das einzige Apostelgrab in Deutschland und ist auch ein wichtiges Ziel für Pilger.

Trier besitzt mit der Löwenapotheke die älteste Apotheke Deutschlands. Das heutige Gebäude, über dessen Eingangstür stolz ein goldener Löwe prangt, stammt zwar ›nur‹ aus dem Jahr 1697, aber die erstmalige urkundliche Erwähnung einer Apotheke an dieser Stelle lässt sich auf das Jahr 1241 zurückführen.

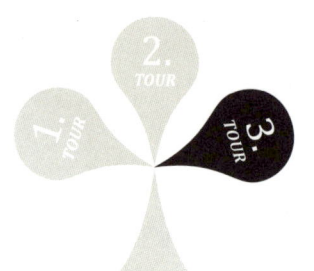

Karl Marx in Trier
Revolution und Geranien

Der größte Sohn der Stadt, Karl Marx, wäre am 5. Mai 2018 200 Jahre alt geworden. Dies wurde nicht nur mit einer neuen Dauerausstellung gebührend gefeiert. Die Volksrepublik China schenkte Trier aus diesem Anlass eine 6 Meter hohe Statue. In Marx' Geburtshaus widmet sich ein Museum schon lange dem Leben und den Lehren des großen Denkers.

Für ungeübte Ohren klingt es, als würde die Frau an der Kasse perfektes Chinesisch sprechen, als sie den Besuchern aus der Volksrepublik die Benutzung des Audioguides erklärt. ›Ich habe ein bisschen was auswendig gelernt‹, sagt sie lächelnd, als die Gäste in der Ausstellung verschwunden sind. ›Um zu überleben.‹ Zehntausende Chinesen besuchen alljährlich Trier.

Der Garten als Rückzugsort

Wie um die Deutung des Marxschen Werkes hat es auch um die Nutzung des Karl-Marx-Hauses – in dem der kleine Karl nur ein Jahr lebte – immer wieder Streit gegeben. Anlässlich seines 150. Geburtstages im Jahr 1968 eröffnete der damalige Außenminister Willy Brandt die erste Ausstellung. Nach einer Neugestaltung 2005 wurde

Hinter der barocken Fassade des Karl-Marx-Hauses wurde Marx 1818 geboren

das Ausstellungskonzept zu Marx' 200. Geburtstag wiederum überarbeitet. Im März 2013 wurde ein wunderschöner, Ruhe ausstrahlender Garten eröffnet, in dem eine große Büste an Marx und Schieferplatten an dessen Auseinandersetzung mit Geologie erinnern. Im Gartenhaus sind eigene kleine Ausstellungen zu sehen.

Gute Ideen, böse Ideologien

Dieser Teil der Innenstadt nennt sich heute Karl-Marx-Viertel. Vom Garten aus sieht man gut, dass sich das recht kleine Haus von den vielen anderen Häusern in der Nachbarschaft kaum unterscheidet. Doch innen wird klar, dass hier ein besonderer Denker lebte – der, wie bekannt, zu radikalen Reformen und Revolution aufrief. Der Blick durch das Fenster gegenüber fällt auf blühende Geranien in Balkonkästen. Und das ist nur ein Symbol für all die Widersprüche, die heute mit dem Namen Karl Marx verbunden sind. Vor allem dieser: dass er gute Ideen hatte, aus denen böse Ideologien gemacht wurden. Welche Wirkung er hatte – Marx hat es nicht mehr erlebt.

Rauschebart und Wallemähne – nein, es sind nicht diese Attribute Karl Marx', warum insbesondere chinesische Touristen sein Geburtshaus als bevorzugtes Ziel auswählen.

Private Katastrophen

Marx konnte auf viele kluge Schriften schauen, aber auch auf einen privaten Scherbenhaufen. Geldsorgen waren sein ständiger Begleiter. Von seinen sieben Kindern starben vier sehr jung. Drei Töchter blieben ihm, von denen sich zwei (nach seinem eigenen Tod) das Leben nahmen. Nur in Frankreich leben heute noch Nachfahren von Karl und Jenny Marx.

In China wird der geistige Vater des Kommunismus heute noch sehr verehrt. Und viele Chinesen machen sich auf den Weg nach Trier, um seine Wurzeln zu erforschen.

Augen auf in Trier

Landesmuseum Trier

Trierer Museumslandschaft

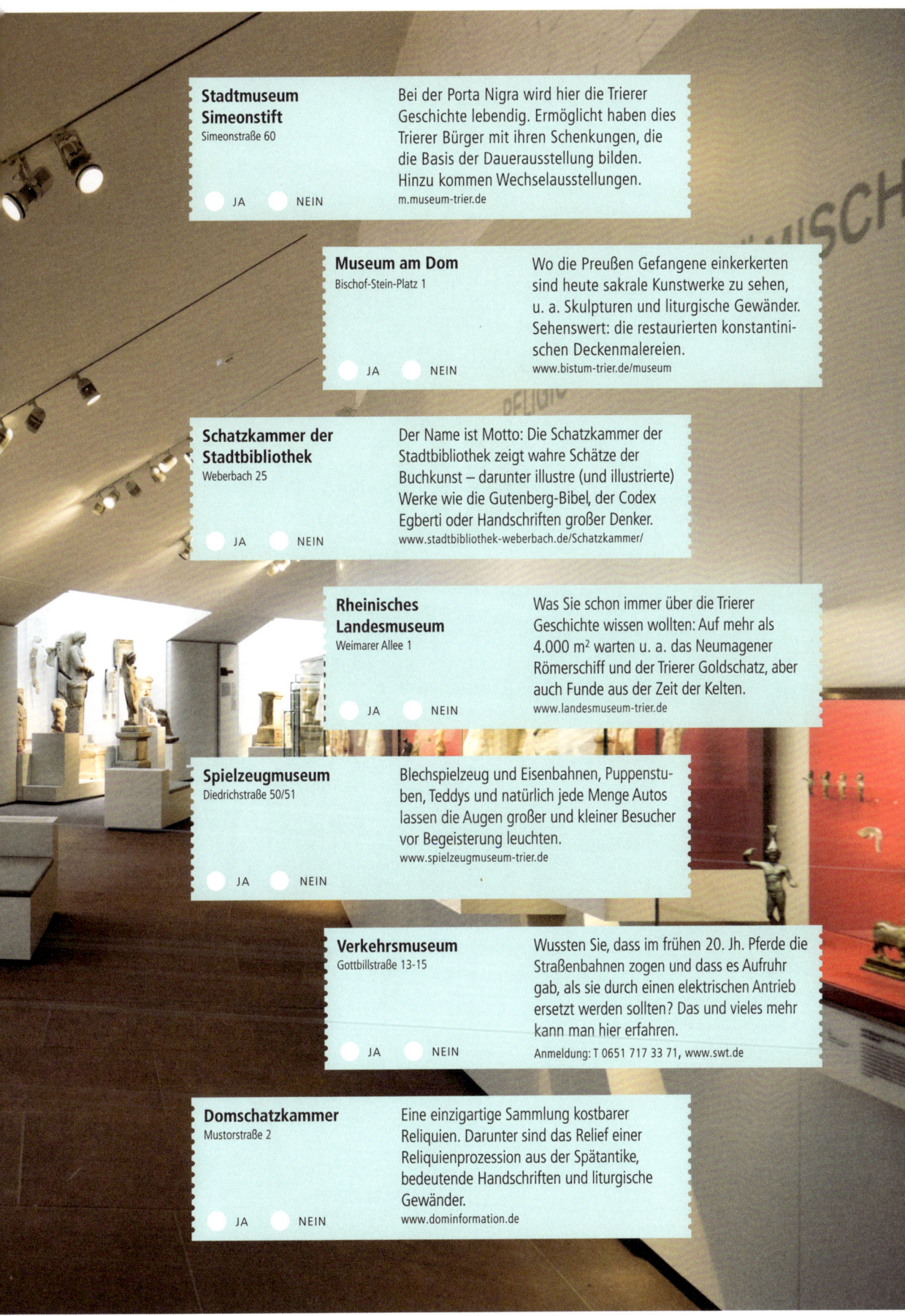

Stadtmuseum Simeonstift
Simeonstraße 60

○ JA ○ NEIN

Bei der Porta Nigra wird hier die Trierer Geschichte lebendig. Ermöglicht haben dies Trierer Bürger mit ihren Schenkungen, die die Basis der Dauerausstellung bilden. Hinzu kommen Wechselausstellungen.
m.museum-trier.de

Museum am Dom
Bischof-Stein-Platz 1

○ JA ○ NEIN

Wo die Preußen Gefangene einkerkerten sind heute sakrale Kunstwerke zu sehen, u. a. Skulpturen und liturgische Gewänder. Sehenswert: die restaurierten konstantinischen Deckenmalereien.
www.bistum-trier.de/museum

Schatzkammer der Stadtbibliothek
Weberbach 25

○ JA ○ NEIN

Der Name ist Motto: Die Schatzkammer der Stadtbibliothek zeigt wahre Schätze der Buchkunst – darunter illustre (und illustrierte) Werke wie die Gutenberg-Bibel, der Codex Egberti oder Handschriften großer Denker.
www.stadtbibliothek-weberbach.de/Schatzkammer/

Rheinisches Landesmuseum
Weimarer Allee 1

○ JA ○ NEIN

Was Sie schon immer über die Trierer Geschichte wissen wollten: Auf mehr als 4.000 m² warten u. a. das Neumagener Römerschiff und der Trierer Goldschatz, aber auch Funde aus der Zeit der Kelten.
www.landesmuseum-trier.de

Spielzeugmuseum
Diedrichstraße 50/51

○ JA ○ NEIN

Blechspielzeug und Eisenbahnen, Puppenstuben, Teddys und natürlich jede Menge Autos lassen die Augen großer und kleiner Besucher vor Begeisterung leuchten.
www.spielzeugmuseum-trier.de

Verkehrsmuseum
Gottbillstraße 13-15

○ JA ○ NEIN

Wussten Sie, dass im frühen 20. Jh. Pferde die Straßenbahnen zogen und dass es Aufruhr gab, als sie durch einen elektrischen Antrieb ersetzt werden sollten? Das und vieles mehr kann man hier erfahren.
Anmeldung: T 0651 717 33 71, www.swt.de

Domschatzkammer
Mustorstraße 2

○ JA ○ NEIN

Eine einzigartige Sammlung kostbarer Reliquien. Darunter sind das Relief einer Reliquienprozession aus der Spätantike, bedeutende Handschriften und liturgische Gewänder.
www.dominformation.de

Pausieren in Trier

Kleine Pause im Palastgarten. Die Original-Rokokofiguren des Hofbildhauers Ferdinand Tietz sind allerdings in den Dom und mehrere Museen gewandert – und wurden hier durch Kopien ersetzt.

Trier

Spazieren auf historischen Wegen: Nells Park wurde schon 1800 angelegt

FÜR LUSTWANDLER

Palastgarten
Im Herzen Triers vor prachtvoller Kulisse entspannen: Das geht wunderbar im Palastgarten am Kurfürstlichen Palais. Hier zeigt sich das barocke Streben nach Perfektion in geraden Linien und akkuraten Formen. Wirklich alt ist das Ganze dabei nicht, der Park wurde nach historischen Vorlagen angelegt. Das tut seinem Charme aber keinen Abbruch. Und wer keinen Drang zum Spazierengehen verspürt, der macht es einfach den Trierern gleich und relaxt auf der Liegewiese.
Seizstr. 6

FOLGE DEM FLUSS

Moselufer
Es gibt (natürlich) viele Möglichkeiten, an der Mosel zu flanieren, diese ist nur eine davon: Bei schönem Wetter lohnt immer ein Spaziergang zwischen der Römerbrücke mit Pfeilern aus dem 2. Jh. und der Kaiser-Wilhelm-Brücke die grüne Moselpromenade entlang, vorbei an den alten Kränen. Der Alte Kran (1413) ist der älteste Hebekran der Welt, der Zollkran, näher an der Römerbrücke, stammt von 1774.

CHILL-ZONE

Zurlaubener Ufer
Ein anderer malerischer Moselabschnitt befindet sich im Ortsteil Zurlauben. Hier, im ehemaligen Fischerdorf, blieben viele Häuser aus dem 18./19. Jh. erhalten. Viele von ihnen beheimaten heute nette Kneipen und Restaurants. Sie haben hier die Qual der Wahl: einfach nur spazieren, einkehren und einen guten Moselwein genießen und den lieben Gott einen guten Mann sein lassen oder vielleicht doch eine Bootstour auf der Mosel unternehmen? Auch Letzteres ist möglich, da hier Ausflugsboote starten.
Zurlaubener Ufer

DUFTENDES KLEINOD

Nells Park
Der Nells Park, der auch unter dem Namen Nells Ländchen bekannt ist, liegt im Trierer Norden und bezaubert mit gewundenen Wegen, einem große See mit Wasserfontäne – und dem Rosengarten. Tief Luft holen und den Duft einsaugen! Allein das ist schon Erholung pur. Es lohnt sich, im Sommer dieses hübsche Kleinod aufzusuchen und sich am Duft und an der Farbenpracht der Rosen zu erfreuen. Gewidmet ist die Anlage übrigens dem Trierer Rosenzüchter Peter Lambert, der sich mit seinen Züchtungen auch international einen Namen machte. Und wenn Sie schon mal hier sind, nutzen Sie am besten die Gelegenheit und sehen sich auch noch die Gebäude an, die zu Nells Park gehören. Als da wären: ein Gutshaus, dessen Bänke zu einem weiteren Verweilen einladen, und eine einstige Wassermühle.
Dasbachstr. 12

PUTTEN UND MEHR

St. Paulin
Unweit des Nells Parks liegt die barocke Kirche St. Paulin. Auch die ist einen Besuch wert, denn ihre Innenausstattung wurde von dem Barock- und Rokokobaumeister Balthasar Neumann entworfen. Setzen Sie sich still in eine der Kirchenbänke und lassen Sie die opulenten, farbenfrohen Deckengemälde in Ruhe auf sich wirken.
Thebäerstr. 39

Oder doch ein Eis in Bamberg?

*EINE SCHÖNE ZEIT,
WO IMMER DIE REISE
HINGEHT*

Impressum

1. Auflage 2021
© 2021 DuMont Reiseverlag GmbH & Co. KG, Ostfildern
Alle Rechte vorbehalten.

Autoren und Verlag haben alle Informationen mit größtmöglicher Sorgfalt geprüft. Gleichwohl sind Fehler nicht vollständig auszuschließen. Alle Angaben erfolgen ohne Gewähr.

Autoren:
Bamberg: Stefan Fröhling, Andreas Reuß
Bonn: Jutta Gay
Bremen: Britta Rath
Erfurt: Ulrich Seidel
Frankfurt am Main: Susanne Asal
Karlsruhe: Yvonne Weik
Lübeck: Nicoletta Adams
Mannheim: Annika Wind
Münster: Matthias Eickhoff
Regensburg: Daniela Schetar
Roststock: Claudia Banck
Saarbrücken: Wolfgang Felk
Schwerin: Claudia Banck
Stuttgart: Jens Bey
Trier: Nicole Sperk

Gestaltung und Satz: Birgit Eggers, Potsdam
Redaktion: Marlis von Hessert-Fraatz, Hamburg
Stadtpläne: DuMont Reisekartografie, Fürstenfeldbruck,
© DuMont Reiseverlag, Ostfildern

Printed in Italy
ISBN 978-3-7701-8869-7
www.dumontreise.de

Abbildungsnachweis

Alle Zeichnungen: Gerald Konopik, Fürstenfeldbruck
Alexander Tibelius: S. 28 o., 64 o., 92 o.
Andrea Wurth, Stuttgart: S. 223 o., 223 o., 224
Annette Schrimpf, Mannheim: S. 126, 127, 128, 129, 133
Britta Rath, Wilstedt: S. 48, 49
DuMont Bildarchiv, Ostfildern: S. 231, 232/233 , 234/235, 242/243 (Arthur F. Selbach); 23, 24/25, 25, 26/27, 30, 34/35 (Christian Bäck); 182, 183, 184/185, 186 / 187, 189, 196 (Georg Knoll); 168, 169, 168/169, 178/179 (Johann Scheibner); 89 o., 89 u., 98/99 (Markus Kirchgessner); 167 (Peter Frischmuth); 214, 215, 216 li., 216/217, 217 re., 218/219, 222, 226/227 (Reinhard Schmid); 108, 177 (Sabine Lubenow); 199, 200, 201, 200/201, 204, 205 li., 205 re., 206 re., 206 li., 207, 212, 213 (Sylvia Pollex/Thomas Rötting)
Erika Schmitz, Köln: S. 9 o., 12
Fotolia, New York (USA): S. 105 o. (Alessa); 71 (CPN); 145 (ErnstPieber); 77 u. (helmutvogler); 111 u. (lynndinn); 69 (Makuba); 144 (photofranz56); 21 (Val Thoermer)
Fulbert Hauk, Mannheim: S. 120/121
Getty Images, München: S. 118 (EyeEm/Sina Ettmer); 72 (EyeEm/Theresa Nguyen); 74/75 (Kristian Peetz)
Gladiatoren Schule Trier, Trier: S. 236 (Jan Krüger)
Glow Images, Müchen: S. 86 (imagebroker)
Huber-Images, Garmisch-Partenkirchen: S. 39, 113 (Maurizio Rellini); 10/11, 73 u. (Reinhard Schmid)
iStock.com, Calgary (CA): S. 230 (amoklv); 103 (chris-stein); 153 u. (Chulov); 122/123 (klug-photo/Mikhail Markovskiy); 111 o. (Maren Winter); 104 (MissPassionPhotography); 76 (NOLIMITPICTURES); Titelbild (PPAMPicture); 105 u. (StGrafix); 164 (TomekD76)
Jens Bey, Stuttgart: S. 225, 228, 229
Jutta Gay, Köln: S. 28, 29 o., 29 u., 31, 33
laif, Köln: S. 170/171 (Achim Multhaupt); 15, 18/19 (Andreas Hub); 65 u. (Bernd Jonkmanns); 151 (Clemens Zahn); 16 (Georg Knoll); 47 (Gonzalo Azumendi); 106/107 (Gordon Welters); 60 (Gregor Lengler); 7 (Guenter Stand); 56/57, 148 (Malte Jaeger); 9 u. (Matthias Jung); 8 (Patrick Escudero); 109, 117 (Ralf Brunner); 135 (Sabine Bungert); 154/155 (Stefan Volk); 140 o. (Tania Reinicke); 150, 157 (Tobias Gerber); 40 li., 53 (Toma Babovic)
Landeshauptstadt Saarbücken, Saarbrücken: S. 191 li., 191 re. (Elena Lindenberg)
Lookphotos, München: S. 38 (Heinz Wohner); 134 (Jörn Sackermann); 116 (Natalie Kriwy); 137 u. (Sabine Lubenow); 239 (Thomas Stankiewicz); 13 (Walter Schiesswohl)
Marlis Hessert-Fraatz, Hamburg: S. 244, 245
Martin Blaes, Köln: S. 153 o.
Mauritius Images, Mittenwald: S. 241 o. (Alamy/Ian Dagnall Commercial Collection); 137 o. (Alamy/Martin Bond); 190 (Alamy/Mrs. Bakker); 240 (Alamy/Robert Oberhäuser); 79 o. (Alan Novelli); 162/163 (Axiom Photographic/Carlos Sanchez Pereyra); 20 (Caroline Kreutzer); 6 (Helmut Meyer zu Capellen); 119 (imagebroker/Hans Blossey); 152 (imagebroker/Siepmann); 84 (Klaus Bossemeyer); 112 (Kristian Peetz); 175 (Lehner); 54, 65 o. (Novarc/Hans P. Szyszka); 40/41, 45 (Travel Collection); 241 u. (Udo Bernhart); 130/131 (Volker Preusser); 80 (Werner Dieterich); 149 (Werner Otto)
Petra Juling, Lissendorf: S. 246
picture-alliance, Frankfurt a. M.: S. 85 (Andreas Arnold); 55 (Arco Images/P. Schickert); 140 u. (Bernd Thissen); 82/83 (Boris Roessler); 110 (Gunilla Graudins); 58/59 (lth/Michael Reichel); 63, 66/67 (Martin Schutt); 194/195 (Oliver Dietze/dpa); 136 (Rolf Vennenbernd); 77 o. (Salome Kegler); 238 (Udo Bernhart)
QuattroPole: S. 192, 197 (Tom Gundelwein); 188 (Yaph)
Rainer Kühne, Pentling: S. 159, 160, 161
Saar Alpaka Farm, Saarbrücken: S. 193 (Christiane Groß)
Schapowalow, Hamburg: S. 42/43 (Gabriele Croppi); 52 (Günter Gräfenhain); 46, 70 (Helge Bias)
Sebastian Trandafir, Offenbach, www.skyline-panorama.de: S. 78/79
Sebastian Weindel, Mannheim: S. 120 , 124
Shutterstock.com, Amsterdam (NL): S. 14 (Anze Bizjan); 174, 180 (1AdesiA1); 132 (aldorado); 198, 202/203 (Anibal Trejo); 165 (Animaflora PicsStock); 62 (Anton_Ivanov); 22 (chrisdorney); 125 (Christian Dina); 32 (Christian Mueller); 146 (Chriwe); 181 (Elpisterra); 173 (EWY Media); 210/211 (foto-select); 141 (franz12); 37 (jeeick); 114/115 (Jürgen Wackenhut); 176 (Kirk Fisher); 138/139 (Koverninska Olga); 208, 209 (Marc Venema); 36 (Matyas Rehak); 102 (portumen); 172 (ricok); 73 o. (RossHelen); 64 (S. Grey); 56 (Sergey Dzyuba); 61 (Shamsiya Saydalieva); 220 (Simon Dux Media); 24 (Stefan Weis); 221 (Supratchai Pimpaeng); 166 (Tsuguliev); 50/51 (Volleyritt)
Stadtmarketing Karlsruhe GmbH, Karlsruhe: S. 88 (Monika Müller-Gmelin); 87 (Roland Fränkle)
Thomas Widmann, Regensburg: S. 156
Trier Tourismus Marketing GmbH, Trier: S. 237 (Christian Millen)
Ulrich Seidel, Erfurt: S. 68
www.pars-pro-toto.de, Münster: S. 143
Yvonne Weik, Stuttgart: S. 90/91, 92, 93, 94, 95, 96, 97, 100, 101